Centro de Recursos on-line

THOMSON LEARNING PARANINFO pone a su disposición todo un conjunto de servicios gratuitos a través del Centro de Recursos On-line.

Utilizar el Centro de Recursos On-line le ayudará a conocer y dominar la Guía Rápida Word 2002 Office XP en menos tiempo y con el apoyo personal del autor.

¿QUÉ HAY EN EL CENTRO DE RECURSOS?

Los recursos que se encuentran en el CRO son:

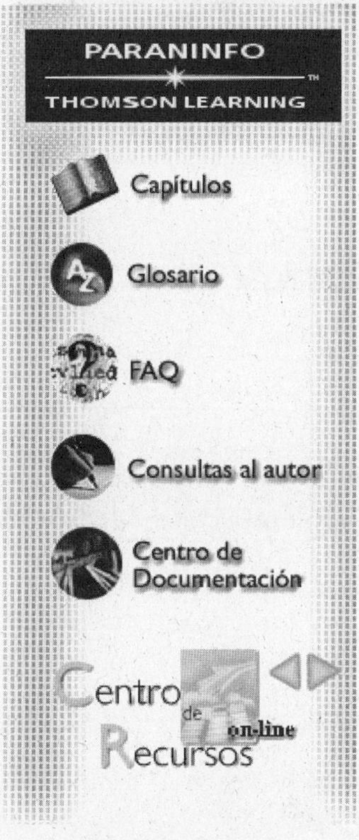

CAPÍTULOS

Para cada uno de los Capítulos se han desarrollado los siguientes elementos:

1. **Título del capítulo**: Objetivos y palabras claves explicadas gráficamente.
2. **Prácticas y soluciones**: Enunciados y soluciones *Paso a Paso* de las prácticas planteadas en el libro.
3. **Test de autoevaluación**: Preguntas cerradas (selección múltiple, relacionar, completar) para autocontrolar los procesos del aprendizaje con corrección automática del sistema.
4. **Preguntas de repaso**: Preguntas abiertas con respuesta modelo.
5. **Recursos**: Todos los archivos necesarios para realizar las prácticas del capítulo.

GLOSARIO

Totalidad de términos claves del libro, apoyados por elementos visuales, con búsqueda automática o manual.

FAQ

Conjunto de preguntas más comunes sobre los contenidos del libro, con sus correspondientes respuestas. Aquí se irán incorporando nuevas respuestas a las preguntas que realicen los lectores del libro desde el elemento del menú principal **Consultas al autor.**

CONSULTAS AL AUTOR

Servicio de correo electrónico propio del CRO que le permitirá plantear al autor o autores consultas referidas a los contenidos del libro o a las prácticas propuestas. El plazo máximo de respuesta será de una semana.

CENTRO DE DOCUMENTACIÓN

Los recursos de esta sección están directamente relacionados con el libro. Se agrupan en las siguientes categorías:

1. RECURSOS WEB: Selección de sitios Web: sitios oficiales, sitios de profesionales o interesados en el tema, sitios con recursos y enlaces interesantes, etc.
2. LISTAS Y NEWS: Listas de distribución y Grupos de noticias oficiales y profesionales. Comentario sobre la temática, número de mensajes o usuarios inscritos, indicaciones para suscribirse, etc.
3. BIBLIOGRAFÍA: Relación de otras obras de los autores relacionadas o complementarias con el tema del libro.
4. VARIOS: Selección de enlaces de interés general a los que puede acudir el usuario en los intervalos de descanso durante el proceso de enseñanza-aprendizaje.

¿CÓMO PUEDO ACCEDER AL CENTRO DE RECURSOS?

Para acceder al CRO debe seguir el siguiente procedimiento:

1. Acceder a la web de Paraninfo: www.paraninfo.es
2. Seleccionar el enlace **Centro de Recursos On-line.**
3. En la página del *Centro de Recursos On-line*, hacer clic sobre el enlace **Solicitar claves de acceso.**
   a. Completar los datos del **Formulario** de solicitud.
   b. Pulsar sobre el botón Enviar.
4. En un plazo máximo de **48 horas** recibirá en su dirección de correo electrónico las claves de acceso. A partir de ese instante podrá acceder gratuitamente, durante **3 meses**, al CRO.

No pierda esta oportunidad de sacarle el máximo rendimiento al libro que acaba de adquirir.

Le agradecemos su confianza y le esperamos muy pronto en el Centro de Recursos On-line de THOMSON LEARNING PARANINFO.

GUÍA RÁPIDA

WORD 2002

GUÍA RÁPIDA

Office XP

WORD 2002

Antonia González Mangas
Gaspar González Mangas

PARANINFO

THOMSON LEARNING

Australia • Canadá • México • Singapur • España • Reino Unido • Estados Unidos

PARANINFO
THOMSON LEARNING™

Guía Rápida Word 2002. Office XP
© Antonia González Mangas y Gaspar González Mangas

Directora Editorial Área Técnico-Vocacional:
Mª Teresa Gómez-Mascaraque Pérez

Editora de Producción:
Clara Mª de la Fuente Rojo

Producción Industrial:
Susana Pavón Sánchez

Editora de Desarrollo:
Mónica Elvira San Cristóbal

Diseño de cubierta:
Montytexto

Preimpresión:
SdhS

Impresión:
CLM.
Eduardo Marconi, 3.
Polig. Ind. Codeín.
Fuenlabrada (Madrid)

Impreso en España
Printed in Spain

ISBN: 84-283-2821-8
Depósito Legal: M-42.760-2001

(103/66/70)

Otras delegaciones:

México y Centroamérica
Tel. (525) 281-29-06
Fax (525) 281-26-56
clientes@mail.internet.com.mx
clientes@thomsonlearning.com.mx
México, D.F.

Puerto Rico
Tel. (787) 758-75-80 y 81
Fax (787) 758-75-73
thomson@coqui.net
Hato Rey

Chile
Tel. (562) 531-26-47
Fax (562) 524-46-88
devoregr@netexpress.cl
Santiago

Costa Rica
EDISA
Tel./Fax (506) 235-89-55
edisacr@sol.racsa.co.cr
San José

Colombia
Tel. (571) 340-94-70
Fax (571) 340-94-75
clithomson@andinet.com
Bogotá

Cono Sur
Pasaje Santa Rosa, 5141
C.P. 141 - Ciudad de Buenos Aires
Tel. 4833-3838/3883 - 4831-0764
thomson@thomsonlearning.com.ar
Buenos aires (Argentina)

República Dominicana
Caribbean Marketing Services
Tel. (809) 533-26-27
Fax (809) 533-18-82
cms@codetel.net.do

Bolivia
Librerías Asociadas, S.R.L.
Tel./Fax (591) 2244-53-09
libras@datacom-bo.net
La Paz

Venezuela
Ediciones Ramville
Tel. (582) 793-20-92 y 782-29-21
Fax (582) 793-65-66
tclibros@attglobal.net
Caracas

El Salvador
The Bookshop, S.A. de C.V.
Tel. (503) 243-70-17
Fax (503) 243-12-90
amorales@sal.gbm.net
San Salvador

Guatemala
Textos, S.A.
Tel. (502) 368-01-48
Fax (502) 368-15-70
textos@infovia.com.gt
Guatemala

A María José Landaburu, mi abogada favorita. Gracias.

Gaspar.

A todos y cada uno de mis hermanos por su apoyo.

Antonia.

Índice

Prólogo

Microsoft Word es un procesador de texto para trabajo en equipo que permite al usuario y a sus colaboradores una mejor cooperación y compartir documentos.

Word no se puede considerar un simple procesador de textos, pues incluye herramientas automatizadas como plantillas, los cuadros de diálogo y pestañas separadoras que permiten crear documentos con un formato profesional y documentos Web (HTML).

En esta nueva versión, Word 2002 (Office Xp) incluye nuevas herramientas y mejora otras ya incluidas en anteriores versiones.

En esta versión, Word 2002 (Office Xp) entre otras funciones añade:

- Cambio de interfaz con colores más suaves.
- Seleccionar párrafos alternos de forma simultánea.
- Paneles de tareas nuevos que engloban muchas de las opciones que ya posee Word y que acortan el tiempo que el usuario tarda en realizar una tarea: "Estilos y formatos", para obtener la lista de los estilos disponibles y aplicarlos de forma más rápida e intuitiva; el Portapapeles, para guardar las capturas tanto de texto como de imagen o página Web conservando el formato original; combinar correspondencia; buscar; traducir palabras o pequeñas frases de un idioma a otro, etc.

- Etiquetas inteligentes que proponen algún tipo de corrección o hacen sugerencias.
- Recuperación de documentos si se produce un error en la aplicación.
- Herramienta para la recuperación de aplicaciones de Microsoft Office.
- Permite incorporar firma digital en los documentos.
- Activación de Office XP, después de la instalación deberá registrar el producto antes de utilizarlo conectando con la base de datos de Microsoft en Internet o por teléfono.

El enfoque de este libro es eminentemente práctico, y le permitirá adquirir los conocimientos necesarios para manejar Word 2002 de forma sencilla en un tiempo mínimo; para ello se describen paso a paso los principales procedimientos.

Los primeros capítulos proporcionan las operaciones básicas. Los capítulos restantes le permitirán seguir avanzando sucesivamente, conduciéndole a temas más avanzados. Si desea consultar un tema específico, podrá hacerlo, pues los modelos de los capítulos son independientes y no necesitan del uso de los capítulos anteriores.

En cada uno de los temas se incluyen prácticas para utilizar las funciones utilizadas en ellos. Estos ejercicios prácticos aparecen resueltos en el Apéndice, dejando al usuario, por razones pedagógicas, la iniciativa para decidir su aspecto final.

1

1.1. Instalar o quitar componentes individuales de Microsoft Office o Microsoft Word

1.2. Iniciar Word

1.3. Elementos de la ventana de Word

1.4. Barra de herramientas

1.5. Barra de menús

1.6. Ayuda en Word

1.7. Salir de Word

1.8. Recuperación de programas de Microsoft Office que no responden

Práctica 1

Introducción

Introducción

Microsoft Word para Windows es un programa de tratamiento de textos cuya función básica es ayudar a escribir de forma rápida y cómoda desde los documentos más sencillos a los más complejos. Además de crear documentos, permite corregirlos, imprimirlos y guardarlos en disco para su posterior utilización.

Se pueden incluir gráficos, tablas, distribuir el texto en columnas, escribir cartas personalizadas y diseñar páginas Web. Con todo esto se consigue un aspecto y acabado de los documentos más profesional. También incluye un corrector ortográfico y gramatical y un diccionario de sinónimos que ofrece palabras alternativas a las escritas en el texto.

Microsoft Word XP, o versión 2002, incorpora nuevas herramientas que facilita y agiliza la creación y publicación de documentos, así como compartirlos con otros usuarios. Para ello proporciona nuevos procedimientos inteligentes para descubrir y utilizar las herramientas y funcionalidades nuevas y las ya existentes.

Los documentos de Word podrá guardarlos con formato HTML. También podrá grabarlos o abrirlos directamente de un servidor FTP.

Word trabaja bajo Windows aprovechando todas las ventajas que éste proporciona, siendo una de las más importantes tener en pantalla permanentemente las opciones disponibles sin que el usuario tenga necesidad de memorizarlas, lo que hace que el programa sea más intuitivo y comprensible.

El usuario del procesador de textos Microsoft Word podrá adquirirlo como parte de un conjunto de potentes aplicaciones diseñadas para trabajar en grupo como si fueran un único programa llamado Microsoft Office o solamente el procesador de textos Microsoft Word.

Office permite al usuario personalizar la barra de acceso directo y agregar nuevos botones, aplicaciones de uso más frecuente y barras de herramientas adicionales. Si dispone del paquete Office podrá realizar las operaciones que se describen a continuación para personalizar la barra de acceso directo:

Trabajar con la Barra de Acceso Directo de Office

Abrir la Barra de acceso directo de Office

1) Hacer clic el menú **Inicio** de la **Barra de Tareas Microsoft Windows**.
2) Elegir la carpeta **Programas**.
3) Señalar la carpeta **Herramientas de Microsoft Office** y, a continuación, hacer clic en el comando **Barra de acceso directo de Microsoft Office** (Figura 1.1).

Figura 1.1. Barra de acceso directo de Office.

Cambiar de posición

1) Arrastrarla hasta la posición que se desee (por defecto aparecerá a la derecha de la pantalla, pero podrá situarse en cualquier posición).

Personalizar su apariencia

1) Hacer clic en el espacio entre botones de la barra de acceso directo **Office** (Figura 1.1) con el botón derecho del ratón y elegir el comando **Personalizar**.

2) Las opciones a personalizar del cuadro de diálogo **Personalizar** (Figura 1.2), son:

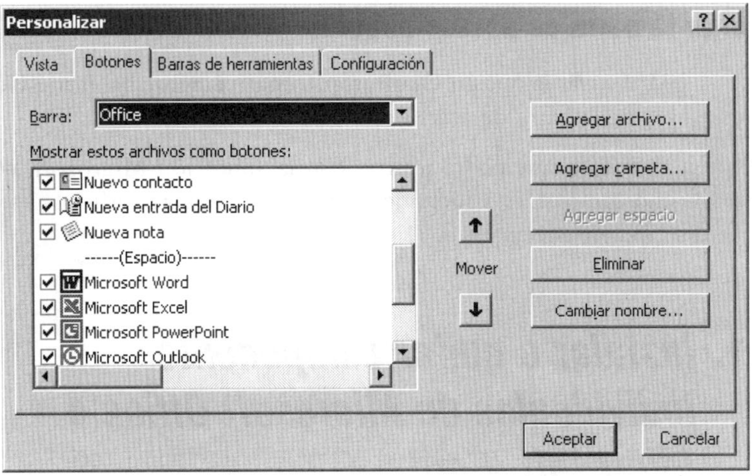

Figura 1.2. Cuadro de diálogo **Personalizar** (barra de acceso directo de Office).

- **Ficha Botones.** Permitirá mostrar botones ocultos al activar la casilla de verificación correspondiente a los botones que se desee mostrar y ocultarlos al desactivarla.

  Al hacer clic en el botón **Eliminar** el botón seleccionado se borrará definitivamente de la barra de herramientas.

- **Ficha Vista.** Podrá modificar la apariencia del botón ajustando el color y la configuración (Botones grandes, Mostrar información de pantalla, Siempre visible, etc.).

- **Ficha Barra de herramientas.** Para agregar o eliminar una barra de herramientas de la barra de acceso directo Office, activar o desactivar la casilla correspondiente a la barra que se desee mostrar u ocultar.

Cuando se incluyen varias barras de herramientas, sólo se mostrará una de ellas, permaneciendo visibles los iconos de las carpetas de las demás. Para mostrar otra barra, hacer clic en el botón correspondiente o en el menú contextual, hacer clic en el nombre de la barra de herramientas que desee mostrar u ocultar.

3) Hacer clic en el botón **Aceptar**.

Ocultar la barra de acceso directo

1) Activar la opción **Ocultar automáticamente** del menú **Contextual** de la barra de acceso directo.

El trabajo que podrá realizar con la aplicación **Microsoft Word** es el mismo tanto si está incluido o no en el paquete Office, y es el que se describe en este manual.

1.1. Instalar o quitar componentes individuales de Microsoft Office o Microsoft Word

A continuación se describen las aplicaciones que podrá instalar dependiendo de la edición de Office XP que haya adquirido:

Edición	Aplicaciones que contiene
Professional Edición Especial	Microsoft Word 2002 Microsoft Excel 2002 Microsoft Outlook® 2002 Microsoft PowerPoint® 2002 Microsoft Access 2002 Microsoft FrontPage® 2002 SharePoint™ Team Services de Microsoft Microsoft Publisher 2002 Microsoft IntelliMouse® Explorer

Professional	Microsoft Word 2002 Microsoft Excel 2002 Microsoft Outlook® 2002 Microsoft PowerPoint® 2002 Microsoft Access 2002
Standard	Microsoft Word 2002 Microsoft Excel 2002 Microsoft Outlook® 2002 Microsoft PowerPoint® 2002
Developer	Microsoft Word 2002 Microsoft Excel 2002 Microsoft Outlook® 2002 Microsoft PowerPoint® 2002 Microsoft Access 2002 Microsoft FrontPage® 2002 SharePoint™ Team Services de Microsoft Herramientas de desarrollador Documentación

Para poder instalar Microsoft Office, es preciso que el sistema disponga de los siguientes requisitos:

Equipo/Procesador	Pentium a 133 Megahercios (MHz) o superior
Memoria RAM	Para todas las ediciones de Office XP: - Con Windows 98 o Windows 98 Segunda Edición **24 MB** *más 8 MB* adicionales por cada aplicación de Office (por ejemplo, Microsoft Word) que se ejecute simultáneamente. - Con Windows Me o Microsoft Windows NT® **32 MB** RAM *más 8 MB* adicionales por cada aplicación de Office (por ejemplo, Microsoft Word) que se ejecute simultáneamente. - Con Windows 2000 Professional **64 MB** *más 8 MB* por cada aplicación de Office (por ejemplo, Microsoft Word) que se ejecute simultáneamente.

Disco duro	- Office XP Standard **210 MB** de espacio disponible. - Office XP Professional y Professional Edición especial **245 MB** de espacio disponible. *Se precisan 115 MB adicionales en el disco duro en el que está instalado el sistema operativo. Los usuarios que no dispongan de Windows 2000, Windows Me u Office 2000 Service Release 1 (SR-1) necesitan 50 MB adicionales de espacio disponible en el disco duro para la actualización de archivos del sistema (System Files Update).*
Sistema Operativo	Windows 98, Windows 98 Segunda Edición, Windows Millennium Edition (Windows Me), Windows NT 4.0 con el Service Pack 6 (SP6) o posterior2 o Windows 2000 o posterior.
Unidad	Unidad de CD-ROM
Monitor	Monitor Super VGA (800 600) o de mayor resolución con 256 colores.
Periféricos	Microsoft Mouse, Microsoft IntelliMouse®.

Para instalar un componente o instalar Microsoft Word deberá seguir los siguientes pasos:

1) Cerrar todos los programas.

2) Introducir el CD de Office en el CD-ROM y esperar a que aparezca la ventana de instalación o elegir el comando **Ejecutar** del menú **Inicio** y, después, hacer doble clic en el programa **instalar.exe**. Aparecerá el Asistente para instalación, que en los primeros cuadros de diálogo deberá proporcionar la *clave del producto* y aceptar las *condiciones del contrato de licencia* para el usuario. Hacer clic en el botón **Siguiente**.

3) Aparecerá un cuadro de diálogo (Figura 1.3) en el que podrá elegir el tipo de instalación:

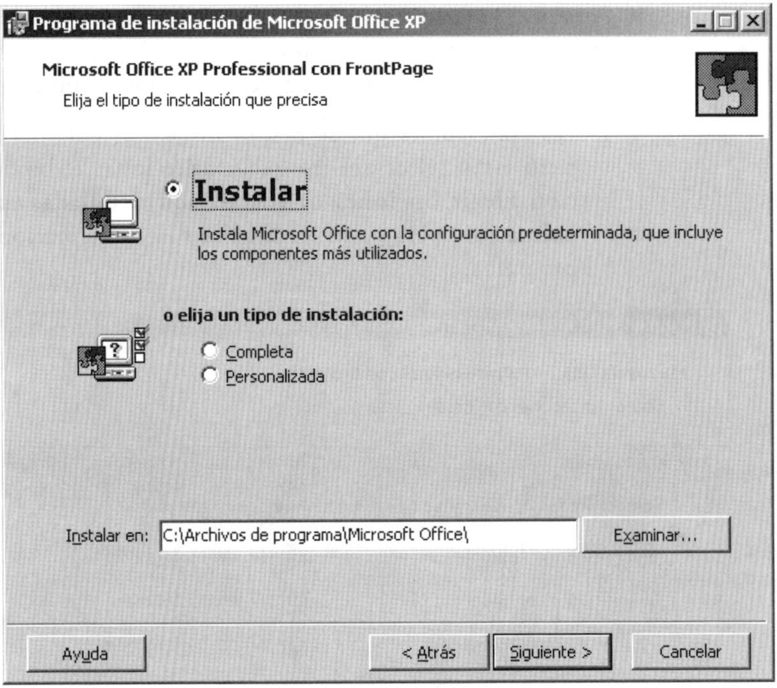

Figura 1.3. Tipos de instalación.

- **Actualizar ahora**. Si tiene instalada alguna versión anterior de Office, aparecerá en primer lugar esta opción que actualizará la versión actual manteniendo la configuración anterior. Por ejemplo, instalará sólo las aplicaciones de Office que tiene registradas el sistema (no instalará la nueva versión de Word, si no había instalada una versión anterior), mantendrá las plantillas de documentos existentes, etc.; es decir, sólo actualizará la versión de los programas instalados.
- **Instalar**. Instalación *Típica* que instala los programas de Office, pero no las galerías de imágenes y otras herramientas que incorpora el CD de instalación.
- **Completa**. Instalará todo el contenido del CD, galerías de imágenes, diccionarios y ayudantes. Deberá disponer de unos 600 Mb libres en el disco duro; sólo se recomienda si dispone de un disco duro grande y un ordenador potente.

- **Personalizada**. Permite elegir las aplicaciones y herramientas que se instalarán. Si selecciona esta opción al hacer clic en el botón **Siguiente** el programa de instalación le preguntará:

1. Las aplicaciones que se desean instalar (Figura 1.4). Por defecto están seleccionadas todas. Seleccionar el botón de opción **Elegir opciones de instalación detalladas para cada aplicación**, para poder personalizar la configuración de cada programa.

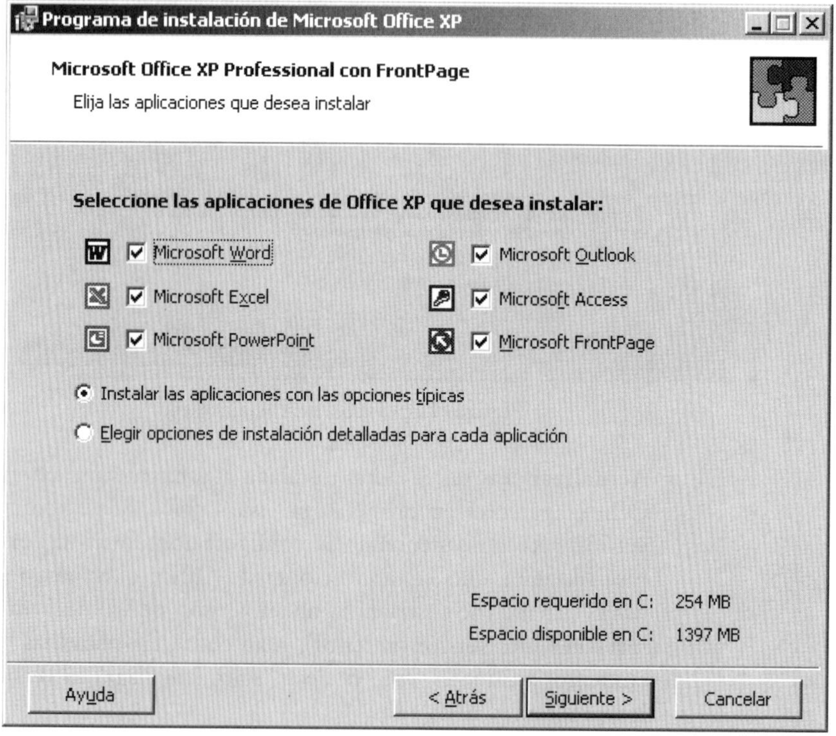

Figura 1.4. Instalación personalizada.

2. Hacer clic en el botón **Siguiente**.

3. Elegir los componentes y herramientas que se van a instalar en el siguiente cuadro de diálogo del **Asistente** (Figura 1.5). Hacer clic en el signo más "+" para desplegar todas las opciones y componentes de un programa. Las opciones marca-

das en gris indican que no todos sus componentes se copiarán al disco duro.

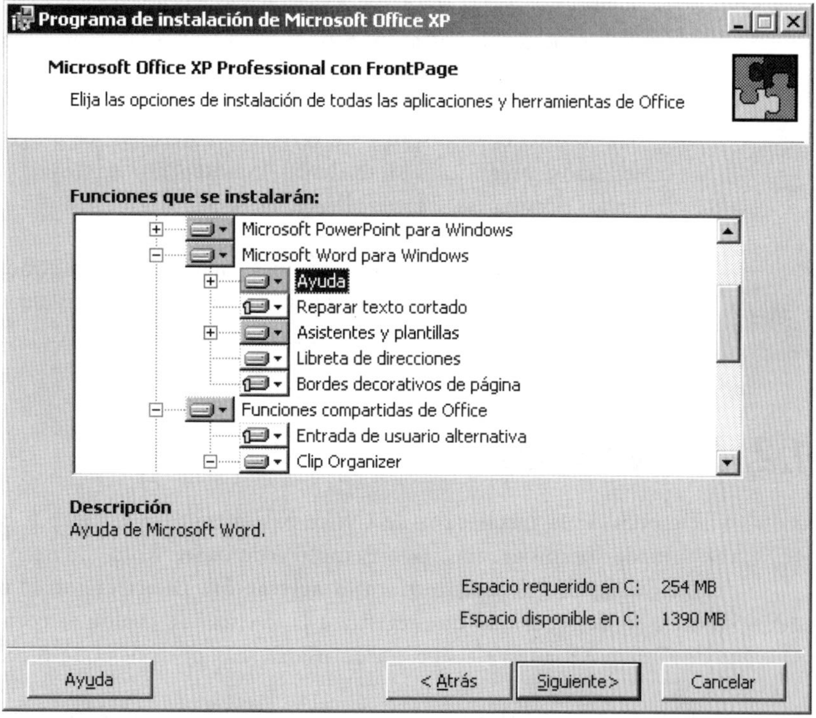

Figura 1.5. Elegir los componentes y funciones a instalar.

4. Hacer clic con el ratón sobre el botón de flecha y, en el menú que se desplegará (Figura 1.4), elegir una de las siguientes opciones:

   El comando **Ejecutar desde mi PC** agregará el componente o herramienta seleccionada copiándolo al disco duro.

   Si no desea instalarla deberá seleccionar el comando **No disponible**. El programa de instalación señala las opciones y programas que no se instalarán con un aspa en rojo.

   La opción **Ejecutar desde CD**, permite ejecutar dicha herramienta siempre que el CD de Office XP esté disponible.

5. Una vez seleccionada la configuración deseada, hacer clic en el botón **Siguiente**.

6. En el cuadro de diálogo que aparece comprobar que la configuración de instalación seleccionada es la que se desea; hacer clic en el botón **Siguiente**.

4) Si en el sistema se dispone de versiones anteriores, el programa de instalación preguntará si se desean mantener o eliminar; se recomienda eliminarlas. Hacer clic en el botón **Siguiente**.

5) Comienza el proceso de instalación copiando los componentes seleccionados en el disco duro. Una vez finalizada la instalación podrá comenzar a trabajar con Microsoft Word.

1.2. Iniciar Word

Después de la instalación de Office XP, cuando se inicia por primera vez uno de los programas, por ejemplo Microsoft Word, aparece el cuadro de diálogo del **Asistente para la activación**. La activación es un nuevo método de seguridad que registrará la licencia de cualquier componente de Office XP antes de que pueda usarse. Las opciones que ofrece son:

- **Activar en Internet**. Esta opción conectará automáticamente con las bases de datos de Microsoft, a través de Internet, que registrarán el código del producto y el nombre de usuario.

- **Activar por teléfono**. En este caso deberá realizarse una llamada de teléfono y dar los datos a una operadora (código del producto y usuario).

- Si se desea **volver a instalar** Office XP por cambios en el disco duro o por cambio de ordenador, deberá hacerse una llamada a Microsoft al número de teléfono que se indica en la documentación de la licencia para volver a activarla.

Para comenzar a trabajar con Word podrá iniciar la aplicación utilizando uno de los siguientes métodos:

A. El menú Inicio para crear un documento nuevo

1) Hacer clic en el botón **Inicio** de la **Barra de tareas.**
2) Señalar la carpeta **Programas**.
3) Hacer clic en el icono **Microsoft Word**.

B. Con la Barra de acceso directo de Microsoft Office (si se dispone de Microsoft Office)

1) Hacer clic en el botón **Nuevo documento** (Figura 1.1) de la **Barra de acceso directo de Microsoft Office.**
2) Aparecerá el cuadro de diálogo **Nuevo documento de Office** (Figura 1.6). Seleccionar la ficha **General** (abrirá Word con un documento nuevo), la ficha **Informes** (abrirá una plantilla para crear un informe), **Memorandos** (abrirá una plantilla de un modelo de memorando) y **Cartas y faxes** (abrirá una plantilla de carta o fax), y hacer doble clic en un documento ya creado o en una plantilla. La aplicación Microsoft Word se abrirá automáticamente junto con el documento o plantilla seleccionado.

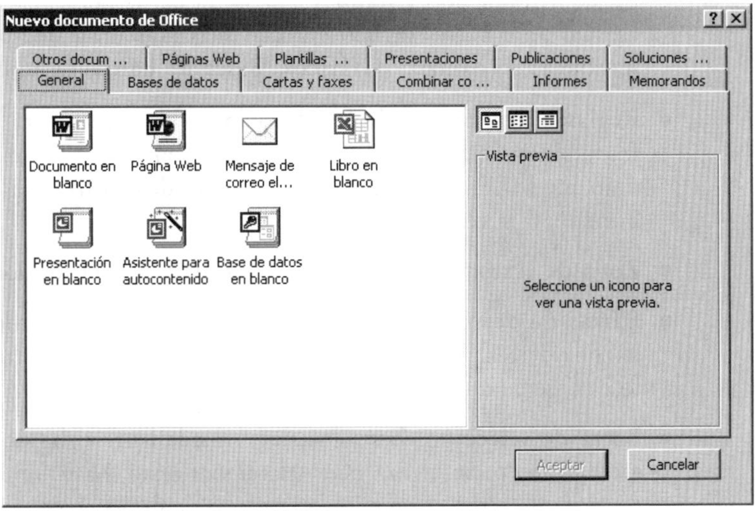

Figura 1.6. Cuadro de diálogo **Nuevo documento de Office.**

También podrá abrir un nuevo documento con el comando **Nuevo documento de Office** del menú **Inicio** de la **Barra de Tareas de Windows**.

Una vez realizados los pasos anteriores, aparecerá en pantalla la ventana inicial de Microsoft Word 2002.

1.3. Elementos de la ventana de Word

En la ventana inicial de Word aparecen los elementos indicados en la Figura 1.7:

- **Barra de títulos:** Aparece el nombre asignado al documento por el usuario o el nombre genérico Documento1 (Documento1 - Microsoft Word) si aún no se le ha asignado nombre. Un documento recibirá un nombre cuando sea guardado en disco.
- **Barra de menús:** En la Barra de menús se encuentran los Menús (**Archivo, Edición, Ver, Insertar**...) que al desplegarse muestran todos los comandos disponibles.
- **Barras de herramientas:** En estas barras aparecen las acciones más usuales de Word, que se activan con sólo una pulsación sobre los iconos (Botones). En la ventana inicial aparecen únicamente la barra de herramientas **Estándar** y la barra de herramientas **Formato**. Existen otras barras de herramientas más específicas que pueden ser mostradas en pantalla (**Gráficos, Bases de datos, Dibujo**...).
- **Reglas:** Permiten establecer tabulaciones y sangrías para los párrafos y ajustar el ancho de columnas periodísticas. También se podrán modificar los márgenes preestablecidos utilizando las reglas horizontal y vertical.
- **Zona de texto:** Zona de la hoja destinada a escribir los documentos.
- **Barras de desplazamiento:** Se encuentran en la zona inferior y en la zona derecha de la ventana y están destinadas a desplazar el punto de inserción (|) con rapidez por la zona de texto.
- **Barra de selección:** Zona invisible situada entre el borde y el margen izquierdo. Se utiliza para seleccionar texto, haciendo clic cuando el puntero del ratón adopta la forma de flecha abierta apuntando hacia el texto.

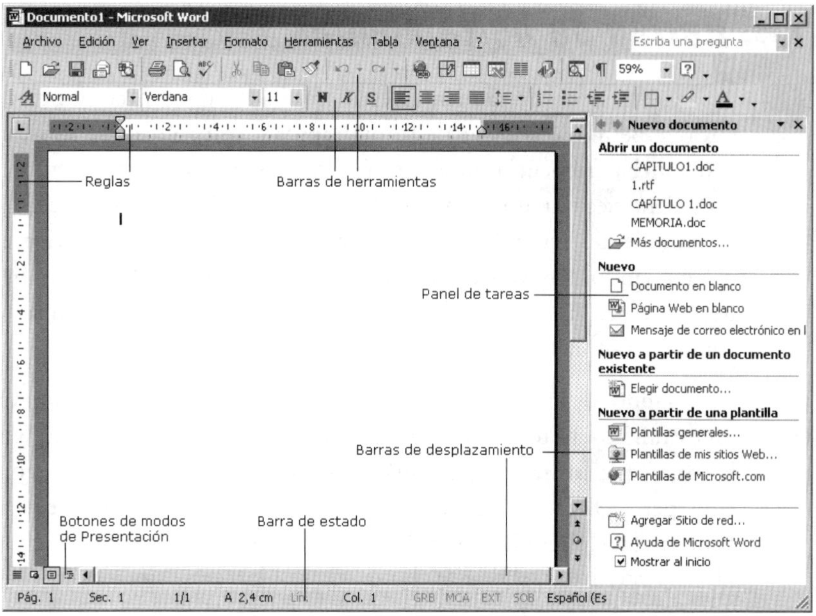

Figura 1.7. Ventana inicial de Word.

- **Barra de estado:** Se encuentra en la parte inferior de la ventana y ofrecerá información adicional, como el número de página actual, posición del punto de inserción en términos de fila y columna, además de una breve descripción del comando seleccionado de un menú. Para ocultarla elegir el comando **Opciones** del menú **Herramientas**, seleccionar la ficha **Ver** y desactivar la casilla **Barra de estado.**

- **Panel de tareas:** El Panel de tareas ofrece un acceso fácil a tareas específicas. Muchas de las nuevas opciones que incorpora Word 2002 se engloban en un panel de tareas. A lo largo de este libro se describirá el funcionamiento de los distintos Paneles de tareas: *Portapapeles*, *Formato de documentos*, *Búsquedas*, *Abrir o iniciar un documento*, *Combinar correspondencia*, etc. El Panel de tareas aparecerá automáticamente al realizar el usuario una acción que tiene asociado un panel de tareas o al ejecutar el comando **Panel de tareas** del menú **Ver**.

1.4. Barras de herramientas

Las barras de herramientas están formadas por un conjunto de botones que permiten acceder de forma rápida a comandos que son utilizados con mucha frecuencia en el trabajo con los distintos documentos (Figura 1.7). Para ejecutar un comando bastará con hacer clic sobre el botón correspondiente, evitando así la selección del menú y la posterior elección del comando. En versiones anteriores de Microsoft Word, las barras de herramientas únicamente contenían botones. Las nuevas barras pueden contener botones, menús o una combinación de ambos.

Cuando se inicia Word por primera vez, las barras de herramientas muestran los botones básicos. A medida que se trabaja con Word, los botones que utilizados con más frecuencia se guardan como configuración personalizada y se muestran visibles en las barras de herramientas. Para ejecutar el comando incluido en una barra de herramientas no visible hay que hacer clic en el botón de doble flecha situado en el extremo derecho de la barra.

La barra de menús es otro tipo de barra de herramientas que podrá personalizar utilizando las mismas técnicas. En el apartado 1.5 se describen las características específicas de la barra de menús.

Al desplazar el puntero del ratón sobre los botones aparece el nombre del botón debajo del puntero.

Existen varias barras de herramientas que podrán ser mostradas en pantalla. El usuario podrá incluso diseñar sus propias barras de herramientas con los comandos que le resulten necesarios. También podrá añadir o quitar menús y botones, crear barras de herramientas personalizadas, ocultarlas, mostrarlas y borrarlas.

Usar barras de herramientas

Si se desea personalizar, ocultar o mostrar alguna de las barras de herramientas incorporadas por Word o creadas por el usuario, se deberán seguir los siguientes pasos:

1) Elegir el comando **Personalizar** del submenú **Barras de herramientas** del menú **Ver** o del menú **Contextual** que aparece haciendo clic con el botón derecho del ratón cuando éste se encuentra sobre una barra de herramientas. Aparece el cuadro de diálogo **Personalizar** (Figura 1.8).

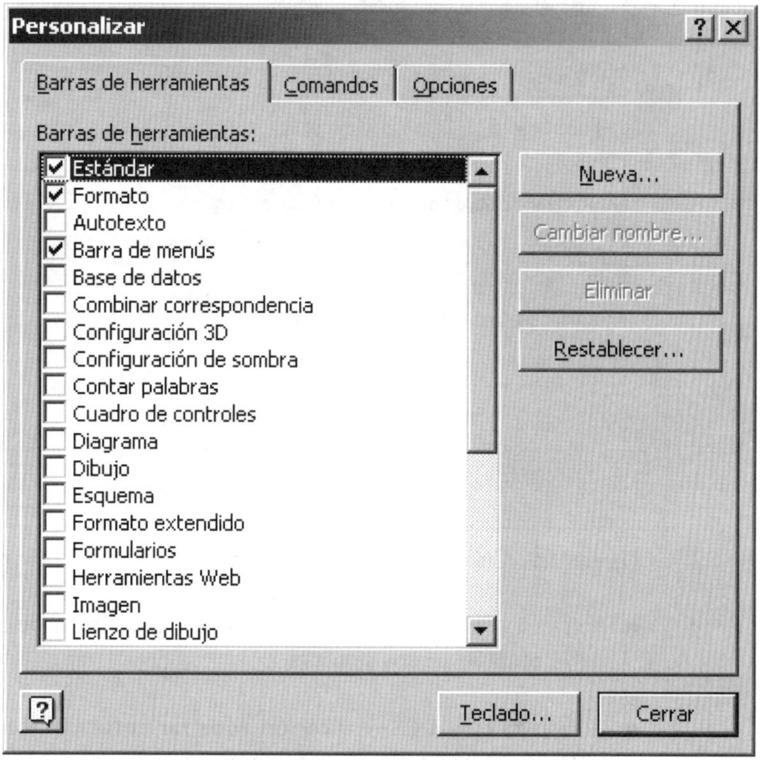

Figura 1.8. Cuadro de diálogo **Personalizar**. Ficha **Barras de herramientas**.

2) Elegir la ficha **Barras de herramientas** si fuera necesario. Activar o desactivar la casilla correspondiente a la **Barra de herramientas** que se desea mostrar u ocultar.

3) Elegir la ficha **Opciones** (Figura 1.9) para personalizar la Barra de herramientas:

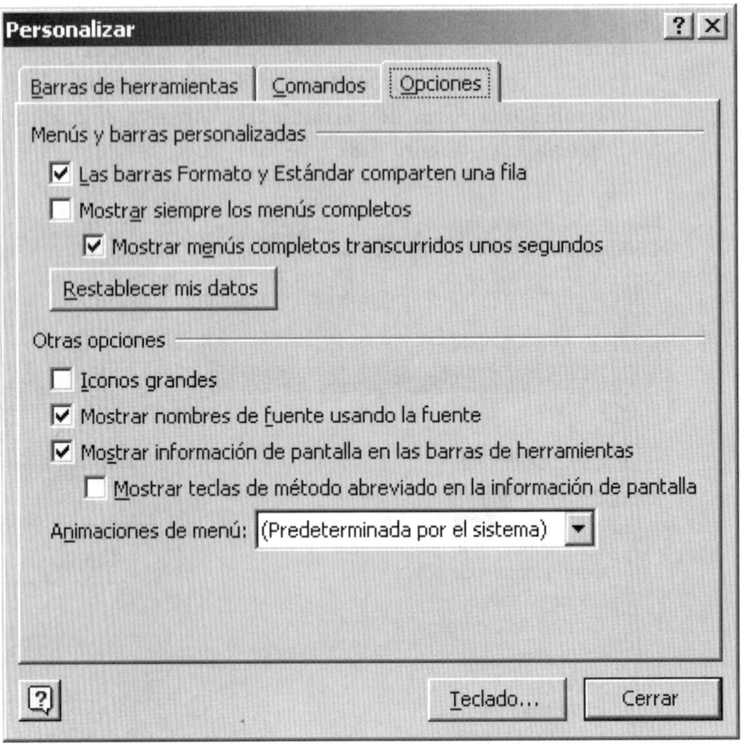

Figura 1.9. Cuadro de diálogo **Personalizar. Ficha Opciones.**

- Activar la casilla de verificación **Iconos grandes** si desea aumentar el tamaño de los botones.

- Activar la casilla de verificación **Mostrar información de pantalla en la barra de herramientas** para ver en pantalla el nombre de los botones que aparece debajo del puntero cuando éste se desplaza por la barra de herramientas.

- Activar la casilla de verificación **Mostrar teclas de método abreviado en la información de pantalla** para obtener los accesos directos al señalar, con el puntero del ratón, un botón en una barra de herramientas.

4) Hacer clic en el botón **Cerrar.**

NOTAS:

- También podrá mostrar u ocultar una barra de herramientas al hacer clic sobre su nombre en el menú que aparece al elegir el comando **Barras de herramientas** del menú **Ver** o del **Contextual**.
- El botón **Restablecer mis datos** y la casilla de verificación **Las barras Formato y Estándar comparten una fila** afectan sólo a Word. Las demás opciones afectan a todas las aplicaciones de Office.

Mover una barra de herramientas

Al mostrar una barra de herramientas, ésta aparece en una posición predeterminada; sin embargo, se puede fijar en cualquier posición de la ventana de Microsoft Word, para ello:

1) Hacer clic en su barra de título, pero si no está visible, hacer clic en el espacio libre en el extremo izquierdo de la barra de herramientas (controlador de movimiento) y arrastrarla hasta una nueva posición.

Crear una nueva barra de herramientas

Para crear una nueva barra de herramientas personalizada:

1) Elegir el comando **Personalizar** del submenú **Barras de herramientas** del menú **Ver** o del menú **Contextual** que aparece haciendo clic con el botón derecho del ratón cuando éste se encuentra sobre una barra de herramientas. Aparecerá el cuadro de diálogo **Personalizar** (Figura 1.8).
2) Elegir la ficha **Barras de herramientas** si fuera necesario.
3) Hacer clic en el botón **Nueva**. Aparecerá el cuadro de diálogo **Nueva barra de herramientas** (Figura 1.10); escribir un nombre para la nueva barra de herramientas en el recuadro **Nombre de la barra de herramientas.**

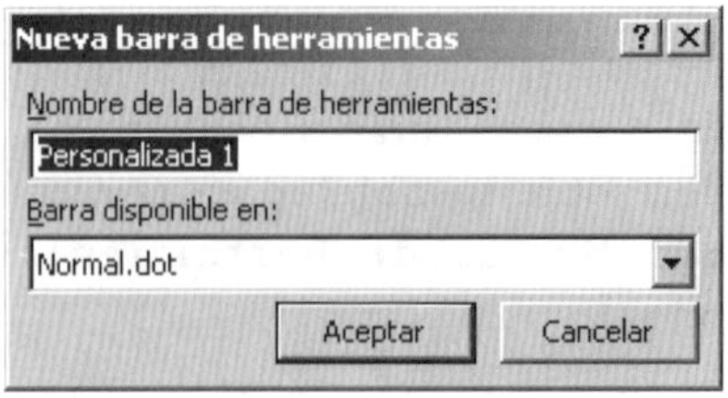

Figura 1.10. Cuadro de diálogo **Nueva barra de herramientas.**

4) Hacer clic en el botón **Aceptar.**

5) Aparecerá una nueva barra de herramientas a la que se incorporarán los nuevos botones.

6) Activar la ficha **Comandos** (Figura 1.11). En el cuadro **Categorías**, seleccionar la categoría de botones que se desee ver.

7) En el cuadro **Comandos**, seleccionar un botón y arrastrarlo hasta la nueva barra de herramientas.

8) Repetir los pasos 6 y 7 hasta completar la nueva barra.

9) Hacer clic en el botón **Cerrar**.

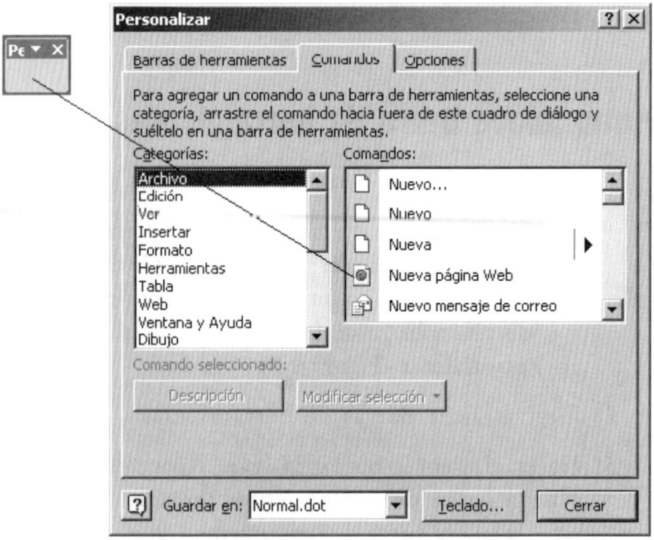

Figura 1.11. Cuadro de diálogo **Personalizar**. Ficha **Comandos**.

Personalizar una barra de herramientas existente

La Barra de herramientas que se va a personalizar deberá estar visible; asegúrese de que su casilla de verificación está activada.

1) Elegir el comando **Personalizar** del menú **Herramientas** o del menú **Contextual** que aparece haciendo clic con el botón derecho del ratón cuando éste se encuentra sobre una barra de herramientas. Aparecerá el cuadro de diálogo **Personalizar** (Figura 1.11).

2) Para añadir un nuevo botón hay que seleccionarlo en el recuadro **Comandos** de la ficha **Comandos** y arrastrarlo hasta la barra de herramientas que se desee personalizar (deberá estar visible).

3) Para eliminar un botón arrastrarlo fuera de la barra de herramientas.

4) Repetir los pasos 2 y 3 hasta que la barra contenga los botones que se deseen.

5) Hacer clic en el botón **Cerrar.**

Borrar una barra de herramientas

No podrá borrar una barra de herramientas diseñada por Microsoft Word. Si se selecciona una barra de herramientas integrada por Word, aparecerá el botón **Restablecer**, que permitirá restaurar en la barra de herramientas preseleccionada los botones, menús y submenús predeterminados.

1) Elegir el comando **Personalizar** del menú **Herramientas** o del menú **Contextual** que aparece haciendo clic con el botón derecho del ratón cuando éste se encuentra sobre una barra de herramientas. Aparecerá el cuadro de diálogo **Personalizar** (Figura 1.8).

2) Elegir la ficha **Barra de herramientas** si fuera necesario.

3) Hacer clic sobre la barra de herramientas creada por el usuario que se desee eliminar para seleccionarla.

4) Hacer clic en el botón **Eliminar**.

1.5. Barra de menús

La barra de menús es una barra de herramientas especial situada en la parte superior de la pantalla que contiene menús como Archivo, Edición y Ver. La barra de menús predeterminada contiene menús y comandos para trabajar con documentos. Al trabajar con un documento HTML, aparecerá automáticamente en su lugar la barra de menús correspondiente. Podrá personalizar las barras de menús exactamente igual (véase apartado 1.4, *Barras de herramientas*) que una barra de herramientas -ocultar, visualizar, añadir y mover botones y menús.

Cada uno de los menús que presenta Word (Archivo, Edición, Insertar, etc.) dispone de un conjunto de opciones o comandos que permiten llevar a cabo las acciones deseadas (Figura 1.12). Los nombres de estos menús son bastante significativos, permitiendo al usuario intuir el tipo de comando que contienen.

Cuando se inicia Word por primera vez, los menús y las barras de herramientas muestran los comandos y botones básicos. A medida que trabaja con Word, los comandos y botones que utilice con más frecuencia se guardan como configuración personalizada, mostrándose en los menús y barras de herramientas. Para ejecutar un comando de menú que no aparece al desplegarlo, hacer clic en las flechas ¥ en la parte inferior del menú.

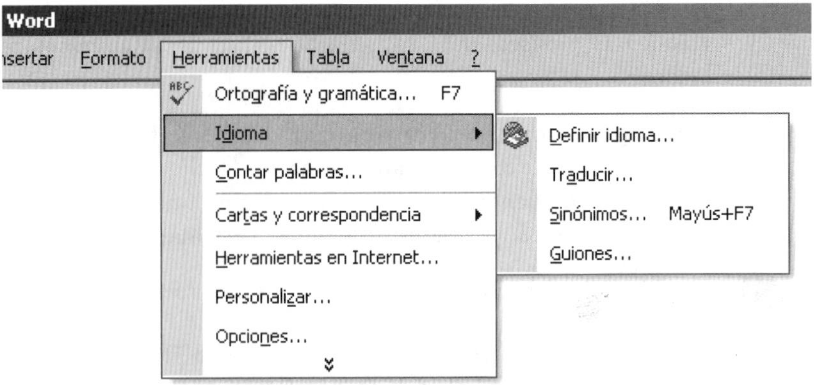

Figura 1.12. Barra de menús.

Mostrar menús personalizados (cortos) o menús completos

Por defecto, Microsoft Word 2002 muestra los comandos básicos y los usados con frecuencia en un menú.

Para mostrar todos los comandos de los menús:

1) Elegir el comando **Personalizar** del menú **Herramientas**. Aparece el cuadro de diálogo **Personalizar**.

2) En la ficha **Opciones** (Figura 1.9) activar la casilla **Mostrar siempre los menús completos.**

Para mostrar los menús cortos y ver todo el menú al situar el puntero durante breves instantes sobre un menú abierto, activar la casilla de verificación **Mostrar menús completos transcurridos unos segundos.** Estas modificaciones afectarán a todas las aplicaciones de Office.

Para ejecutar un comando de un menú

A. Utilizando el ratón

1) Seleccionar el menú haciendo clic sobre su nombre. Aparecerán desplegados en pantalla todos los comandos de dicho menú.

2) Hacer clic en el nombre del comando que se desea ejecutar.

B. Utilizando el teclado

1) Pulsar la tecla ALT y mantenerla pulsada mientras se pulsa la letra que aparece subrayada en el nombre del menú que se desea seleccionar. Aparecen desplegados los comandos de dicho menú.

2) Utilizar las teclas FLECHA ARRIBA y FLECHA ABAJO para seleccionar el comando que se desee ejecutar o pulsar la letra subrayada del nombre del comando.

3) Pulsar la tecla ENTRAR para ejecutar dicho comando.

Convenciones utilizadas en los menús de Word

- Los comandos que aparecen atenuados son aquéllos que no están disponibles en este momento (por ejemplo, en el menú **Edición** aparecerá atenuado el comando **Copiar** si antes no se ha seleccionado el rango a copiar).
- Algunos comandos aparecen seguidos por puntos (...), lo que indica que al ser seleccionados aparecerá un **cuadro de diálogo** en el cual se solicitará información adicional para que el comando pueda realizarse según las necesidades del usuario; por ejemplo, si elige la opción **Nuevo** del menú **Archivo** aparecerá un cuadro de diálogo donde se debe especificar el nombre del nuevo libro de trabajo.
- Una tecla o combinación de teclas (CTRL+C), después del nombre del comando, es el **método abreviado** o **teclas de atajo** para este comando. Se utiliza para ejecutar el comando sin necesidad de desplegar el menú.
- Un comando que aparece seguido de un triángulo indica que abre otro menú.
- Algunos comandos de menú tienen al lado un icono representativo (imagen), de modo que puede asociarse rápidamente el comando con el botón de la barra de herramientas correspondiente. Si desea ejecutar un comando de forma más rápida, podrá crear un botón en una barra de herramientas, utilizando el cuadro de diálogo **Personalizar.**
- Para cambiar la forma en que aparecen los menús al hacer clic en un comando de la barra de menús:
  1. Seleccionar el comando **Personalizar** del submenú **Barra de herramientas** del menú **Ver** y elegir la ficha **Opciones.**
  2. Hacer clic en el botón de flecha del cuadro de lista desplegable **Animaciones de menú** y elegir una de las opciones disponibles **(Deslizar, Aleatorias, Desdoblar, Desvanecer** o **Predeterminada por el sistema)** para cambiar la manera en que se desplegará el menú.

Una vez desplegado un menú se podrá **cancelar** haciendo clic sobre cualquier lugar de la ventana de Microsoft Word o sobre otro menú, si el menú desplegado no contiene el comando que se desea ejecutar. Otra posibilidad es pulsar dos veces la tecla ESC.

Menús rápidos

Word presenta un menú especial llamado menú **Contextual** que agiliza la selección de comandos relacionados con funciones concretas.

El menú **Contextual** o rápido se obtiene pulsando el **botón derecho del ratón** cuando éste se encuentra en algunas zonas concretas de la ventana. Los comandos que aparecen en este menú rápido varían según la posición del puntero del ratón (Barras, Párrafos, Tablas, etc.).

1.6. Ayuda en Word

Siempre que necesite ayuda puede acudir a Word para que le aclare sus dudas. Podrá encontrar ayuda:

A. Información sobre la barra de herramientas

A medida que desplaza el puntero del ratón por los botones de una barra de herramientas aparecerá, cerca de los mismos, el nombre del comando que ejecuta. Para ello deberá estar activada la casilla de verificación **Mostrar información de pantalla en la barra de herramientas** de la ficha **Opciones** (elegir el comando **Personalizar** del submenú **Barras de herramientas** del menú **Ver**).

B. El comando ¿Qué es esto?

Otra forma de obtener ayuda acerca de un comando del menú, un botón de la barra de herramientas o un elemento en pantalla, es:

1) Hacer clic con el botón derecho del ratón en el área acerca de la que desee obtener ayuda y elegir el comando **¿Qué es esto?**, si está disponible para dicho elemento o elegir el comando **¿Qué es esto?** del menú **Ayuda** (?).

2) Hacer clic sobre el elemento (menú, botón, etc.) del que se desee obtener ayuda si ha seleccionado el comando **¿Qué es esto?** del menú **Ayuda**.

C. Utilizar el botón Ayuda

Para cada elemento de un cuadro de diálogo.

Con el ratón

1) Hacer clic en el botón de **Ayuda**, símbolo de interrogación (?), de la barra de títulos del cuadro de diálogo. El puntero del ratón adoptará forma de flecha abierta junto con un símbolo de interrogación.

2) Hacer clic en el elemento sobre el que se desee obtener ayuda.

Con el teclado

1) Seleccionar el elemento del cuadro de diálogo sobre el que desee solicitar la ayuda. Pulsar la tecla TAB hasta llegar al que se desee.

2) Pulsar la tecla F1. Aparecerá un recuadro con una breve explicación sobre la función del elemento seleccionado.

D. Información detallada

1) Seleccionar el comando **Ayuda de Microsoft Word** del menú **Ayuda** (?).

   Aparecerá la ventana de **Ayuda de Microsoft Word** (Figura 1.13) si ha desactivado el Ayudante de Office (consultar el apartado *E. Sugerencias y mensajes con el Ayudante de Office*, más adelante en este mismo capítulo).

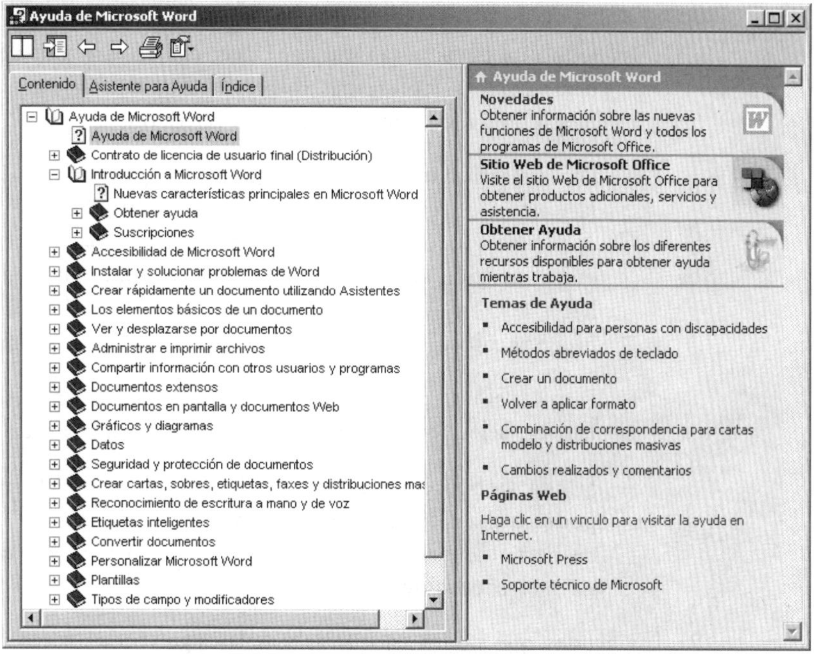

Figura 1.13. Ventana de Ayuda de Microsoft Word. Ficha **Contenido**.

Los archivos de Ayuda se muestran en una ventana semejante a un explorador, de tres paneles:

- El panel *superior* contiene la barra de herramientas.
- El panel *izquierdo* (de exploración) contiene las fichas **Contenido, Asistente para Ayuda** e **Índice.**

  Para ver un tema encontrado a través de cualquiera de estos métodos de exploración, hacer clic en la entrada en el panel de exploración para mostrar el tema correspondiente en el panel derecho (temas).

- El panel *derecho* (de temas) muestra el tema seleccionado en el panel izquierdo. En un tema, puede hacer clic en las palabras subrayadas y/o coloreadas para ver otra información relacionada con el tema.

– La descripción de un procedimiento está indicada con un icono de flecha a la derecha. Hacer clic en el icono de flecha o las palabras coloreadas (hipervínculos o enlaces) para desplegar la ayuda sobre la función seleccionada.

– Para seleccionar otros temas que contengan información relacionada, hacer clic en las palabras subrayadas y/o coloreadas (hipervínculos o enlaces) que pueden aparecer en cualquier posición del tema que se está consultando y, después, hacer clic en el título del tema que desee ver. Al señalar un hipervínculo el puntero del ratón adopta forma de mano.

– Para ver si una palabra o frase contenida en un tema está en el **Índice**, seleccionar la palabra o frase y pulsar la tecla F1.

– Si está viendo contenido desde la Web en el panel de temas, podrá utilizar los botones **Detener** y **Actualizar** de la barra de herramientas para interrumpir una transferencia o actualizar el contenido.

2) Las ayudas que podrá encontrar son las siguientes:

- **Ficha Contenido.** Para buscar un tema en la ayuda agrupado por materias.

1. Hacer clic en la ficha **Contenido** (Figura 1.13) para examinar los temas por categorías.
2. La ayuda está organizada mediante iconos expansibles. Un libro cerrado es un icono que se puede expandir (agrupa los temas de una materia) y si tiene un icono con un libro abierto significa que ya está expandido.
3. Para expandir o contraer un icono hay que hacer clic sobre el icono o el nombre del icono (si el icono está contraído se expande; si está expandido se contrae).
4. Cuando aparece un icono con un símbolo de interrogación significa que se ha llegado a un tema concreto. Para mostrarlo hacer clic sobre el icono o el nombre del icono.
5. En el panel derecho se mostrará el tema seleccionado.

- **Ficha Índice.** Para ver una lista de entradas de los temas de ayuda ordenada alfabéticamente.

  1. Hacer clic en la ficha **Índice** (Figura 1.14).

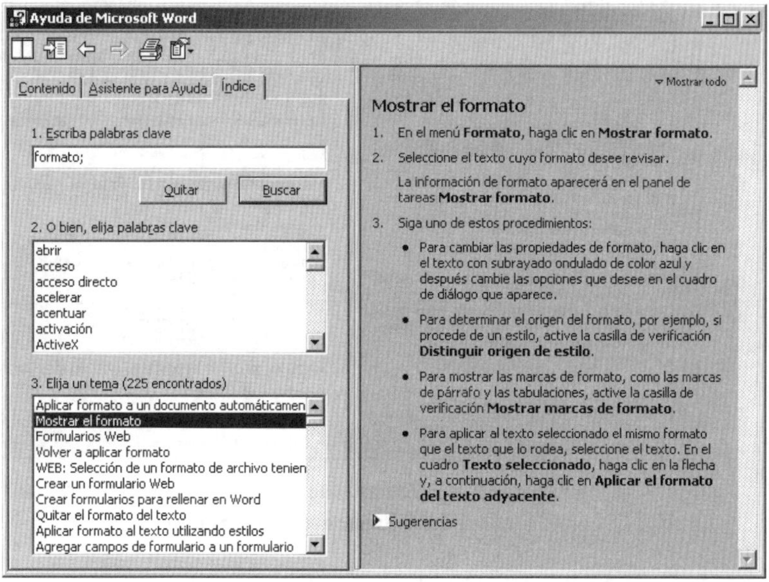

Figura 1.14. Ventana de ayuda Microsoft Word. Ficha **Índice**.

  2. Escribir la palabra que está buscando en el cuadro de texto **1. Escriba palabras clave.** A medida que vaya escribiendo, la primera entrada que se encuentra en el cuadro de lista **2. O bien, elija palabras clave** irá cambiando, para mostrar los temas que comiencen por los caracteres escritos o bien recorra la lista del cuadro de lista **2.**

  3. Hacer clic sobre el tema que se desea ayuda en el cuadro de lista **2** o **3. Elija un tema.**

  4. El tema seleccionado se muestra en el panel derecho.

- **Asistente para ayuda.** Para buscar las palabras o frases que pueden estar incluidas en un tema de Ayuda:

  1. Hacer clic en la ficha **Asistente para ayuda** (Figura 1.15), para buscar palabras o frases del archivo de Ayuda.

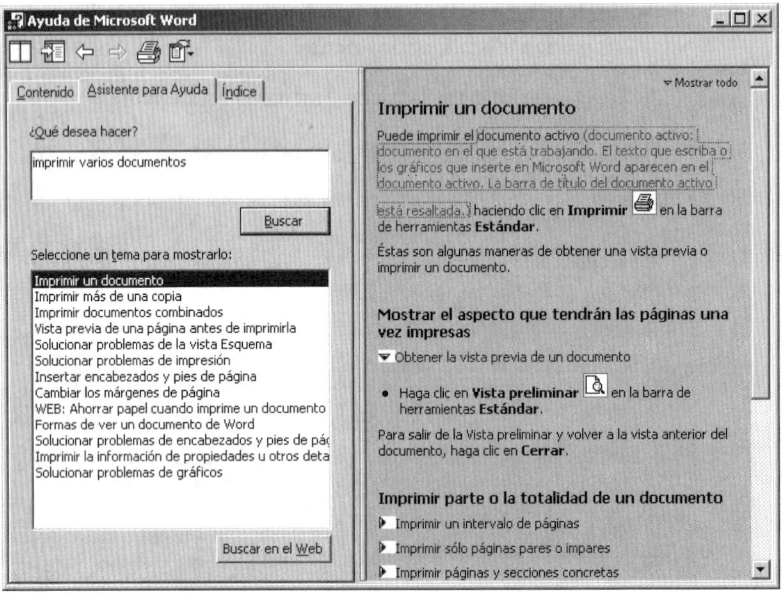

Figura 1.15. Ventana de ayuda Microsoft Word. Ficha **Asistente para ayuda**.

2. En el cuadro de texto **¿Qué desea hacer?** escriba una palabra o frase que describa el tema del que se desea obtener ayuda y haga clic en el botón **Buscar**.
3. En el cuadro de lista **Seleccione un tema para mostrarlo,** seleccionar la opción que describa el tema sobre el que se ha solicitado ayuda.
4. El tema seleccionado aparecerá en el panel derecho.

3) Para cerrar la ventana de ayuda hacer clic en el botón **Cerrar**.

Personalización de la apariencia de la ventana Ayuda de Microsoft Word

Modificar el tamaño del panel de exploración o de temas

1) Situar el puntero del ratón en el divisor, entre los paneles izquierdo y derecho. Cuando el puntero cambie a una flecha de dos direc-

ciones, mantener pulsado el botón primario del ratón y arrastrar el divisor a la izquierda o a la derecha.

Mostrar u ocultar el panel derecho (Fichas de exploración)

1) Hacer clic en el botón **Ocultar** o **Mostrar**, si el panel está oculto, de la barra de herramientas.

Cambiar la fuente y los colores de un tema de ayuda

La ventana de la Ayuda comparte la misma configuración de fuente, tamaño y colores del texto y color de fondo que el explorador o navegador Web instalado en su equipo. Las configuraciones y demás opciones disponibles varían según el navegador.

1) Hacer clic en el botón **Opciones** de la barra de herramientas de la ventana **Ayuda de Microsoft Word**.

2) Elegir el comando **Opciones de Internet**.

3) En la ficha **General**, hacer clic en el botón **Accesibilidad**. En el cuadro de diálogo **Accesibilidad** que aparece activar la casilla de verificación **Omitir colores especificados en páginas Web** y hacer clic en el botón **Aceptar**.

4) En la ficha **General**, hacer clic en el botón **Colores** o **Fuentes** y después seleccionar las opciones deseadas.

   Para establecer el color de texto y el color de fondo que desee, desactivar la casilla de verificación **Usar colores de Windows** en el cuadro de diálogo **Colores** que aparece al hacer clic en el botón **Colores**.

NOTA: Los colores que establezca afectarán a la Ayuda de todos los programas de Microsoft Office y también a las páginas Web que vea en el explorador.

E. Sugerencias y mensajes con el Ayudante de Office

El Ayudante de Office puede responder a preguntas, ofrecer sugerencias y proporcionar Ayuda acerca de las diferentes características específicas del programa de Office en que se esté.

El Ayudante de Office se comparte en todas las aplicaciones que forman el paquete Office, de tal forma que las opciones que se modifiquen afectarán al Ayudante de todos los programas Office instalados.

Mostrar u ocultar el Ayudante de Office

1) Para mostrar el Ayudante de Office, elegir el comando **Mostrar el Ayudante de Office** del menú **?** (Ayuda).

   Aparecerá el ayudante de Office (Figura 1.16).

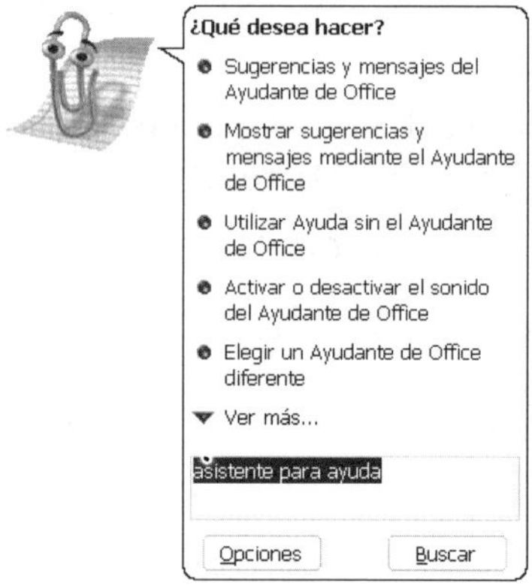

Figura 1.16. Ayudante de Office.

2) Para ocultar el Ayudante, hacer clic con el botón derecho sobre el Ayudante. En el menú contextual que aparece, hacer clic en el comando **Ocultar** o elegir el comando **Ocultar el Ayudante de Office** del menú **?** (Ayuda).

Personalizar el Ayudante de Office

1) Mostrar el Ayudante. Hacer clic en el botón **Ayudante de Office** de la barra de herramientas **Estándar** o elegir el comando **Mostrar el Ayudante de Office** del menú **?** (Ayuda).

2) En el menú contextual que aparece al hacer clic con el botón derecho del ratón sobre el Ayudante, elegir el comando **Opciones**. Aparece el cuadro de diálogo **Ayudante de Office** (Figura 1.17).

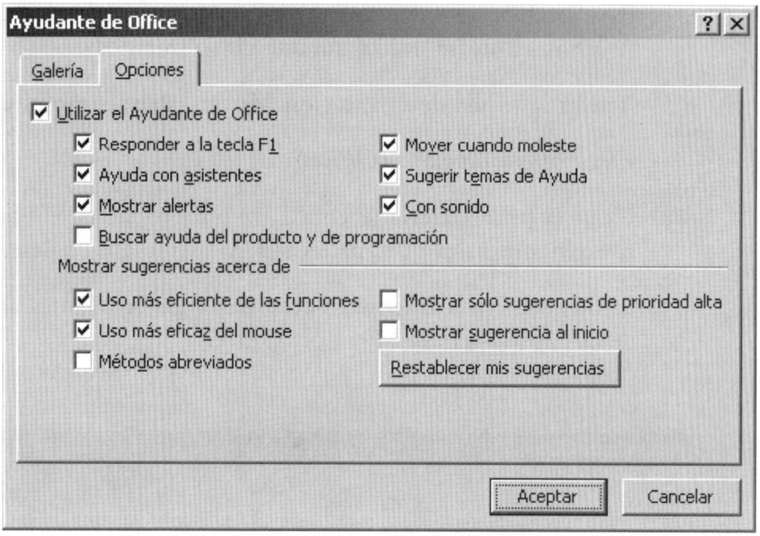

Figura 1.17. Cuadro de diálogo **Ayudante de Office**. Ficha **Opciones**.

Sugerencias del programa en el Ayudante de Office:

Las sugerencias indican cómo utilizar con mayor eficacia las características o los métodos de acceso directo mediante el teclado del programa. Una bombilla amarilla en el Ayudante indica que hay disponible una sugerencia. Para visualizarla hacer clic en la bombilla. Si el Ayudante no está visible cuando haya una sugerencia, el botón **Ayudante de Office** mostrará una luz. Hacer clic en el botón **Ayudante de Office** y, a continuación, hacer clic en la bombilla para visualizar la sugerencia.

Para hacer que el Ayudante de Office sugiera automáticamente temas de ayuda:

3) Activar la casilla de verificación situada junto a los tipos de sugerencia que se desee en el área **Mostrar sugerencias acerca de** (Figura 1.17).

Para obtener Ayuda sin utilizar el Ayudante de Office:

4) Para mostrar ventana **Ayuda de Microsoft Word** al pulsar la tecla F1 en vez del Ayudante de Office, desactivar la casilla de verificación **Responder a la tecla F1.**

Para cambiar automáticamente del tamaño grande al pequeño del Ayudante si no se utiliza durante cinco minutos:

5) Activar la casilla de verificación **Mover cuando moleste**.

Elegir otro ayudante de Office:

6) Elegir la ficha **Galería** (Figura 1.18) y hacer clic en el botón **Atrás** o **Siguiente** hasta que aparezca el Ayudante que se desee.

Si tiene acceso a Internet, puede descargar Ayudantes adicionales de la página Web de Microsoft Office.

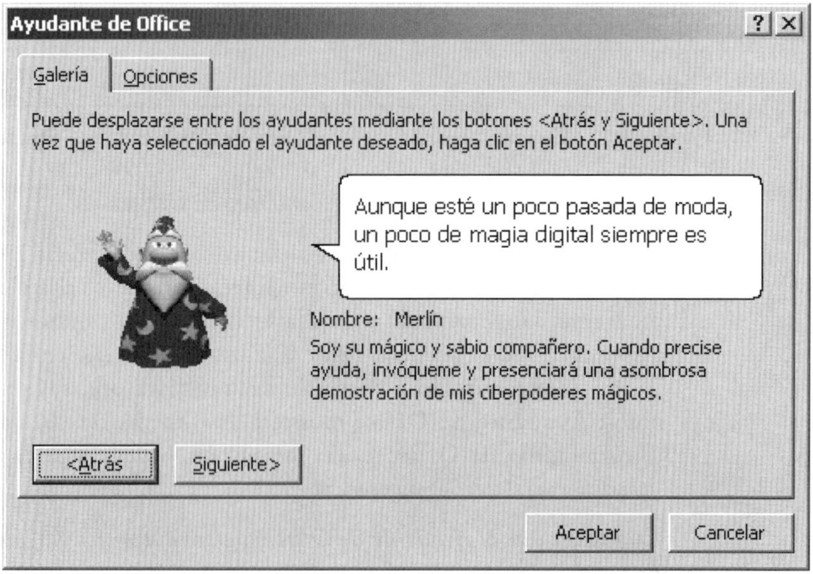

Figura 1.18. Cuadro de diálogo **Ayudante de Office**. Ficha **Galería**.

7) Hacer clic en el botón **Aceptar** para cerrar el cuadro de diálogo.

NOTA: Para desactivar el Ayudante, hacer clic con el botón derecho sobre el **Ayudante**, después elegir el comando **Opciones** y, a continuación, desactivar la casilla de verificación **Utilizar el Ayudante de Office** en la ficha **Opciones**.

F. Asistente para Ayuda

En el extremo derecho de la barra de menús aparece el cuadro combinado **Formule una pregunta** (Figura 1.19). Escribir una pregunta en el cuadro combinado **Formule una pregunta** y después pulsar la tecla ENTRAR. Aparecerá una lista de temas relacionados, independientemente de si está o no activado el Ayudante de Office.

Figura 1.19. Formule una pregunta.

Mostrar u ocultar el cuadro Formule una pregunta

1) Elegir el comando **Personalizar** del menú **Herramientas.**

2) Hacer clic en la ficha **Opciones.**

3) En la barra menú, haga clic con el botón secundario del ratón en el cuadro **Formule una pregunta.**

4) Activar o desactivar la casilla de verificación **Mostrar el cuadro Escriba una pregunta** para mostrar u ocultar dicho cuadro.

5) El cuadro **Formule una pregunta** permanecerá visible hasta que se cierre el cuadro de diálogo **Personalizar**. Hacer clic en el botón **Cerrar.**

1.7. Salir de Word

Una vez finalizada la sesión de trabajo se deberá salir de Word, para ello:

1) Elegir el comando **Salir** del menú **Archivo**. Si existe algún documento que no haya sido guardado, Word indicará esta situación, permitiendo hacerlo en este momento (el proceso para guardar un documento se describe en el Capítulo 2).

   No se deberá apagar el ordenador antes de salir de Microsoft Word.

1.8. Recuperación de programas de Microsoft Office que no responden

Esta nueva versión de Microsoft Office XP incorpora una herramienta, denominada **Recuperación de aplicaciones**, que muestra el estado de las aplicaciones de Microsoft Office en ejecución y su estado actual. Si un programa no responde, también permite cerrarlo, reiniciarlo o recuperarlo.

Para recuperar un programa que no responde

1) Hacer clic en el menú **Inicio** de Microsoft Windows y después elegir la carpeta **Programas**, seleccionar la subcarpeta **Herramientas de Microsoft Office** y, a continuación, hacer clic en el comando **Recuperación de aplicaciones de Microsoft Office** (Figura 1.20).

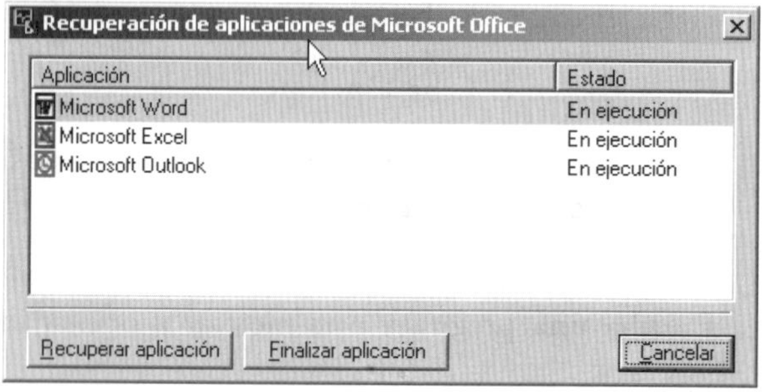

Figura 1.20. Ventana **Recuperación de aplicaciones de Microsoft Office**.

2) En la lista **Aplicación**, haga clic en el programa o el documento que no responde.

   Siga uno de estos procedimientos:

   - Para intentar recuperar los archivos que estaba utilizando, hacer clic en el botón **Recuperar aplicación**.
   - Para cerrar el programa y perder los cambios recientes en el archivo actual, hacer clic en el botón **Finalizar aplicación**.
   - Para comunicar a Microsoft el error que causó el problema, hacer clic en **Enviar informes de errores** o en **No enviar**.

3) Hacer clic en el botón **Cancelar** para cerrar la ventana y salir del programa.

Práctica 1

Diseñe una nueva barra de herramientas a la que llamará **Mis Favoritos.** Se le deberá incorporar los siguientes botones.

Botón:	**Barra de herramientas de procedencia:**
Abrir	Archivo
Guardar	Archivo
Negrita	Formato
Cursiva	Formato
Galería de WordArt	Dibujo
Línea	Autoforma
Elipse	Autoforma
Buscar en el Web	Web

2

Operaciones Básicas

Operaciones Básicas

En este capítulo comenzaremos a utilizar la aplicación Microsoft Word 2002 para que aprenda un conjunto de operaciones básicas que le permitirán crear nuevos documentos, guardarlos o archivarlos y abrirlos o recuperarlos para realizar las modificaciones que se deseen.

2.1. Introducir texto

En la ventana del documento se puede observar el punto de inserción (barra vertical parpadeante «|»), el cual indica dónde quedará colocado el texto que escriba. Para introducir texto, bastará con teclear como si se tratara de una máquina de escribir, teniendo en cuenta las siguientes consideraciones:

A. Al escribir, el punto de inserción se desplaza hacia el extremo derecho de la línea. Cuando se alcanza el margen (tope) derecho, Word pasa automáticamente la palabra a la siguiente línea; es decir, si una palabra no puede ser escrita al final de una línea debido a su longitud, Word la colocará el comienzo de la siguiente línea (cambio automático de texto).

   Se debe evitar la inercia (usuarios de máquina de escribir) de marcar el salto de línea pulsando la tecla ENTRAR (retroceso de carro), ya que lo hará Word automáticamente.

Por tanto, sólo si desea pasar a otro párrafo o dejar líneas en blanco, se pulsa la tecla ENTRAR.

Para Word, un párrafo es cualquier cantidad de texto (una o varias palabras, o bien, una o varias líneas) que finaliza con una marca de fin de párrafo que Word inserta en el documento al pulsar la tecla ENTRAR.

B. Otra característica de Word es que divide automáticamente el texto en páginas haciendo que el texto se escriba entre los márgenes sin necesidad de preocuparnos si hemos llegado o no al final de una página y comienzo de otra (cambio automático de página).

2.2. Desplazamientos por el documento

Para visualizar el texto de un documento que no queda a la vista en la pantalla es preciso desplazarse por el mismo. Asimismo, antes de añadir, borrar, dar formato o editar texto que se ha escrito, hay que aprender a mover el punto de inserción; en este caso, no sólo se tendrá que desplazar por el documento, sino que se deberá situar el punto de inserción dentro del texto con el que se va a trabajar (para ello el puntero deberá tener forma de «I» y hacer clic con el ratón).

Con Word es posible situar el punto de inserción en cualquier lugar del documento: utilizando tanto el ratón como el teclado o mediante el comando **Ir a** del menú **Edición**.

A. Mediante el ratón

La forma más rápida de mover el punto de inserción suele ser el ratón utilizando:

- Para buscar rápidamente elementos como, por ejemplo, páginas, gráficos, títulos, tablas o comentarios: Hacer clic en el icono **Seleccionar objeto de búsqueda** en la barra de desplazamiento vertical y, a continuación, hacer clic en el elemento que se desee localizar. Haga clic en el icono **Siguiente** o **Anterior** para buscar el elemento siguiente o anterior del mismo tipo (Figura 2.1).

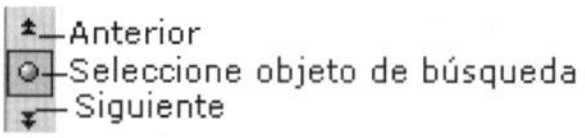

Figura 2.1. Desplazarse por los elementos en un documento.

- **Las barras de desplazamiento**

Deberá tener en cuenta que con las barras de desplazamiento se desplazará por el texto sin mover el punto de inserción de su posición. Si el punto de inserción se encuentra en una posición distinta a la que se muestra en pantalla, es importante que recuerde que si inserta un carácter, éste se insertará en la posición en la que se encuentre el punto de inserción y no en el texto que aparece en ese momento en pantalla. Word mostrará automáticamente el área donde estaba situado el punto de inserción, al pulsar cualquier tecla.

Para desplazarse	Hacer
Línea a línea	Hacer clic en la flecha de desplazamiento hacia abajo para descender una línea, o hacer clic en la flecha de desplazamiento hacia arriba para subir una línea. Manteniendo pulsado el botón del ratón en una de las flechas de desplazamiento, el texto se desplazará línea a línea de una forma rápida.
Pantalla a pantalla	Hacer clic por encima del cuadro de desplazamiento (en la barra de desplazamiento) para mostrar la pantalla anterior y hacer clic por debajo del cuadro de desplazamiento para mostrar la pantalla siguiente.
Zonas intermedias	Arrastrar a la distancia deseada el cuadro de desplazamiento situado dentro de la barra de desplazamiento (Word muestra una etiqueta indicando la página que aparece en pantalla).
Principio del documento	Arrastrar el cuadro de desplazamiento hasta el extremo superior de la barra de desplazamiento.
Final del documento	Arrastrar el cuadro de desplazamiento hasta el extremo inferior de la barra de desplazamiento.

B. Utilizando el teclado

Pulsar	Acción
FLECHA ABAJO	Mover el punto de inserción una línea hacia arriba.
FLECHA ARRIBA	Mover el punto de inserción una línea hacia abajo.
FLECHA IZQUIERDA	Mover el punto de inserción un carácter a la izquierda.
FLECHA DERECHA	Mover el punto de inserción un carácter a la derecha.
CTRL+FLECHA IZQUIERDA	Mover el punto de inserción una palabra a la izquierda.
CTRL+FLECHA ARRIBA	Mover el punto de inserción al principio del párrafo.
CTRL+FLECHA DERECHA	Mover el punto de inserción una palabra a la derecha.
CTRL+FLECHA ABAJO	Mover el punto de inserción al principio del siguiente párrafo.
INICIO	Mover al principio de la línea.
FIN	Mover al final de la línea.
AV PÁG	Mover una pantalla completa hacia abajo.
CTRL+AV PÁG	Avanzar una página.
RE PÁG	Retroceder una pantalla.
CTRL+RE PÁG	Retroceder una página.
CTRL+ALT+RE PÁG	Mover el punto de inserción al principio de la ventana.
CTRL.+ALT+AV PÁG	Mover el punto de inserción al final de la ventana.
CTRL+INICIO	Mover el punto de inserción al principio del documento.
CTRL+FIN	Mover el punto de inserción al final del documento.
MAYÚS+F5	Mover el punto de inserción a una revisión anterior.
MAYÚS+F5	A la posición en que se encontraba el punto de inserción la última vez que cerró el documento.

C. Con el comando Ir a

Puede que no encuentre demasiado útil el comando **Ir a** en un primer momento, aunque su aplicación real la encontrará cuando trabaje con documentos grandes.

1) Elegir el comando **Ir a** del menú **Edición** o hacer doble clic en el primer recuadro (muestra el número de página, sección y número total de páginas) de la barra de estado. Aparecerá el cuadro de diálogo **Ir a** (Figura 2.2).

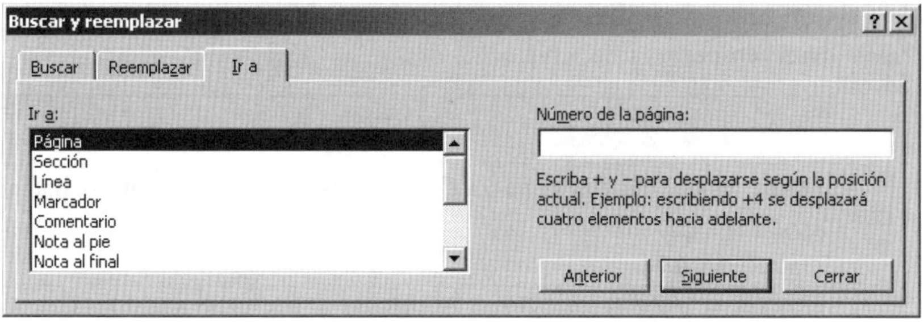

Figura 2.2. Cuadro de diálogo **Buscar y reemplazar**. Ficha **Ir a**.

2) En la lista **Ir a** se seleccionará el tipo de elemento con el que se desea trabajar (página, línea, sección, etc.).

3) En el cuadro **Número de** *elemento_seleccionado*, donde *elemento_seleccionado* es el elemento del documento elegido en el cuadro de lista **Ir a**, se deberá escribir el signo "+" o el signo "–" (indican, respectivamente, hacia el final o hacia el principio del documento) y, a continuación, el número del elemento al que se desea desplazar. (*Ejemplo: +4 avanzará tres elementos, ya sean páginas, líneas, notas al pie, secciones, etc.*).

4) Hacer clic en los botones **Anterior** o **Siguiente** para desplazarse a la siguiente o anterior aparición del elemento seleccionado.

   No se preocupe si ahora no reconoce la mayoría de los distintos tipos de elementos que aparecen en la lista **Ir a**; ya irá conociéndolos a lo largo del libro.

5) Hacer clic en el botón **Cerrar** para volver al documento.

D. Desplazarse por un documento de Word utilizando el dispositivo señalador Microsoft IntelliMouse

Si ha instalado Microsoft IntelliMouse o Microsoft IntelliMouse TrackBall (se instala al poner en un sistema un ratón que incorpore dicha característica e instale el controlador que incluirá el fabricante), puede utilizar sus funciones de desplazamiento y zoom integradas; no es necesario hacer clic en las barras de desplazamiento o en los botones en la pantalla.

Tenga en cuenta que si utiliza este tipo de ratón o bola de seguimiento para realizar desplazamientos, también deberá mover el punto de inserción antes de realizar las modificaciones. Haga clic en la ubicación donde desee empezar a escribir.

Para	Acción
Desplazarse unas líneas hacia arriba o hacia abajo al mismo tiempo	Girar la rueda hacia delante o hacia atrás.
Utilizar el desplazamiento panorámico en cualquier dirección	Mantener pulsado el botón de la rueda y arrastrar el puntero lejos de la marca del origen en la dirección que desee. Para aumentar la velocidad, arrastrar el puntero más lejos de la marca de origen; para reducir la velocidad, arrastrarlo más cerca de la marca de origen.
Desplazarse automáticamente (Autodesplazamiento) hacia arriba o hacia abajo	Hacer clic en el botón de la rueda y Word comenzará a desplazarse hacia abajo. Para desplazarse hacia arriba, mover el puntero por encima de la marca de origen en la barra de desplazamiento vertical. Para aumentar la velocidad, mover el puntero más allá de la marca de origen; para reducir la velocidad, moverlo más cerca. Para cancelar el Autodesplazamiento, hacer clic en un botón del ratón o presione una tecla.
Acercar o alejar	Mantener pulsada la tecla CONTROL mientras gira la rueda hacia adelante o hacia atrás.

*Expandir o contraer encabezados en la vista **Esquema** o en el Mapa del documento*	Señalar el encabezado y mantener pulsada la tecla MAYÚSCULAS mientras gira la rueda hacia delante o hacia atrás.
Ajustar el nivel de detalle mostrado en la vista Autorresumen	Mantener pulsada la tecla MAYÚSCULAS mientras gira la rueda hacia adelante o hacia atrás.

E. Desplazarse utilizando el Mapa del documento

1) Hacer clic en el botón **Mapa del documento** (Figura 2.3) de la barra de herramientas **Estándar.**

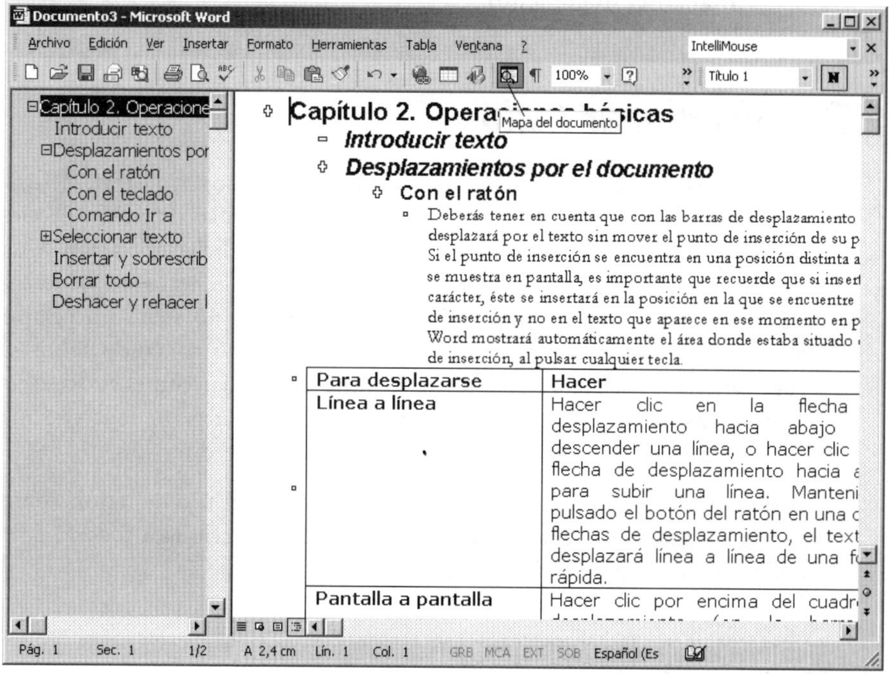

Figura 2.3. Mapa del documento.

2) Hacer clic en el título para ir a la parte correspondiente del documento.

Para mostrar todos los títulos de un nivel específico o por debajo de dicho nivel, hacer clic en el **Mapa del documento** con el botón secundario del ratón y, a continuación, hacer clic en un número del menú contextual. Por ejemplo, hacer clic en **Mostrar título 2** para mostrar los títulos de los niveles 1 a 2.

Para contraer los títulos subordinados bajo un título individual, haga clic en el signo menos **(-)** situado junto al título.

Para mostrar los títulos subordinados bajo un título individual, haga clic en el signo más **(+)** situado junto al título.

NOTA: Para cerrar el **Mapa del documento**, hacer doble clic en la barra de cambiar tamaño, en el borde derecho del panel o clic en el botón **Mapa del documento**.

2.3. Seleccionar texto

Muchas de las operaciones que Word realiza (mover, borrar, definir tamaños o aspectos del texto, etc.) implican la necesidad de tener seleccionado previamente el texto sobre el cual se efectuará dicha operación. Una selección se presenta en pantalla resaltada en negro. El texto permanecerá resaltado después de ejecutar el comando de Word, no siendo necesario seleccionar el mismo texto otra vez para ejecutar otro comando sobre él. Para cancelar la selección cuando se termina de trabajar con el texto seleccionado, hacer clic con el botón del ratón en cualquier parte de la ventana del documento, o pulsar cualquier tecla de flecha de dirección.

La selección de texto puede realizarse tanto con el uso del ratón como con el teclado o el comando **Seleccionar todo** (seleccionará todo el contenido del documento) del menú **Edición**.

A. Mediante teclado

1) Hacer clic al comienzo del texto que desea seleccionar.

2) Con el teclado la selección la podrá realizar de las siguientes formas:

Para seleccionar	Acción
MAYÚS+FLECHA DERECHA	Un carácter a la derecha.
MAYÚS+FLECHA IZQUIERDA	Un carácter hacia la izquierda.
CTRL+MAYÚS+ FLECHA DERECHA	Hasta el final de una palabra.
CTRL+MAYÚS+ FLECHA IZQUIERDA	Hasta el inicio de una palabra.
MAYÚS+FIN	Hasta el final de una línea.
MAYÚS+INICIO	Al principio de una línea.
MAYÚS+FLECHA ABAJO	Una línea hacia abajo.
MAYÚS+FLECHA ARRIBA	Una línea hacia arriba.
CTRL+MAYÚS+FLECHA ABAJO	Hasta el final de un párrafo.
CTRL+MAYÚS+FLECHA ARRIBA	Hasta el principio de un párrafo.
MAYÚS+AV PÁG	Una pantalla abajo.
MAYÚS+RE PÁG	Una pantalla arriba.
CTRL+MAYÚS+INICIO	Al principio de un documento.
CTRL+MAYÚS+FIN	Al final de un documento.
ALT+CTRL+MAYÚS+AV PÁG	Hasta el final de una ventana.
CTRL+E	Hasta incluir el documento entero.
CTRL+MAYÚS+F8 y después utilice las teclas de dirección; pulsar la tecla ESC para cancelar el modo de selección	Hasta un bloque vertical de texto.
F8+teclas de dirección; pulsar la tecla ESC para cancelar el modo selección	Hasta una posición específica en un documento.

B. Utilizando el ratón

Para seleccionar	Acción
Una palabra	Hacer doble clic sobre la palabra o arrastrar el puntero del ratón por los caracteres que la componen.
Una o varias líneas	A lo largo del extremo izquierdo de la ventana del documento, fuera de la zona de texto, existe una barra de selección invisible; en esta zona cambia la forma del puntero del ratón a una flecha abierta que apunta hacia la línea de texto.

	Situar el puntero del ratón en la barra de selección, señalar la línea que desea seleccionar y hacer clic. Si arrastra el puntero del ratón hacia abajo o hacia arriba, la selección abarcará las líneas deseadas.
Un párrafo	Situar el puntero del ratón en la barra de selección (área a la izquierda del margen izquierdo), señalar el párrafo y hacer doble clic.
Cualquier área de texto	Señalar el punto donde se desea comenzar la selección de texto y arrastrar el puntero del ratón hasta donde se desee terminar la selección.
Grandes áreas del documento	Hacer clic en el punto inicial del texto que se desea seleccionar y, manteniendo pulsada la tecla MAYÚSCULAS, hacer clic en el punto final del mismo. Se pueden utilizar las barras de desplazamiento para mover a cualquier posición del documento.
Todo el documento	Pulsar la tecla CONTROL y, manteniéndola pulsada, hacer clic en cualquier parte de la barra de selección, o también, CONTROL+5 (en el teclado numérico). También puede hacerlo seleccionando el comando **Seleccionar todo** del menú **Edición.**
Seleccionar múltiples elementos no contiguos	1. Seleccionar el primer elemento que desee, como por ejemplo, un párrafo, una palabra, una línea, etc. 2. Mantener pulsada la tecla CTRL mientras selecciona los elementos que desee. Sólo podrá seleccionar varios objetos no contiguos si son del mismo tipo como, por ejemplo, dos o más selecciones de texto o dos o más gráficos.

2.4. Insertar y sobreescribir texto

Con cualquier procesador de textos podrá utilizar dos modos de escritura: el modo *Inserción* y el modo *Sobreescribir.*

- Utilizando Word, la *inserción* de texto no resulta problemática: bastará con situar el punto de inserción en el lugar donde se desee intercalar el nuevo texto y escribirlo; el texto que existía a la derecha del punto de inserción será desplazado sin que se pierda.

  Por ejemplo, si escribió "*En la pantalla aparece un menú...*", pero desea escribir "*En la parte inferior de la pantalla aparece un menú...*", se situará el punto de inserción delante de la "*l*" de "*la*" y se escribirá "*la parte inferior de*". Word ajustará automáticamente el texto desplazando el que ya existía sin borrarlo.

- Se utiliza el modo *Sobreescribir* cuando se desea reemplazar los caracteres que están en la pantalla por otros. Para reemplazar texto existente, se podrá:

  - Situar el punto de inserción justo delante de la palabra a partir de la cual se van a reemplazar los caracteres existentes por los introducidos desde el teclado.
  - Seleccionar el modo **Sobreescribir** pulsando la tecla INSERT.

  Esta modalidad de trabajo puede ser muy útil, pero también puedes borrar texto que desea conservar. Hay que tener cuidado de pasar a la modalidad insertar, pulsando otra vez la tecla INSERT.

  Nuestro consejo es utilizar siempre el modo insertar, y para sobreescribir texto ya escrito: seleccionar el texto que se desee reemplazar y posteriormente escribir el nuevo texto. Word reemplazará automáticamente la selección resaltada por el primer carácter tecleado. A medida que escriba se insertará el nuevo texto desplazando el ya existente.

2.5. Borrar texto

Para borrar texto escrito Microsoft Word proporciona varias formas:

- La tecla RETROCESO para borrar caracteres a la izquierda del punto de inserción.

- La tecla SUPR para borrar caracteres situados a la derecha del punto de inserción.
- Los procedimientos anteriores son válidos si se desea borrar un número pequeño de caracteres. Para borrar una mayor cantidad de texto (palabras, líneas, párrafos, páginas, etc.) deberemos:
  1. Seleccionar el texto que se desee eliminar. Se puede utilizar cualquiera de las técnicas explicadas en el apartado 2.3 de este capítulo.
  2. Una vez seleccionado, pulsar la tecla SUPR o RETROCESO y el texto desaparecerá.
- Otra posibilidad es hacer clic en el botón **Cortar** de la barra de herramientas **Estándar**. En este caso, el texto borrado pasará al Portapapeles, pudiendo ser recuperado posteriormente con la opción **Pegar**.

2.6. Deshacer y rehacer los cambios efectuados

Word dispone de la posibilidad de deshacer y rehacer los cambios efectuados en el documento.

Si se equivoca en una operación (seleccionar el tamaño de la letra) o se elimina accidentalmente texto dentro del documento, Word permite anular las últimas acciones realizadas con el comando **Deshacer**. Si se ha producido un error en la elección de la acción de deshacer o el resultado no es el esperado, Microsoft Word permite anular una acción del comando **Deshacer** mediante el botón **Rehacer** de la barra de herramientas **Estándar**.

Deshacer el último cambio

Siempre que se desee deshacer la última operación realizada, hacer clic en el botón **Deshacer** (Figura 2.4) de la barra de herramientas **Estándar**, o seleccionar el comando **Deshacer** del menú **Edición**. Por ejemplo, para deshacer las tres últimas acciones, deberá seleccionar el comando **Deshacer** tres veces.

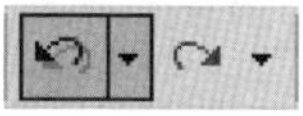

Figura 2.4. Botones **Deshacer** y **Rehacer**.

Deshacer más de un cambio

1) Al hacer clic en la flecha que aparece junto al botón **Deshacer** (Figura 2.4) aparece una lista ordenada con las acciones realizadas con anterioridad que podrán ser canceladas.

2) Seleccionar en la lista la acción adecuada para anular los cambios que desee. Todas las modificaciones que haya realizado entre la acción seleccionada y el momento actual serán anuladas. No es posible seleccionar una acción individual sin que se deshagan todas las acciones que aparecen por encima de la misma en la lista.

Rehacer los cambios

1) Hacer clic en el botón **Rehacer** (Figura 2.4) de la barra de herramientas **Estándar** o seleccionar el comando **Repetir** del menú **Edición** para deshacer el último cambio.

2.7. Mover y copiar texto

La operación mover se utiliza para trasladar texto seleccionado dentro de un documento (o entre dos documentos), suprimiéndolo de su posición original y situándolo en el punto del documento de destino seleccionado.

La operación copiar permite trasladar el texto seleccionado sin suprimirlo de su posición original. Es posible copiar texto dentro de un documento o entre dos documentos.

Para copiar o mover texto entre dos documentos es preciso tener los dos documentos abiertos, como se explicará en el apartado 2.11, *Abrir un documento.*

Mover texto

A. Con el ratón

1) Seleccionar el texto que se desea mover. Utilizar la técnica más adecuada según la cantidad de texto que se desea seleccionar (consultar el apartado 2.3, *Seleccionar texto para recordar las técnicas de selección*).
2) Situar el puntero del ratón sobre el texto seleccionado.
3) Mantener pulsado el botón del ratón y arrastrar el bloque seleccionado hasta la nueva posición. El punto de inserción indicará la posición.
4) Soltar el botón del ratón.
5) Hacer clic en cualquier punto fuera del bloque de texto seleccionado para anular la selección.

B. Haciendo uso del portapapeles

En el caso de que la posición donde se desee mover el bloque seleccionado se encuentre fuera del área de trabajo, puede hacer uso del Portapapeles (es un área de almacenamiento temporal que proporciona Windows), mediante los botones existentes en la barra de herramientas **Estándar** o los comandos del menú **Edición**.

1) Seleccionar el texto que se desee mover.
2) Hacer clic en el botón **Cortar** (Figura 2.5) de la barra de herramientas **Estándar** o seleccionar el comando **Cortar** del menú **Edición**. El texto se copiará en el Portapapeles y permanecerá en él hasta que se corte (o copie) otro texto o se salga de Windows.

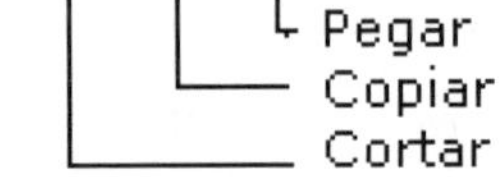

Figura 2.5. Botones **Cortar, Copiar** y **Pegar**.

3) Situar el punto de inserción en la posición a la que se desea trasladar el texto.

4) Hacer clic en el botón **Pegar** (Figura 2.5) de la barra de herramientas **Estándar**, o seleccionar el comando **Pegar** del menú **Edición**. El texto aparecerá en su forma original.

Copiar texto

A. Con el ratón

1) Seleccionar el texto que se desea copiar. Utilizar la técnica más adecuada a la cantidad de texto que se desea seleccionar.

2) Señalar el texto seleccionado hasta que el ratón adopte forma de flecha.

3) Manteniendo pulsada la tecla CONTROL; hacer clic (aparecerá un signo más (+) para indicar que se está copiando) y arrastrar el bloque seleccionado hasta la nueva posición. El punto de inserción cambia a color rojo indicando la posición.

4) Soltar el botón del ratón y después la tecla CONTROL. Aparecerá en la nueva posición una copia del texto seleccionado, permaneciendo el original sin cambios.

5) Hacer clic en cualquier punto para anular la selección.

B. Haciendo uso del portapapeles

1) Seleccionar el texto que se desee mover.

2) Hacer clic en el botón **Copiar** (Figura 2.5) de la barra de herramientas **Estándar**, o seleccionar el comando **Copiar** del menú **Edición**. En el documento no se aprecia ningún cambio; sin embargo con esta operación se ha insertado en el Portapapeles una copia del texto.

3) Situar el punto de inserción en la posición de destino deseada.

4) Hacer clic en el botón **Pegar** (Figura 2.5) de la barra de herramientas **Estándar**, o seleccionar el comando **Pegar** del menú **Edición**. El texto aparecerá en su forma original.

C. Desde el Portapapeles de Office

Esta nueva versión XP o 2002 incorpora un **Portapapeles** mejorado que permite copiar hasta 24 elementos de información a la vez y almacenarlos en el panel de tareas **Portapapeles**; si copia 25, se elimina el primero del **Portapapeles de Office**. El Panel de Tareas muestra una representación visual de los datos copiados para que pueda distinguir los objetos almacenados en él (Figura 2.6).

Figura 2.6. Panel de tareas **Portapapeles**.

El **Portapapeles de Office** se abre automáticamente y también al seleccionar el comando **Portapapeles de Office** del menú **Edición**. Si no está visible la barra de herramientas **Portapapeles**: elegir el submenú **Barras de herramientas** del menú **Ver** y hacer clic en el comando **Portapapeles**.

Para pegar los elementos almacenados en el **Portapapeles de Office**, con los comandos **Copiar** o **Mover**:

1) En un programa de Microsoft Office como Microsoft Word 2002, hacer clic en el lugar donde desee pegar los elementos.

2) En el Panel de tareas **Portapapeles** (véase Figura 2.6) elegir una de las siguientes opciones:

- Hacer clic en el icono correspondiente al elemento que desee pegar.
- El comando **Pegar** del menú **Edición** o el botón **Pegar** en la barra de herramientas **Estándar** pega sólo el último elemento copiado.
- Hacer clic en el botón **Pegar todo**, situado en el área superior del Panel de tareas **Portapapeles**, para pegar todos los elementos almacenados en el **Portapapeles de Office** en la posición del punto de inserción.

Borrar elementos del Portapapeles de Office

1) Elegir el comando **Portapapeles de Office** del menú **Edición** para abrir el panel de tareas **Portapapeles de Office**.

2) Seguir uno de estos procedimientos:

- Para borrar un elemento, hacer clic en la flecha situada junto al elemento que desee eliminar y, a continuación, elegir el comando **Eliminar**.
- Para borrar todos los elementos, hacer clic en el botón **Borrar todo**, situado en la parte superior del panel de tareas.

2.8. Cambiar mayúsculas/minúsculas

Word dispone de una función que permite cambiar el texto escrito en lo relativo al empleo de mayúsculas y minúsculas. Para utilizar esta función:

1) Seleccionar el texto al que se desea cambiar el formato.

2) Elegir el comando **Cambiar mayúsculas y minúsculas** del menú **Formato**; aparecerá en pantalla el cuadro de diálogo **Cambiar mayúsculas y minúsculas** (Figura 2.7).

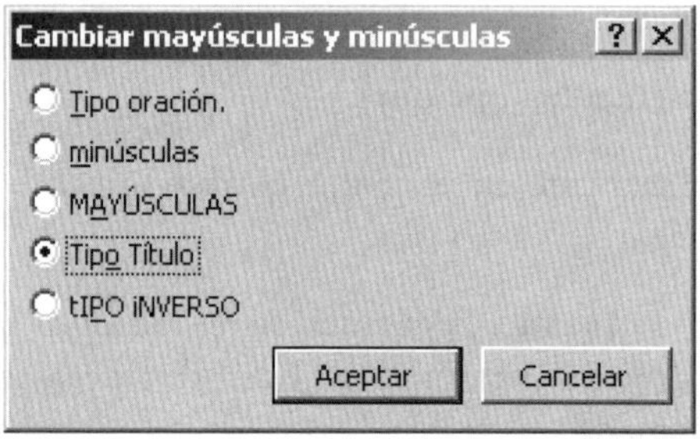

Figura 2.7. Cuadro de diálogo **Cambiar mayúsculas y minúsculas**.

Las distintas opciones del cuadro de diálogo son:

- **Tipo oración.** Esta opción aplicará mayúsculas al primer carácter después de punto.
- **minúsculas.** Seleccionar esta opción para convertir todo el texto seleccionado a minúsculas.
- **MAYÚSCULAS.** Convierte el texto seleccionado en mayúsculas.
- **Tipo Título.** Esta opción convierte en mayúsculas el primer carácter de cada palabra.
- **tIPO iNVERSO.** Invierte el formato del texto seleccionado, de modo que si el texto seleccionado se encuentra en mayúsculas, al seleccionar esta opción, dicho texto pasará a escribirse en minúsculas.

Seleccionar la opción que se desee.

3) Hacer clic en el botón **Aceptar**.

2.9. Estadísticas del documento

Word pone a disposición del usuario información estadística del documento que se está editando, indicando el número de páginas, párrafos, líneas, palabras y caracteres que tiene el documento.

Para mostrar en pantalla las estadísticas del documento deberá:

1) Elegir el comando **Contar palabras** del menú **Herramientas**; aparecerá en pantalla el cuadro de diálogo **Contar palabras** (Figura 2.8).

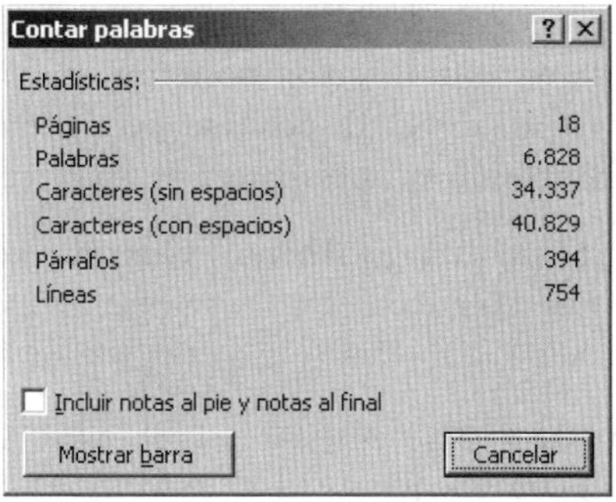

Figura 2.8. Cuadro de diálogo **Contar palabras**.

2) Hacer clic en el botón **Mostrar barra** si desea volver a contar después de revisar el documento utilizando la barra de herramientas **Contar palabras**.

3) Para cerrar el cuadro de diálogo se deberá hacer clic en el botón **Cancelar**.

También puede ver el número de palabras y líneas que contiene un documento seleccionando el comando **Propiedades** del menú **Archivo** y haciendo clic en la ficha **Estadísticas**.

NOTA: Cuando agregue o elimine contenido no tendrá que usar el comando **Contar palabras** del menú **Herramientas** cada vez que desee volver a contar las palabras. En lugar de ello, podrá visualizar la barra de herramientas **Contar palabras** (Figura 2.9) y después hacer clic en la opción **Volver a contar** para actualizar el recuento. Para mostrar la barra elegir el comando **Contar palabras** del menú **Contextual** de una barra de herramientas visible.

Figura 2.9. Barra de herramientas **Contar palabras.**

2.10. Archivar un documento

El trabajo realizado en un documento se encuentra almacenado en la memoria del ordenador (memoria RAM, que almacena datos de forma temporal que desaparecen al apagar el ordenador). Para almacenar el trabajo pensando en su utilización posterior es obligatorio darle un nombre y guardarlo en un disco (dispositivo permanente de almacenamiento de datos cuyo contenido no desaparece al apagar el ordenador).

Los cuadros de diálogo **Abrir** y **Guardar como** incorporan la **Barra de ubicaciones** para acceder a las carpetas y archivos utilizados con más frecuencia:

- La carpeta **Historia**l para ver los últimos 20 a 50 documentos y carpetas con los que usted ha trabajado y, a continuación, hacer clic en el botón **Atrás** para volver fácilmente a las carpetas recientemente visitadas.
- La carpeta **Favoritos** para almacenar accesos directos a los archivos y carpetas que se utilicen con frecuencia, incluidos aquéllos en ubicaciones remotas en la red. Un acceso directo facilita el acceso rápido a cualquier archivo sin que sea necesario recordar dónde está ubicado. Cuando se agrega un acceso directo a la carpeta **Favoritos,** no se mueve el archivo o la carpeta original. Elegir el menú **Herramientas** y hacer clic en el comando **Agregar a favoritos.**
- **Mis sitios de red** permiten publicar o guardar datos de Word en un servidor Web especificando la carpeta Web en el cuadro de diálogo **Guardar como** o **Publicar** (comando **Guardar como página Web** del menú **Archivo**). Puesto que la carpeta Web es un acceso directo, los archivos que guarde se colocan directamente en el servidor Web y están inmediatamente disponibles en la Web. También desde el cuadro de diálogo **Abrir** (menú **Archivo**) de Word o de otros programas de Office puede ver y abrir el contenido de las carpetas Web.

Para crear una carpeta Web desde Microsoft Word: En el cuadro de diálogo **Abrir** o **Guardar como** (menú **Archivo**; comando **Abrir**, **Guardar como** o **Guardar como página Web**), hacer clic en el icono **Mis sitios de red** en la **Barra de ubicaciones** y después hacer clic en el botón **Crear nueva carpeta** y seguir las instrucciones del asistente para agregar carpetas Web.

Guardar un documento

Almacena en un disco documentos de texto con todo su contenido: texto, tablas, formatos, imágenes, etc. Se puede utilizar para grabar nuevos documentos o reemplazar al ya existente cuando se han realizado modificaciones sobre él.

A. Cuando se graba un documento por primera vez

1) Elegir el comando **Guardar como** del menú **Archivo** o hacer clic en el botón **Guardar** de la barra de herramientas **Estándar** (Figura 2.10).

Figura 2.10. Botón **Guardar**.

2) Aparecerá el cuadro de diálogo **Guardar como** (Figura 2.11). Seleccionar la unidad y carpeta donde se desee guardar y darle un nombre en el cuadro de texto **Nombre de archivo**. Word, automáticamente le asignará el tipo **Documento de Word (*.doc)**.

   Para simplificar la búsqueda de los documentos, podrá usar nombres de archivo largo y descriptivo. La ruta de acceso al archivo, incluidos letra de unidad, nombre de servidor, ruta de la carpeta y nombre del archivo pueden contener hasta 218 caracteres. Los nombres de archivos no pueden contener los siguientes caracteres: barra oblicua (/), barra inversa (\), signo mayor que (>), signo menor que (<), asterisco (*), interrogación de cierre (?), comillas dobles ("), barra vertical (|), dos puntos (:) y punto y coma (;).

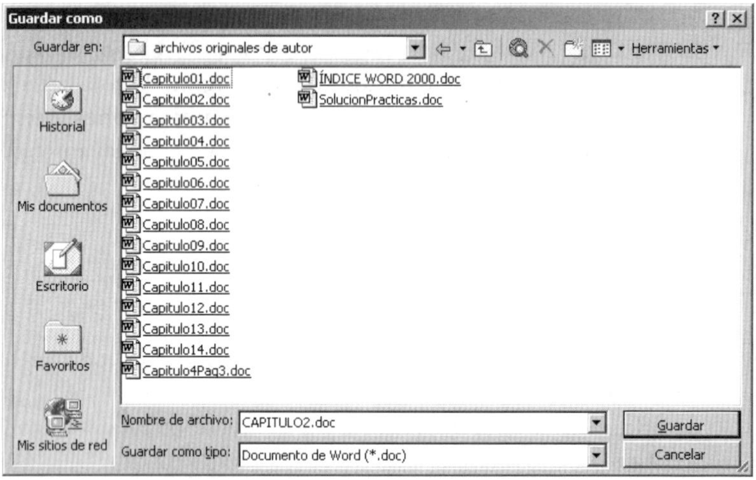

Figura 2.11. Cuadro de diálogo **Guardar como**.

3) Hacer clic en el botón desplegable **Herramientas** y elegir el comando **Opciones de seguridad** para impedir que otros usuarios puedan abrir o modificar un documento. Aparecerá el cuadro de diálogo **Seguridad** (Figura 2.12). Podrá especificar:

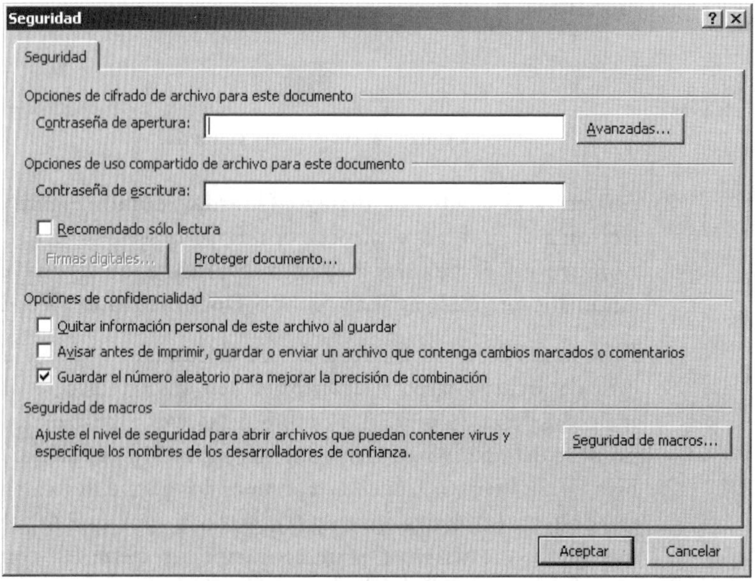

Figura 2.12. Cuadro de diálogo **Seguridad**.

- **Contraseña de apertura.** Escribir una contraseña para impedir que otros usuarios puedan abrir un documento. Una contraseña diferencia entre mayúsculas y minúsculas, puede contener hasta 15 caracteres (letras, números y caracteres especiales). Si se desconoce la contraseña, no podrá abrir el documento.
- **Contraseña de escritura.** Para impedir que otros usuarios abran un documento, lo modifiquen y reemplacen el original, escribir una contraseña. Si algún usuario abre el documento como de **Sólo lectura** y lo modifica, deberá guardarlo con otro nombre.
- Hacer clic en el botón **Aceptar** para volver al cuadro de diálogo **Guardar**.

4) Hacer clic en el botón **Guardar**.

B. Guardar un documento cuando ya se ha grabado anteriormente

1) Seleccionar el comando **Guardar** del menú **Archivo** o hacer clic en el botón **Guardar** de la barra de herramientas **Estándar**; Word lo grabará en el mismo destino y con el mismo nombre.

C. Guardar con otro formato

1) Elegir el comando **Guardar como** del menú **Archivo**.
2) Seleccionar el cuadro de lista **Guardar como tipo** y elegir el tipo de formato en la lista. Poner el nombre del fichero y el destino donde se quiere guardar y hacer clic en el botón **Aceptar** o pulsar la tecla ENTRAR.

2.11. Abrir un documento

Al abrir un documento se obtendrá en pantalla el contenido de un documento ya existente, pudiendo el usuario realizar las tareas deseadas; completar su edición, modificar algunos aspectos, hacer correcciones ortográficas y estilos, etc.

Abrir un documento existente

Carga en la memoria del ordenador un fichero, permitiéndonos así consultar su contenido o realizar las modificaciones necesarias.

1) Elegir el comando **Abrir** del menú **Archivo** o hacer clic en el botón **Abrir** (Figura 2.13) de la barra de herramientas **Estándar** (si Microsoft Word ya estuviera abierto con otro documento el nuevo se añadiría en una nueva ventana de documento).

Figura 2.13. Botón **Abrir**.

2) Aparecerá el cuadro de diálogo **Abrir** (Figura 2.14). Las opciones disponibles, son:

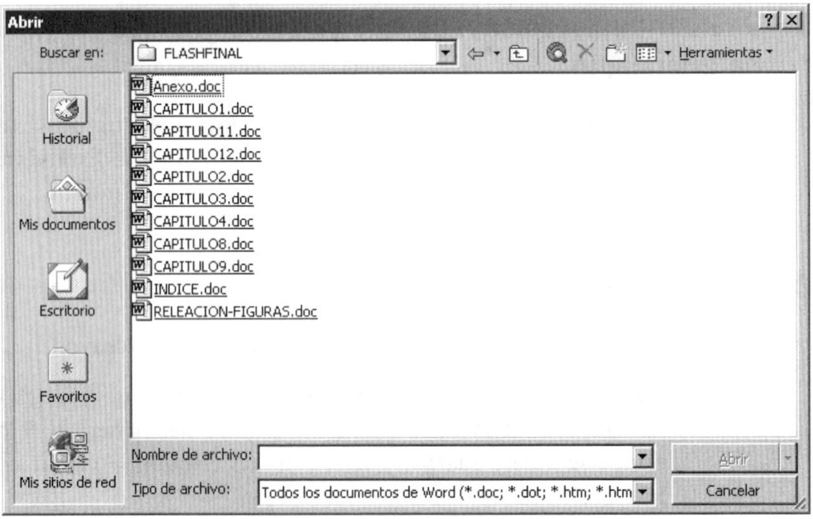

Figura 2.14. Cuadro de diálogo **Abrir**.

- Hacer clic en la lista **Buscar en** y seleccionar el sitio FTP o en su sistema la unidad y carpeta en la que se encuentra almacenado el documento que se desee abrir. También podrá seleccionar un documento en uno de los accesos directos de la **Barra de ubicaciones**, situada en el lado izquierdo del cuadro de diálogo **Abrir**, y que permiten ver el contenido de las carpetas **Histo-**

rial, **Mis documentos**, **Escritorio**, **Favoritos** y **Mis sitios de red**. Hacer clic en un acceso directo para ver su contenido.

Si no encuentra el documento que se desea abrir, puede elegir el comando **Buscar** del menú **Herramientas** del cuadro de diálogo **Abrir**.

- En el recuadro **Nombre de archivo** podrá escribir el nombre (o cualquier parte de él) del documento que se desee abrir o seleccionarlo en la lista.
- Hacer clic en el botón de flecha situado a la derecha del botón **Abrir** y elegir el comando **Abrir como de sólo lectura** para abrir el documento de forma que sólo podrá verlo sin permitir modificarlo.

3) Hacer clic en el botón **Abrir** o pulsar la tecla ENTRAR para cerrar el cuadro de diálogo y abrir el documento seleccionado.

NOTAS:

- Para abrir un archivo que haya usado recientemente, hacer clic en la carpeta **Historial** en la **Barra de ubicaciones**.
- Cuando abra un archivo HTML creado o guardado en un programa de Office, el archivo se abrirá en el último programa con que se guardó. Para abrirlo en Microsoft Word, hacer clic en la flecha situada a la derecha del botón **Abrir** y seleccionar la opción **Abrir en Microsoft Word.**
- Word nos presenta en el menú **Archivo**, una lista de archivos con los cuatro últimos ficheros que se hayan abierto en el programa. Elegir de dicha lista el nombre del fichero que deseamos abrir.

Abrir un documento nuevo

Para crear un documento con Microsoft Word podrá utilizar un documento nuevo, vacío o abrir uno ya existente o Plantilla. Microsoft Word contiene varias plantillas que podrá utilizar para automatizar tareas comunes. Al abrir Word crea, por defecto, un documento nuevo sin título ni nombre de archivo.

Para abrir un documento nuevo vacío:

1) Hacer clic en el botón **Nuevo documento en blanco** (Figura 2.15) de la barra de herramientas **Estándar**.

Figura 2.15. Botón **Nuevo documento en blanco**.

Para crear un documento utilizando una plantilla:

Una plantilla es un documento preformateado que presenta una escritura fija para el texto que se escriba, contienen información ya escrita (por ejemplo, nombre de la empresa, encabezados, logotipos, etc.) y marcadores donde el usuario podrá incluir la información variable.

1) Elegir el comando **Nuevo** del menú **Archivo**.

2) Aparecerá el Panel de tareas **Nuevo documento** (Figura 2.16). Hacer clic en una plantilla de una de las opciones de la lista **Nuevo a partir de una plantilla**: **Plantillas generales**.

3) Hacer clic en la ficha correspondiente al tipo de documento que desea crear y, a continuación, hacer doble clic en el icono de la plantilla o del asistente que desee.

Crear una plantilla

1) Para basar una plantilla nueva en un documento existente, hacer clic en el comando **Abrir** del menú **Archivo** y, a continuación, abrir el documento que desee utilizar como base para la nueva plantilla.

   Para basar una plantilla nueva en otra existente, hacer clic en el comando **Nuevo** del menú **Archivo**. Hacer clic en una plantilla que sea similar a la que desee crear, hacer clic en el botón de opción **Plantilla** bajo el recuadro **Crear nuevo** y, a continuación, en el botón **Aceptar**.

2) Elegir el comando **Guardar** como del menú **Archivo**.

   - En el cuadro **Guardar como tipo**, hacer clic en la opción **Plantilla de documento**. Este tipo de archivo ya estará seleccionado si guarda un archivo creado como plantilla.

Figura 2.16. Panel de tareas **Nuevo documento.**

- La carpeta predeterminada es **Plantillas** en el cuadro de lista **Guardar en**. Para guardar la plantilla de forma que aparezca en una ficha distinta a **General**, pase a la subcarpeta correspondiente de la carpeta **Plantillas**.
- En el cuadro **Nombre de archivo**, escribir el nombre de la nueva plantilla y, a continuación, hacer clic en el botón **Guardar**.

3) En la nueva plantilla, agregue el texto y los gráficos que desee que aparezcan en todos los documentos nuevos basados en la plantilla y elimine los que no desee que aparezcan.

4) Modifique, si lo desea, los valores de los márgenes, el tamaño y la orientación del papel, los estilos y otros formatos.

5) Hacer clic en el botón **Guardar** y, a continuación, en el comando **Cerrar** del menú **Archivo**.

NOTAS:

- El panel de tareas **Nuevo documento**, nuevo en esta versión XP, permite abrir los últimos documentos con los haya trabajado y crear nuevos documentos.
- Si guarda una plantilla en la carpeta **Plantillas**, la plantilla aparecerá en la ficha **General** cuando ejecute el comando **Nuevo** del menú **Archivo**. La carpeta **Plantillas** se encuentra en la carpeta de perfil del usuario. Si desea crear fichas personalizadas para las plantillas en el cuadro de diálogo **Nuevo**, cree una carpeta dentro de la carpeta **Plantillas** y guarde las plantillas en esa carpeta. El nombre que le asigne a la carpeta aparecerá en la nueva ficha.

2.12. Versiones

Word permite guardar versiones del documento que está escribiendo; estas versiones podrán ser posteriormente abiertas, en cuyo caso se mostrará en pantalla únicamente el texto escrito en el momento de guardar dicha versión.

Mantener distintas versiones de un documento puede ser útil cuando se trabaja en un documento en grupo y se desean observar todas las modificaciones que se van realizando y así poder decidir cuál es la más idónea.

Crear una versión

1) Abra el archivo que desee.

2) Elegir el comando **Versiones** del menú **Archivo**. Aparecerá el cuadro de diálogo **Versiones en nombre_archivo** (Figura 2.17).

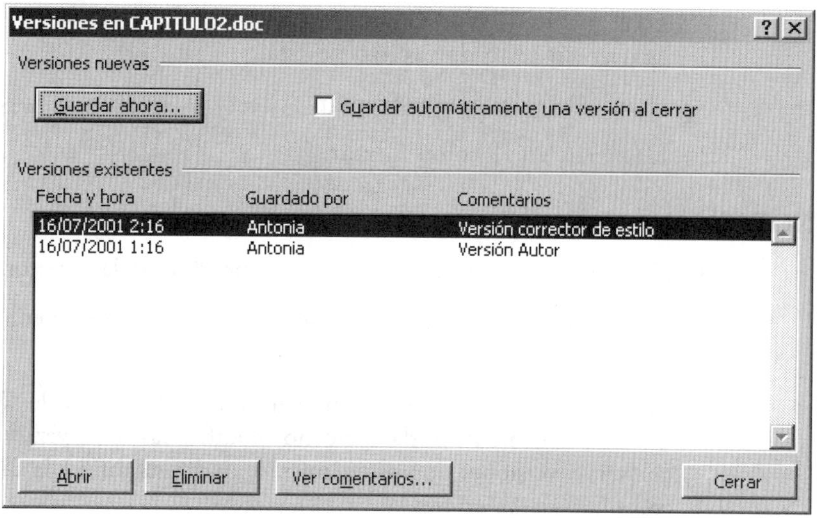

Figura 2.17. Cuadro de diálogo **Versiones**.

3) Hacer clic en el botón **Guardar ahora**. Aparecerá el cuadro de **Guardar versión** (Figura 2.18).

Este cuadro de diálogo incluye la fecha y hora en que se guarda la versión junto con el nombre del documento.

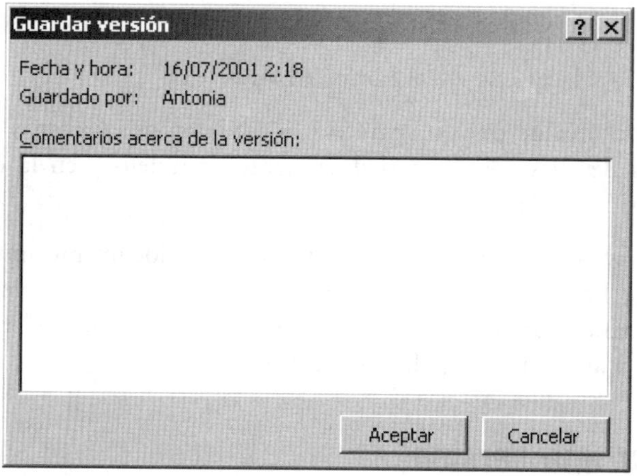

Figura 2.18. Cuadro de diálogo **Guardar versiones**.

En el cuadro de texto **Comentarios acerca de la versión** se deberá escribir un texto descriptivo de ésta.

4) Hacer clic en el botón **Aceptar.**

5) Hacer clic en el botón **Cerrar**.

NOTAS:

- Una nueva versión de un documento no elimina la anterior.
- Las versiones de un documento se guardan con el documento original; por tanto sólo existe un archivo.
- Las distintas versiones del documento que se creen son de sólo lectura, es decir, podrá verlas pero no modificarlas. Una vez que existan varias versiones de un documento, podrá modificar la última y consultar las anteriores.

Abrir una versión

Una vez que un documento se encuentra en pantalla, si se desea abrir alguna versión de dicho documento:

1) Elegir el comando **Versiones** del menú **Archivo.**

2) Aparecerá el cuadro de diálogo **Versiones** (Figura 2.16). En la lista **Versiones existentes** seleccionar la versión que se desea abrir.

3) Hacer clic en el botón **Abrir**.

El área de trabajo aparecerá dividida en dos ventanas (Figura 2.19); en una de ellas aparecerá el documento completo y en la otra aparecerá la versión abierta.

Es posible guardar la versión como un documento independiente; para ello, hacer clic en la ventana donde se encuentra la versión y elegir el comando **Guardar como** del menú **Archivo** y proceder como se detalla en el apartado 2.10, *Archivar un documento.*

Eliminar una versión

1) Abra el archivo que desee.

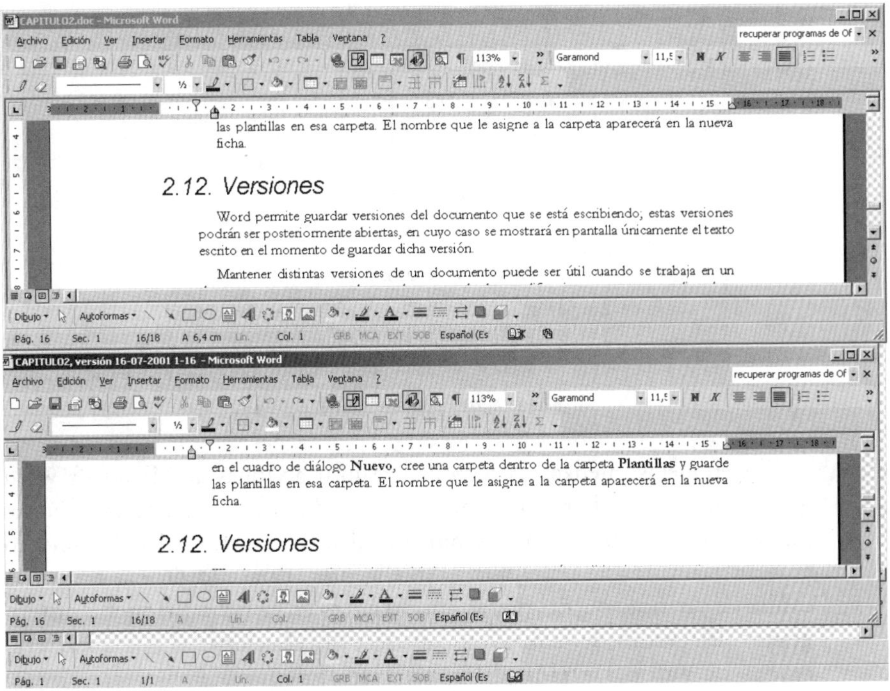

Figura 2.19. Ventana de documento y una versión.

2) Elegir el comando **Versiones** del menú **Archivo**. Aparecerá el cuadro de diálogo **Versiones** (Figura 2.17).

3) Seleccionar la versión que se desee eliminar.

4) Hacer clic en el botón **Eliminar**. Leer el mensaje de confirmación y hacer clic en el botón **Sí**.

5) Hacer clic en el botón **Aceptar**.

2.13. Etiquetas inteligentes

Microsoft Word 2002 incorpora **"Etiquetas inteligentes"** (Figura 2.20) que proporcionan consejos sobre algún tipo de corrección o notifican que se puede realizar un determinado cambio. Aparecen automáticamente, por ejemplo: después de copiar o mover texto, al escribir una dirección de correo electrónico, etc.

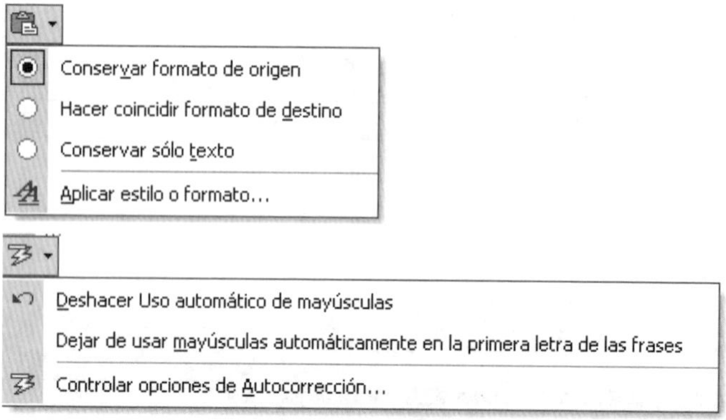

Figura 2.20. Etiquetas inteligentes.

Las etiquetas inteligentes permiten realizar acciones de Microsoft Word que normalmente llevaría a cabo ejecutando otros comandos o herramientas. Las líneas de puntos púrpura debajo del texto del documento indican la existencia de etiquetas inteligentes. Para ello deberá activar la casilla de verificación **Etiquetas inteligentes** en la ficha **Etiquetas inteligentes** del cuadro de diálogo que aparece al seleccionar el comando **Opciones de autocorrección** del menú **Herramientas**.

1) Mover el puntero del ratón por el texto subrayado con una línea de puntos púrpura hasta que aparezca el botón **Acciones de etiquetas inteligentes**.

2) Hacer clic en el botón para ver las acciones que se pueden realizar y, a continuación, seleccionar una acción.

Práctica 2

Escribir el texto titulado *Mi primer documento* y, posteriormente, realizar los cambios oportunos hasta que adopte la apariencia del texto *Mi primer documento FINAL* (utilizar las técnicas de mover y pegar para establecer el orden de los elementos de la lista). Una vez realizado se deberá guardar con el nombre *Mi primer documento.*

Mi primer documento

LA REINA DE ÁFRICA

Sinopsis

Charlie Allnutt es el propietario del pequeño barco La reina de África, con el que transporta enseres y materiales a diferentes poblados. En uno de ellos encuentra al reverendo Sawyer y a su hermana, Rose. El poblado es atacado por las tropas alemanas. Es asesinado el reverendo, por lo que Allnutt se ofrece para transportar a Rose a la ciudad más cercana a bordo de su barco, río a bajo. La relación entre los dos personajes es muy tensa...

Datos complementarios

Estreno en Madrid: 4 de septiembre de 1952 en el cine Coliseum.

Estreno en Barcelona: 6 de octubre de 1952 en los cines Astoria y Cristina.

Estreno en Estados Unidos: 31 de diciembre de 1951

Presupuesto:1.500.000 dólares.

Recaudación media en EEUU: 4.129.500 dólares.

Mi primer documento FINAL

LA REINA DE ÁFRICA

Sinopsis

Charlie Allnutt es el propietario del pequeño barco La reina de África, con el que transporta enseres y materiales a diferentes poblados. En uno de ellos encuentra al reverendo Sawyer a su hermana, Rose. El poblado es atacado por las tropas alemanas. A consecuencia de ello, es asesinado el reverendo, por lo que Allnutt se ofrece para transportar a Rose a la ciudad más cercana a bordo de su barco, río abajo. La relación entre Allnutt y Rose es muy tensa...

Datos complementarios

Presupuesto:1.500.000 dólares.

Recaudación media en EEUU: 4.129.500 dólares.

Estreno en Estados Unidos: 31 de diciembre de 1951

Estreno en Madrid: 4 de septiembre de 1952 en el cine Coliseum.

Estreno en Barcelona: 6 de octubre de 1952 en los cines Astoria y Cristina.

3

3.1. Corrección ortográfica
3.2. Corrección gramatical
3.3. Sinónimos
3.4. Buscar y reemplazar
3.5. Guiones
3.6. Traducir
Práctica 3

Revisión del Documento

Revisión del Documento

En este tema estudiaremos un conjunto de herramientas que ayudarán al usuario a corregir y mejorar el contenido y acabado de los documentos: la revisión **Ortográfica** permite crear documentos sin errores ortográficos, mecanográficos y tipográficos. El diccionario de **Sinónimos** ayuda a encontrar una palabra diferente para una palabra del documento. Si se produce un error gramatical, la opción de **Gramática** ofrece sugerencias para solucionar el problema.

Novedad en está versión es el panel de tareas **Traducir** para pasar palabras o pequeñas frases de un idioma a otro.

3.1. Corrección ortográfica

Word dispone de una herramienta ortográfica que sirve para corregir un documento; dicho corrector detecta errores ortográficos (por ejemplo, considerará como errónea la palabra «cancion»).

Word utiliza para realizar la corrección un diccionario propio y los diccionarios personalizados que Word permite crear al usuario. Dicha corrección se realiza comparando las palabras escritas en el documento con las palabras existentes en los diccionarios utilizados.

Word dispone de una función de corrección automática que verifica la ortografía de las palabras en el momento de escribirlas; si la palabra es incorrecta la muestra subrayada en color rojo.

Para corregir la palabra incorrecta basta con situar el puntero del ratón sobre ella y hacer clic con el botón derecho; aparece entonces un menú con palabras correctas propuestas por Word y sólo hay que seleccionar la palabra adecuada para realizar la corrección. Este menú también muestra los comandos **Omitir todas** (deja estas palabras tal como están escritas en el documento y no vuelve a preguntar) y **Agregar** (añade la palabra incorrecta al diccionario personalizado activo).

Si no se desea utilizar la corrección automática, ésta se puede desactivar; para ello:

1) Elegir el comando **Opciones** del menú **Herramientas**. Aparece el cuadro de diálogo **Opciones**.

2) Seleccionar la ficha **Ortografía y gramática** haciendo clic en su pestaña (Figura 3.1).

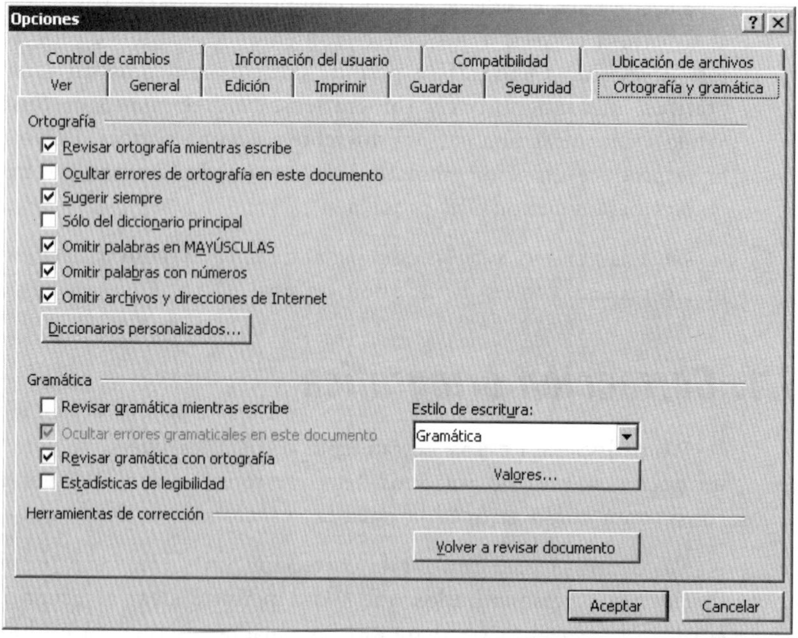

Figura 3.1. Cuadro de diálogo **Opciones**. Ficha **Ortografía y gramática**.

3) Desactivar la casilla de verificación **Revisar ortografía mientras escribe.**

4) Hacer clic en el botón **Aceptar**.

Otro método para realizar la corrección consiste en utilizar la función de corrección; para ello, una vez escrito el documento, se hará clic en el botón **Ortografía** (Figura 3.2) de la barra de herramientas **Estándar** o se seleccionará el comando **Ortografía y gramática** del menú **Herramientas**.

Figura 3.2. Botón **Ortografía**.

En ambos casos Word recorre el documento a partir de la posición del punto de inserción (al llegar al final del documento comienza desde el principio hasta alcanzar de nuevo la posición del punto de inserción) deteniéndose al encontrar un posible error. Word considera un error toda palabra del documento no incluida en los diccionarios utilizados. En este caso aparecerá el cuadro de diálogo **Ortografía y gramática [idioma seleccionado]** (Figura 3.3) cuando detecta un error ortográfico.

Las opciones del cuadro de diálogo **Ortografía y gramática** se describen a continuación:

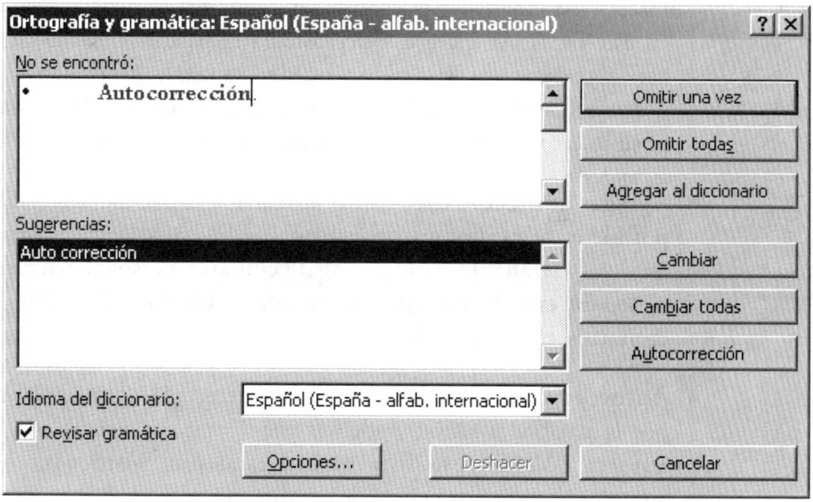

Figura 3.3. Cuadro de diálogo **Ortografía y gramática**.

- **No se encontró**. En este recuadro Word muestra la oración donde ha detectado la palabra errónea; dicha palabra aparece escrita en color rojo.

- **Sugerencias**. Es este recuadro el que contiene palabras correctas propuestas por Word para realizar la corrección. Se deberá seleccionar la palabra deseada para realizar el cambio haciendo clic sobre ella.

- Si no aparece ninguna palabra, puede escribirse la palabra correcta en el recuadro **No se encontró** (podrá ser deducida por el contexto de la oración) que sustituirá a la considerada errónea; después hay que hacer clic en el botón **Cambiar**.

- **Omitir una vez/Omitir todas**. Estos botones serán utilizados cuando la palabra marcada como posible error no lo es para el usuario (palabra en otro idioma, jerga, etc.). Pulsando estos botones se le indicará a Word que ignore la palabra errónea en esta ocasión (**Omitir una vez**), o que la ignore siempre que aparezca a lo largo del documento actual (**Omitir todas**).

- **Cambiar/Cambiar todas**. Al hacer clic en estos botones se cambiará la palabra detectada como posible error por aquélla que aparezca seleccionada en el cuadro **Sugerencias**; se deberá asegurar que en este recuadro aparezca seleccionada la palabra deseada para realizar la corrección. El cambio puede realizarse únicamente en esta ocasión (**Cambiar**), o bien siempre que la palabra detectada como posible error aparezca en el documento actual (**Cambiar todo**).

- **Agregar al diccionario**. Este botón añade la palabra detectada como posible error al diccionario personalizado activo. Ésta es una forma habitual de añadir términos al diccionario personalizado seleccionado. En este mismo apartado se ofrece información sobre los diccionarios personalizados.

- **Autocorrección**. Cambia la palabra detectada como posible error por la palabra sugerida y además añade ambas palabras a la lista de autocorrección. Esta lista es utilizada por Word para corregir automáticamente, mientras se escribe, aquellas palabras incorrectamente escritas que se encuentren en la lista.

- **Deshacer**. Haciendo clic sobre este botón se anularán, uno a uno, los cambios realizados más recientemente.

- **Opciones**. Utilizando este botón se indicará cómo se desea realizar la corrección, pudiéndose indicar si debe sugerir siempre, si debe excluir de la corrección aquellas palabras en mayúsculas o que contengan números. También se podrá indicar el nombre del diccionario personalizado que se desea utilizar.

- **Cancelar**. Finaliza la corrección ortográfica.

Cada vez que Word encuentre una palabra incorrecta se deberá hacer clic en el botón correspondiente y continuar la corrección. Una vez finalizada la corrección aparecerá el cuadro de diálogo **Estadísticas de legilibilidad**, que muestra información sobre la legilibilidad del documento (este cuadro sólo aparecerá si la casilla de verificación **Estadísticas de legibilidad** está seleccionada en la ficha **Ortografía y gramática** del cuadro de diálogo **Opciones** (Figura 3.1).

Crear diccionarios personalizados

Un diccionario personalizado es aquél en el cual se incluirán palabras no incluidas en los diccionarios de Word, pero que el usuario utiliza en sus documentos (nombres, apodos, abreviaturas, términos especiales, jerga, etc.), de modo que cuando Word realice la corrección ya no las detecte como erróneas.

Para crear un diccionario personalizado se deben seguir los siguientes pasos:

1) Hacer clic en el botón **Nuevo** de la barra de herramientas **Estándar**.

2) Escribir aquellas palabras que se deseen incorporar a este diccionario personalizado pulsando la tecla ENTRAR después de cada palabra.

3) Elegir el comando **Guardar como** del menú **Archivo**. Seleccionar la opción **Sólo texto** en la lista **Guardar como tipo:**. Escribir, en el recuadro **Nombre de archivo**, el nombre del diccionario (como extensión se deberá escribir .DIC).

No obstante, la forma de añadir términos a un diccionario personalizado es haciendo clic en el botón **Agregar** a medida que se realiza la corrección ortográfica.

Los diccionarios personalizados que utiliza Word se guardan en la siguiente ruta de carpetas: *C:\Archivos de programa\Archivos comunes\Microsoft Share\Proof.*

Una vez creado el nuevo diccionario, será necesario indicar a Word que se desea utilizar también este diccionario para realizar la corrección, para ello:

1) Elegir el comando **Opciones** del menú **Herramientas**; aparece el cuadro de diálogo **Opciones**.

2) Seleccionar la ficha **Ortografía y gramática** haciendo clic en su pestaña (Figura 3.1).

3) Hacer clic en el botón **Diccionarios personalizados**; aparece el cuadro de diálogo **Diccionarios personalizados** (Figura 3.4).

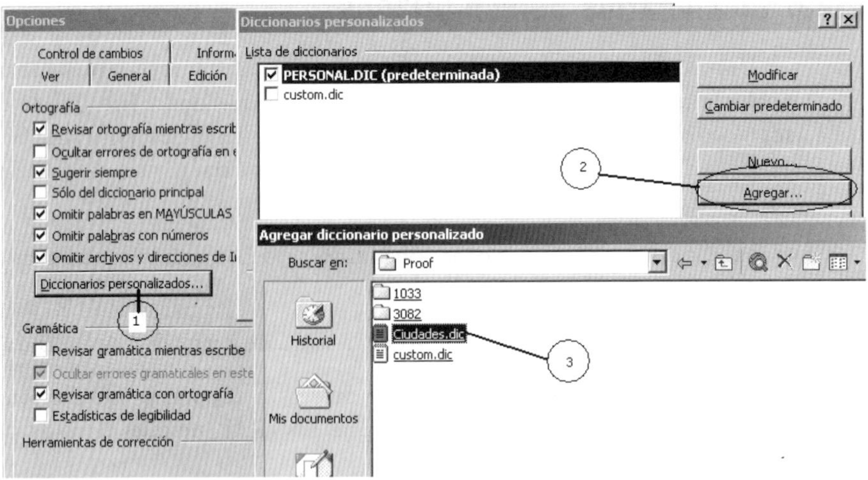

Figura 3.4. Activar un diccionario personalizado.

4) Hacer clic en el botón **Agregar** y después seleccionar la ruta y el archivo donde se encuentra el diccionario personalizado creado.

Hacer clic en el botón **Aceptar** para volver al cuadro de diálogo **Diccionarios personalizados**.

En la lista **Diccionarios personalizados** se deberá activar la casilla de verificación correspondiente al nuevo diccionario que se acaba de agregar.

5) Hacer clic en el botón **Aceptar** hasta cerrar todos los cuadro de diálogo.

Si se desea añadir o eliminar palabras a este diccionario bastará con abrir el archivo .DIC correspondiente, realizar las modificaciones deseadas y volver a guardarlo.

Autocorrección

Word dispone de una utilidad de autocorrección que se encarga de corregir de forma automática (mientras se escribe) los errores más frecuentes de ortografía (cambia a mayúsculas el primer carácter después de punto, cambia «que» por «Que», etc.).

Estos cambios los realiza según la lista de reemplazos que posee Word; a dicha lista se pueden añadir nuevos reemplazos y eliminar algunos de los ya existentes, para ello:

1) Elegir el comando **Opciones de autocorrección** del menú **Herramientas**; aparece el cuadro de diálogo **Autocorrección**; seleccionar la ficha **Autocorrección** si no estuviera seleccionada (Figura 3.5).

2) Seleccionar las opciones de autocorrección que desee que realice Word (**Corregir DOs MAyúsculas SEguidas, Corregir el uso accidental del bLOQ mAYÚS, Reemplazar texto mientras se escribe**, etc.).

   Para añadir nuevos elementos de reemplazo a la lista **Reemplazar texto mientras se escribe**, se deberá escribir la palabra incorrecta en el recuadro **Reemplazar** y la palabra correcta en el recuadro **Con**. Posteriormente hacer clic en el botón **Agregar**.

3) Hacer clic en el botón **Aceptar** para cerrar el cuadro de diálogo.

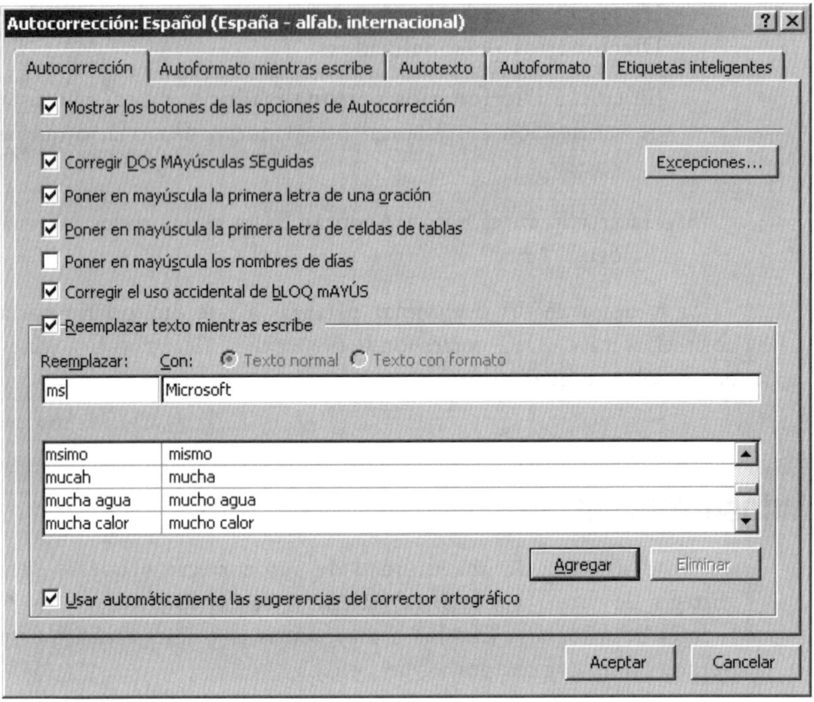

Figura 3.5. Cuadro de diálogo **Autocorregir**. Ficha **Autocorrección**.

3.2. Corrección gramatical

Word dispone de un corrector gramatical que permite detectar errores gramaticales en el documento. Algunos de los errores gramaticales que detecta son: concordancias de persona, género y número, tiempos verbales, acento diacrítico, anglicismos, etc.

Word dispone de una función de corrección automática que verifica la gramática del documento mientras se escribe; cuando detecta un error gramatical lo muestra subrayado en color verde.

Para corregir dicho error bastará con situar el puntero del ratón sobre él y hacer clic con el botón derecho del ratón; aparecerá un menú con una breve descripción del tipo de error cometido. En el menú aparecerán las posibles soluciones que proporciona Word al error cometido; se deberá hacer clic en la solución que se desee en cada caso (es posible que Word no muestre ninguna solución, en cuyo caso será el usuario quien debe realizar la corrección manualmente). Este menú también muestra los comandos **Omitir oración** (dejará el error sin corregir y continuará comprobando los errores de la siguiente oración) y **Gramática** (muestra el cuadro de diálogo **Gramática**, donde el usuario podrá hacer la corrección gramatical).

Si no se desea utilizar la corrección automática de la gramática se deberá desactivar; para ello:

1) Elegir el comando **Opciones** del menú **Herramientas**. Aparece el cuadro de diálogo **Opciones**.
2) Seleccionar la ficha **Ortografía y gramática** haciendo clic en su pestaña (Figura 3.1).
3) Desactivar la casilla de verificación **Revisar gramática mientras escribe**.
4) Hacer clic en el botón **Aceptar**.

También es posible realizar la corrección gramatical al mismo tiempo que la corrección ortográfica utilizando la función de corrección; para ello, una vez escrito el documento, se hará clic en el botón **Ortografía** (Figura 3.2) de la barra de herramientas **Estándar**, o se seleccionará el comando **Ortografía y gramática** del menú **Herramientas**.

Word recorrerá el documento a partir de la posición del punto de inserción (al llegar al final del documento comenzará desde el principio hasta alcanzar de nuevo la posición del punto de inserción) deteniéndose al encontrar un posible error. En este primer lugar se comprobará la ortografía y posteriormente la gramática de cada oración. Al detectar un posible error, Word muestra el cuadro de diálogo **Ortografía y gramática [idioma seleccionado]** (Figura 3.6).

A continuación se describen las distintas opciones del cuadro de diálogo:

- **Concordancia en el grupo nominal**. Este recuadro aparecerá en la parte superior mostrando el posible error gramatical.
- **Sugerencias**. Una breve descripción del tipo de error gramatical cometido y en la parte inferior la solución propuesta por Word.

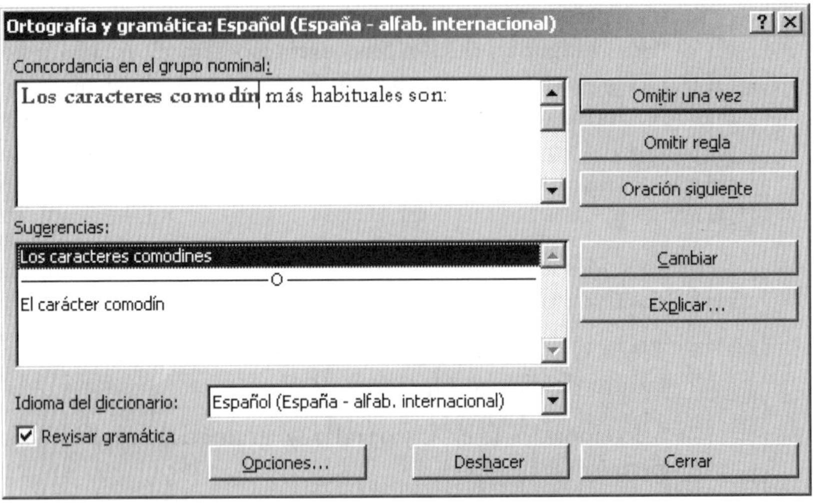

Figura 3.6. Cuadro de diálogo **Ortografía y gramática**.

- Si no aparece ninguna solución al error gramatical, se podrá escribir manualmente la solución en el recuadro **Concordancia en el grupo nominal**.
- **Omitir una vez/Omitir regla**. Se hará clic en estos botones cuando no se desee corregir el error gramatical mostrado por Word. Pulsando estos botones se indica a Word que ignore el error en esta ocasión (**Omitir**), o que lo ignore siempre que aparezca a lo largo del documento actual (**Omitir regla**).
- **Oración siguiente**. Al hacer clic en este botón, se pasará a comprobar los posibles errores de la siguiente oración una vez que se haya corregido manualmente la oración actual.
- **Cambiar**. Al hacer clic en este botón se cambiará la palabra marcada en color verde por aquélla que aparece seleccionada en el recuadro **Sugerencias**; se deberá asegurar que en este recuadro aparezca la palabra deseada para realizar la corrección.
- **Deshacer**. Haciendo clic sobre este botón se anularán uno a uno los cambios realizados más recientemente.

- **Opciones**. Abre el cuadro de diálogo **Ortografía y gramática** donde el usuario podrá cambiar opciones relativas a la forma de realizar la corrección.
- **Cancelar**. Al hacer clic en este botón finalizará la corrección gramatical.

Cada vez que Word encuentre un error gramatical se deberá hacer clic en el botón correspondiente y continuar la corrección. Una vez finalizada la corrección aparecerá el cuadro de diálogo **Estadísticas de legilibilidad**, que muestra información sobre la legilibilidad del documento.

3.3. Sinónimos

Los sinónimos son palabras de significado similar. Se pueden utilizar sinónimos para evitar repeticiones de una palabra e, incluso, para cambiar una palabra por otra más acorde con la frase que se está escribiendo.

Para utilizar sinónimos:

1) Situar el punto de inserción en la palabra de la cual se quieren obtener sinónimos.
2) Elegir el submenú **Idioma** del menú **Herramientas**; en el nuevo menú elegir el comando **Sinónimos**. Aparecerá el cuadro de diálogo **Sinónimos [idioma seleccionado]** (Figura 3.7).

   Descripción de las opciones del cuadro de diálogo **Sinónimos**:

   - **Sinónimo para**. En este recuadro aparecerá la palabra de la cual se desea obtener sinónimos.
   - **Significados**. Word muestra en este recuadro las diversas acepciones de esta palabra; hacer clic sobre aquélla que mejor se adapte al documento que se está escribiendo.
   - **Reemplazar por el sinónimo**. En este recuadro aparece el sinónimo elegido por Word para realizar el cambio. Debajo de este recuadro aparecen más sinónimos que el usuario podrá elegir haciendo clic sobre su nombre (si se elige un sinónimo de esta lista, éste pasará al recuadro **Reemplazar por el sinónimo**).

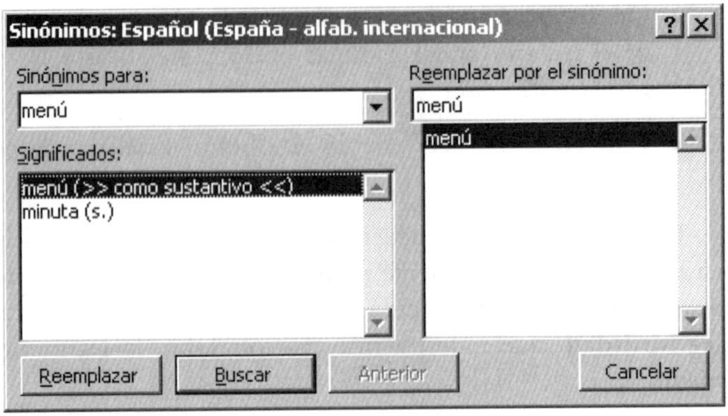

Figura 3.7. Cuadro de diálogo **Sinónimos**.

- **Reemplazar**. Hacer clic sobre este botón para cambiar la palabra seleccionada del documento o en la posición del punto de inserción por el sinónimo que aparece en el recuadro **Reemplazar por el sinónimo**.
- **Buscar**. Proporciona nuevos sinónimos de la palabra que aparece en el recuadro **Reemplazar por el sinónimo**.
- **Cancelar**. Finaliza el proceso sin realizar ninguna sustitución.

Para algunas palabras, Word no devuelve ningún sinónimo (por ejemplo, para verbos que no aparezcan en infinitivo); en estos casos es posible escribir otra palabra (el verbo en infinitivo) en el recuadro **Reemplazar por el sinónimo** y, al hacer clic en el botón **Buscar** aparecerán sinónimos de la palabra escrita.

3.4. Buscar y reemplazar

Buscar

La operación de búsqueda permitirá localizar texto en el documento, seleccionando la aparición de dicho texto donde se encuentre.

Para realizar la búsqueda se deberán seguir los siguientes pasos:

1) Elegir el comando **Buscar** del menú **Edición**. Aparece el cuadro de diálogo **Buscar y reemplazar** (Figura 3.8). Aparece seleccionada la

ficha **Buscar**; si no fuera así se deberá seleccionar haciendo clic en su pestaña.

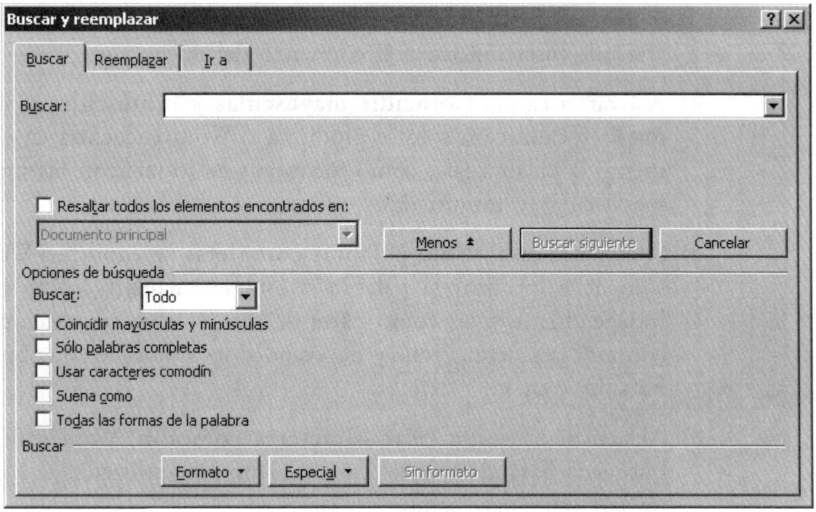

Figura 3.8. Cuadro de diálogo **Buscar**.

Este cuadro de diálogo presenta el botón **Más**; al hacer clic en él se ampliará el cuadro de diálogo mostrando un conjunto de opciones que pueden resultar útiles para determinar la palabra o palabras que se desean buscar. Una vez desplegado el cuadro de diálogo el botón **Más** cambiará su leyenda a **Menos**; al hacer clic en él se contraerá el cuadro de diálogo ocultando las opciones antes mencionadas.

2) En el recuadro **Buscar** escribir la palabra o palabras que se desean buscar.

3) Elegir la dirección de la búsqueda, haciendo clic en el botón con flecha que aparece a la derecha de la lista **Buscar** en el recuadro **Opciones de búsqueda**. Para ello deberá ampliar el cuadro de diálogo **Buscar** haciendo clic en el botón **Más** si no lo realizó en el paso 1.

Las direcciones de búsqueda que puede elegir son:

- **Todo.** Realizar la búsqueda en todo el documento, independientemente de la situación del punto de inserción.

- **Hacia delante.** La búsqueda se realizará desde la posición del punto de inserción hasta el final del documento.
- **Hacia atrás.** La búsqueda se realizará desde la posición del punto de inserción hasta el comienzo del documento.

4) Activar la casilla **Coincidir mayúsculas y minúsculas** si se desea que la localización sólo se produzca si Word encuentra en el documento la palabra tal y como fue escrita en lo referente al empleo de mayúsculas y minúsculas.

5) Si activa la casilla **Sólo palabras completas** se le indica a Word que sólo debe localizar la palabra si ésta se encuentra como palabra independiente y no como parte de otra palabra (por ejemplo, encontrará la palabra «ven» y no «vendedor» si la cadena de búsqueda ha sido «ven»).

6) Al activar la casilla **Usar caracteres comodín**, Word realizará la búsqueda basándose en el carácter comodín utilizado. Los caracteres comodín más habituales son:

Comodín	Función	Ejemplo
?	Cualquier carácter	«v?n» localiza «ven», «van»...
*	Cualquier conjunto de caracteres	«c*n» localiza «canción», «camión»
[ ]	Uno de los caracteres indicados entre los corchetes	«p[ao]r» localiza «par», «por» ...
<	Parte inicial de una palabra	<(sub) localiza «subalterno», «subíndice»...
>	Parte final de una palabra	>(ón) localiza «ratón», «matón»...

7) **Buscar todas las formas de la palabra** permite buscar todas, por ejemplo todos los tiempos de una raíz verbal.

8) El botón **Formato** le permitirá especificar diversos formatos (negrita, cursiva, subrayado, etc.) a la palabra que se desea localizar en el documento. Los formatos aplicados a una búsqueda se mantendrán hasta que sean anulados.

   El botón **Sin Formato** se utiliza para anular el formato aplicado a la palabra escrita en el cuadro **Buscar**.

9) El botón **Especial** permitirá buscar caracteres especiales como saltos de sección, guiones, notas al pie de página, etc.

10) Hacer clic en el botón **Buscar siguiente**. Si Word localiza la palabra buscada en el documento, la mostrará seleccionada. Si se desea seguir buscando la palabra en el resto del documento hacer clic en el botón **Buscar siguiente**.

11) Al finalizar la búsqueda aparecerá un cuadro indicando este hecho. Hacer clic en el botón **Aceptar**.

12) Si se desea buscar otra palabra, se debe escribir la nueva palabra en el recuadro **Buscar** y repetir los pasos anteriores. Si no deseamos continuar con la operación de búsqueda hacer clic sobre el botón **Cancelar**.

Reemplazar

La operación reemplazar sustituirá un conjunto de caracteres (habitualmente palabras) escritos en el documento por otro conjunto de caracteres.

Se deberán seguir los siguientes pasos:

1) Elegir el comando **Reemplazar** del menú **Edición**. Aparecerá el cuadro de diálogo **Buscar y reemplazar** (Figura 3.9). Si la ficha **Reemplazar** no estuviera seleccionada hacer clic sobre su pestaña.

   Al igual que la ficha **Buscar**, este cuadro de diálogo presenta el botón **Más**; haciendo clic en él el cuadro de diálogo se ampliará mostrando el mismo conjunto de opciones descritas en el punto anterior **Buscar**.

2) Escribir en el recuadro **Buscar** la palabra del documento que va a ser reemplazada.

3) Escribir en el cuadro de texto **Reemplazar con** la palabra que reemplazará a la que ha sido escrita en el recuadro **Buscar**.

   La dirección en que deben realizarse los reemplazos se establecerá mediante la lista **Buscar**, como ya se explicó en el punto anterior.

   Las casillas de verificación **Coincidir mayúsculas y minúsculas**, **Sólo palabras completas** y **Usar caracteres comodín** afectan úni-

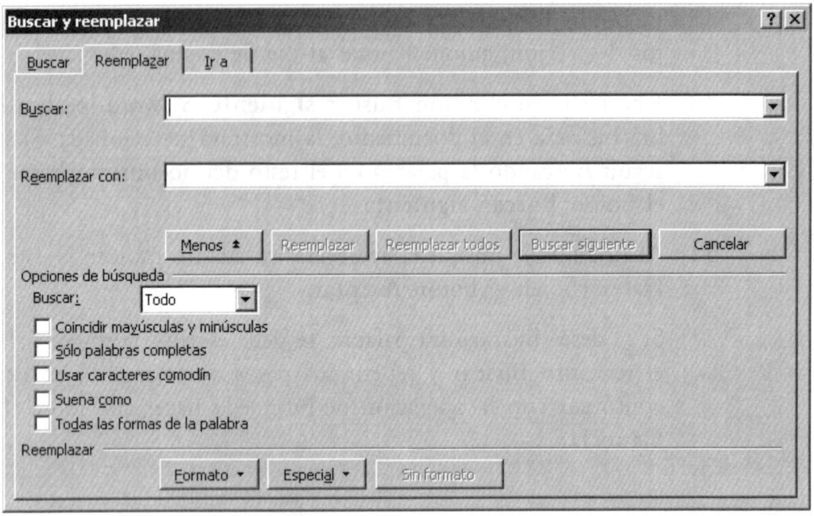

Figura 3.9. Cuadro de diálogo **Buscar y reemplazar**.

camente a la palabra escrita en el cuadro **Buscar**, y desempeña la misma función que se explicó en el punto anterior **Buscar**.

Los botones **Formato**, **Sin formato** y **Especial** afectan tanto a la palabra escrita en el recuadro **Buscar** como a la palabra escrita en el recuadro **Reemplazar con**, y la función que desempeñan es idéntica a la ya explicada en el punto anterior.

4) Hacer clic en el botón **Reemplazar todos**; los cambios se producirán sin que Word solicite confirmación antes de cada cambio.

   Si se desea que Word solicite confirmación antes de cada cambio, se deberá hacer clic en el botón **Buscar siguiente**. Word mostrará seleccionada en el documento, la primera vez que aparezca, la palabra que se desea reemplazar; se hará clic en el botón **Reemplazar** si se desea cambiar esta palabra; en caso contrario se hará clic de nuevo en el botón **Buscar siguiente**.

5) Al finalizar aparecerá un cuadro indicándolo. Hacer clic en el botón **Aceptar**.

6) Si se desea reemplazar otra palabra repetir el proceso. Para finalizar hacer clic en el botón **Cancelar**.

3.5. Guiones

Word realiza el salto de línea automático, por tanto, si una palabra no cabe al final de una línea pasa a la línea siguiente. Esto puede crear grandes espacios en blanco en las líneas del documento. Para impedir estos espacios en blanco se pueden insertar guiones en el documento, con lo cual se dividen las palabras, evitando así que sean desplazadas palabras completas a una nueva línea.

Para insertar guiones se deberá seleccionar el comando **Idioma** del menú **Herramientas**, en el nuevo menú que aparece al seleccionar el comando **Guiones**. Aparecerá el cuadro de diálogo **Guiones** (Figura 3.10).

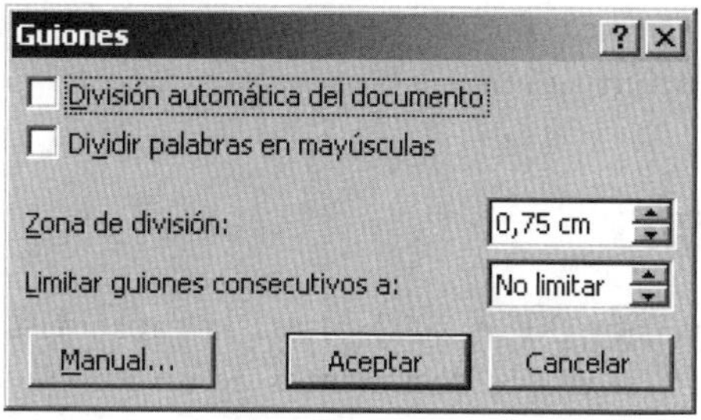

Figura 3.10. Cuadro de diálogo **Guiones**.

La inserción se podrá realizar manual o automáticamente.

A. **Manualmente**. Hacer clic en el botón **Manual**. Word muestra el cuadro de diálogo **División de palabras manual: [*idioma seleccionado*]** (Figura 3.11) indicando dónde insertará el guión, apareciendo también otras posibles ubicaciones. Elegir el lugar donde se desea insertar el guión haciendo clic sobre él. Hacer clic en el botón **Sí** para insertar el guión en dicha posición. Si no se desea insertar este guión hacer clic en el botón **No**. Para finalizar la inserción de guiones se deberá hacer clic en el botón **Cancelar**.

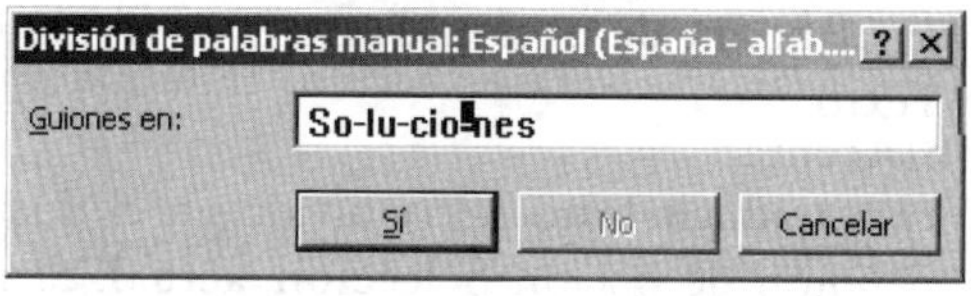

Figura 3.11. División de palabra manual.

B. **Automáticamente**. Seleccionar la casilla de verificación **División automática del documento** y hacer clic en el botón **Aceptar**. Word insertará los guiones necesarios según su criterio.

El cuadro de diálogo presenta además las siguientes opciones:

- **Dividir palabras en mayúscula**. Seleccionar esta opción si se desea que la división de palabras se efectúe también sobre las palabras escritas en mayúsculas.
- **Zona de división**. Establece la zona dentro de la cual se podrán separar las palabras con guiones. Cuanto menor sea su valor, más guiones serán necesarios.
- **Limitar guiones consecutivos a**. Esta opción determina el número máximo de líneas con guiones contiguas en las que puede incluir guión.

3.6 Traducir

Word versión XP o 2002 ofrece la capacidad de traducir palabras o pequeñas frases en sus documentos de un idioma a otro.

Podrá buscar palabras o frases en el diccionario de otro idioma, siempre y cuando ese diccionario esté instalado en el equipo y después de insertar en el documento el texto traducido directamente desde el panel de tareas **Traducir** (Figura 3.12).

Para consultar un texto en el diccionario de un idioma diferente e insertar su traducción:

1) Elegir el comando **Traducir** del submenú **Idioma** del menú **Herramientas**.
2) Seguir uno de los siguientes procedimientos:
   - Para traducir una palabra específica o una frase breve, hacer clic en el botón de opción **Texto** y escribirla en el cuadro de texto **Texto**.
   - Para traducir texto seleccionado en el documento, hacer clic en el botón de opción **Selección actual**. Si no se ha seleccionado texto anteriormente, puede hacerlo ahora.

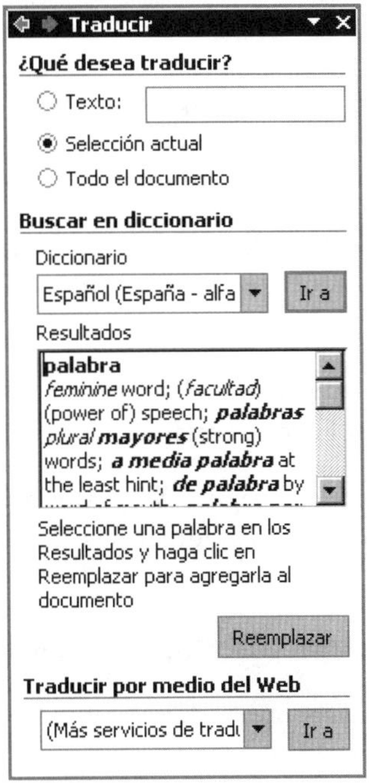

Figura 3.12. Panel de tareas **Traducir**.

3) En el cuadro de lista desplegable **Diccionario**, seleccionar los idiomas de origen y destino de la traducción. Por ejemplo, si desea traducir del español al inglés, hacer clic en *Español (España) al Inglés (Estados Unidos)*.

   Los idiomas que aparecen en el cuadro de lista **Diccionario** dependerá de los diccionarios de idiomas instalados en el equipo.

4) Haga clic en **Ir a**. Los resultados aparecen en el cuadro **Resultados**.

5) Si desea sustituir el texto seleccionado por el texto traducido, seleccionar el texto traducido que aparece en el cuadro **Resultados** y, a continuación, hacer clic en el botón **Sustituir**.

Si la herramienta de traducción no ofrece los resultados deseados o si desea traducir un fragmento de texto más largo, puede conectar, a través de Internet, con los servicios de traducción en el World Wide Web.

Traducir texto en el Web

Si precisa la traducción rápida de secciones de texto grandes, se puede conectar a servicios de traducción en el World Wide Web directamente desde el panel de tareas **Traducir** (Figura 3.12).

1) En el cuadro de lista **Traducir por medio del Web**, seleccionar **(Más servicios de traducción)** y, a continuación, hacer clic en el botón **Ir a**.

2) Se abrirá la ventana del navegador predeterminado y la conexión a Internet, si fuera necesario.

3) En la siguiente página Web que aparece (Figura 3.13) seguir las instrucciones para traducir sus documentos.

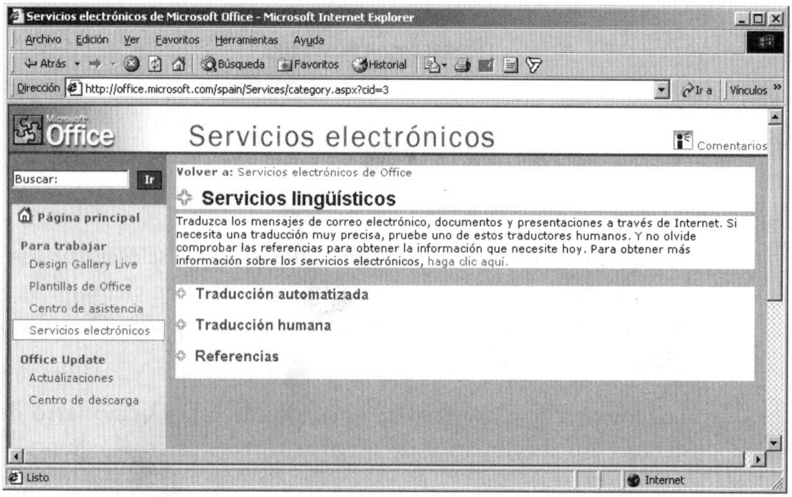

Figura 3.13. Herramientas de traducción en la Web.

Estos servicios emplean equipos para traducir los documentos de manera automática. Estas traducciones se pueden utilizar para determinar rápidamente las ideas principales de un documento. Si se trata de documentos importantes o confidenciales, deberá poner la traducción en manos de un profesional, ya que es posible que la traducción automática no refleje por completo el significado, los detalles o el tono del texto.

Práctica 3

1. Escribir el texto que se muestra a continuación.

Cien años después de que los hermanos Lumiere descubrieran el cinematógrafo, el libro de oro del cine mundial propone un fascinante recorrido por aquellos filmes que han deleitado y siguen deleitando a generaciones de aficionados al séptimo arte.

Desde Casablanca hasta 2001-Una odisea en el espacio, pasando por Ben-Hur, El padrino, Lo que el viento se llevó, la obra de Hitchcock, El hombre que mató a Leberty Balance, etc., el presente volumen ofrece una selección de títulos que despertará en el ánimo del lector el mismo placer que experimentó ante la proyección de la película.

Avatares del rodaje, anécdotas sobre las piezas escogidas y un sinfín de información complementaria harán de este libro un compañero inseparable del cinéfilo y del fanático de este arte que condensa el entretenimiento y la cultura.

EdicionesB

2. Realizar sobre el texto anterior las siguientes operaciones:
   - Corrección ortográfica.
   - Obtener sinónimos de: *experimentó, obra, presente* y *piezas.*
   - Buscar las siguientes palabras en el documento (utilizar el comando Buscar): *Ediciones, Hitchcock* y *cine (todas sus apariciones).*
   - Reemplazar las siguientes palabras: *filmes* por *películas, sinfín* por *sinnúmero* y *entusiasta* por *fanático.*
   - Incluir guiones.

4

Formatos de Carácter

Formatos de Carácter

4.1. Atributos de un carácter

En este capítulo se proporciona información sobre los distintos formatos que podremos aplicar a un carácter. Se consideran caracteres las letras, números, símbolos especiales (por ejemplo, %, # , |, ..:), signos de puntuación y espacios en blanco. El formato determina el aspecto y forma en que aparece impreso el carácter.

Los diferentes tipos de formato o atributos que pueden adoptar los caracteres, y que podremos modificar, son los siguientes:

- **Tipo de letra** (Fuente). Se denomina fuente a un conjunto de caracteres de un mismo tamaño y forma. Las fuentes y tamaños que podrá utilizar en sus documentos dependerá de las fuentes disponibles en la impresora y de las instaladas en el sistema. Los tipos de fuentes que afectan a su trabajo con Word son:
  - Fuentes ajustables. Estas fuentes se muestran en pantalla tal y como se imprimen en cualquier impresora que imprima gráficos (los tipos más usuales son las fuentes **True Type** y **Adobe Type Manager**).

– Fuentes de impresora. Estas fuentes están incorporadas en la impresora seleccionada. Sólo se obtendrán los mismos resultados en pantalla y en la copia en papel, siempre que la impresora seleccionada sea la misma al editar e imprimir el documento.

- **El tamaño**. El tamaño de la fuente siempre se refiere a la altura, que se puede medir en *puntos* (un punto equivale aproximadamente a 0,35 mm) o *cpi* (caracteres que entran en una pulgada -2,54 cm-); cuanto mayor sea el número de *cpi*, menor será el tamaño correspondiente en puntos y viceversa).
- **El estilo** (negrita, cursiva, etc.).
- **El espacio entre caracteres**.
- **El color del texto**.
- **Superíndices o subíndice** (posición vertical).

Distintos tipos de letra y tamaños	Estilos	Espaciado, superíndice y subíndice
Lucida Console 9 ptos	**Negrita**	E s p a c i o E x p a n d i d o
Comic Sans MF 12 ptos	*Cursiva*	Espacio Comprimido
Courier 8cpi	Subrayado	Superíndice^{94}
Verdana 14 ptos	~~Tachado~~	Subíndice A_i
Arial 8 ptos	MAYÚSCULAS	
	VERSALES	

Cuando comience a escribir un documento nuevo, el texto aparecerá con la fuente y tamaño preestablecidos por Word.

Consideraciones generales sobre el formato de carácter

- Para cambiar el aspecto de un texto, selecciónelo y aplique el formato que desee. Si elige el formato sin haber seleccionado texto, Word aplicará el formato a partir de la posición del punto de inserción. El texto que escriba a partir de dicho punto tendrá el nuevo formato, hasta que se vuelva a ejecutar otro comando de formato.

- Word no utiliza códigos para mostrar los formatos aplicados, sino que muestra el texto con el formato que tendrá cuando se imprima. Para ver los formatos aplicados a una cantidad determinada de texto, elegir el comando **¿Qué es esto?** del menú **Ayuda (?)**. Cuando el puntero se convierta en un signo de interrogación, hacer clic en el texto que desee conocer su formato. Aparecerá el panel de tareas **Mostrar Formato** donde se mostrarán los formatos aplicados. Cuando los haya verificado, hacer clic en el botón **Cerrar** (☒) para ocultar el panel de tareas.
- También podrá ver los formatos aplicados al texto seleccionado, o al que esté situado en la misma posición del punto de inserción, sobre la barra de herramientas **Formato**. Si el texto tiene varios formatos, no pueden aparecer todos indicados al mismo tiempo. Las opciones de la barra de herramientas o del cuadro de diálogo **Fuentes** aparecerán en blanco o atenuadas.

4.2. Aplicar y eliminar formatos de un carácter

Para aplicar o eliminar formatos de carácter utilizaremos la barra de herramientas **Formato**, el comando **Fuentes** del menú **Formato** o el panel **Estilos y formato** nuevo en esta versión.

La totalidad de las opciones de formato de carácter se encuentran en el comando **Fuentes**. La barra de herramientas **Formato** se suele utilizar para cambiar rápidamente los formatos más usuales, y el panel de tareas **Estilos y formatos** para aplicar formatos ya utilizados o definidos por el usuario.

Si no está presente la barra de herramientas **Formato** o el panel de tareas **Estilos y formatos** en la pantalla, elegir el comando **Barras de herramientas** o **Panel de tareas** del menú **Ver** (si el panel que aparece no es el de **Mostrar formato**, hacer clic en el botón de flecha situado a la derecha de la barra de títulos para seleccionarlo).

Aplicar formato

Con la barra de herramientas Formato

Para aplicar rápidamente los formatos más usados utilizar la barra de herramientas.

1) Seleccionar el texto que se desee modificar o situar el punto de inserción en la posición donde desee empezar a escribir texto con otro nuevo formato.
2) En la barra de herramientas **Formato** (Figura 4.1) siga uno de estos pasos:
   - Para aplicar la fuente o el tamaño, seleccionar un nombre de fuente en el recuadro **Fuente** o un tamaño en el recuadro **Tamaño de fuente**.

Figura 4.1. Barra de herramientas **Formato**.

   - Para añadir o eliminar el estilo de negrita, cursiva o subrayado, hacer clic en el botón **Negrita**, **Cursiva** o **Subrayado**.

Con el panel de tareas Estilos y formato

El panel de tareas **Estilos y formato** (Figura 4.2) muestra los estilos y formatos existentes, permite crear nuevos y seleccionar todo el texto del documento actual que tenga el mismo formato que el seleccionado. En el recuadro **Formato del texto seleccionado**, situado en la parte superior, muestra el formato del texto seleccionado en el documento. El cuadro de lista **Elija el formato que desea aplicar** hacer clic en uno de ellos, a partir de la posición del punto de inserción o el texto seleccionado aparecerá con el formato seleccionado.

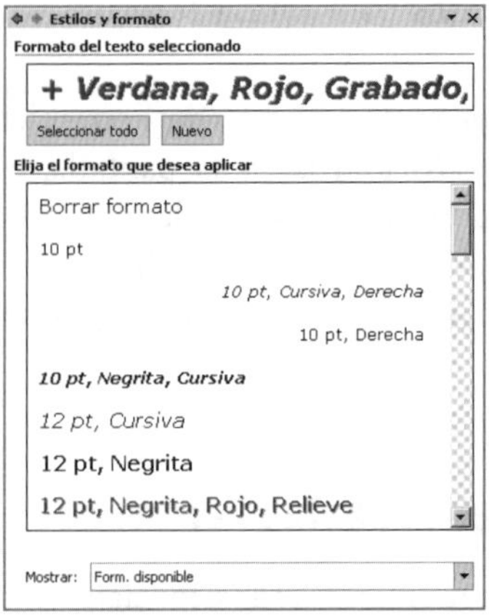

Figura 4.2. Panel de tareas **Estilos y formatos**.

Con el comando Fuentes

Word permite formatear caracteres de dos formas: antes de escribir el texto o en el texto existente. Para aplicar varios formatos a la vez o ajustes precisos seguiremos el siguiente procedimiento:

1) Situar el punto de inserción en la posición desde donde desee empezar a escribir texto con nuevo formato o seleccionar el texto que desee modificar.

2) Seleccionar el comando **Fuente** del menú **Formato**. Aparecerá el cuadro de diálogo **Fuentes**, que contiene las siguientes opciones:

- Ficha **Fuente** (Figura 4.3).

  – **Fuente**. En este recuadro seleccionaremos la fuente a utilizar de la lista ofrecida.

  – **Estilo de fuente**. En este recuadro podremos elegir entre los siguientes atributos: **Cursiva**, **Negrita** y **Negrita Cursiva**.

  – **Tamaño**. Escribiremos o seleccionaremos el tamaño del carácter expresado en puntos o cpi.

  – **Estilo de Subrayado**. En el cuadro de lista que aparece al hacer clic sobre el botón de flecha, seleccionar el modelo de subrayado entre: **Sencillo, Sólo palabras, Doble, Punteado, Grueso, Raya, Punto raya** y **Onda**.

  – **Color de fuente**. Nos permitirá seleccionar el color deseado para el carácter. Sólo se imprimirá con el color seleccionado si disponemos de una impresora en color. Si disponemos de una impresora en blanco y negro, los diferentes colores seleccionados se imprimirán en distintos tonos de grises.

- **Efectos**. En este recuadro los formatos que podremos aplicar son:

  – *Mayúsculas y Versales*. Los formatos de **Mayúsculas** (MAYÚSCULAS) y **Versales** (VERSALES) sólo afectan a letras en minúsculas. En el caso de texto escrito en una fuente que esté instalada en la impresora, sólo se podrá imprimir versales si existe un tamaño más pequeño de mayúsculas para dicha fuente.

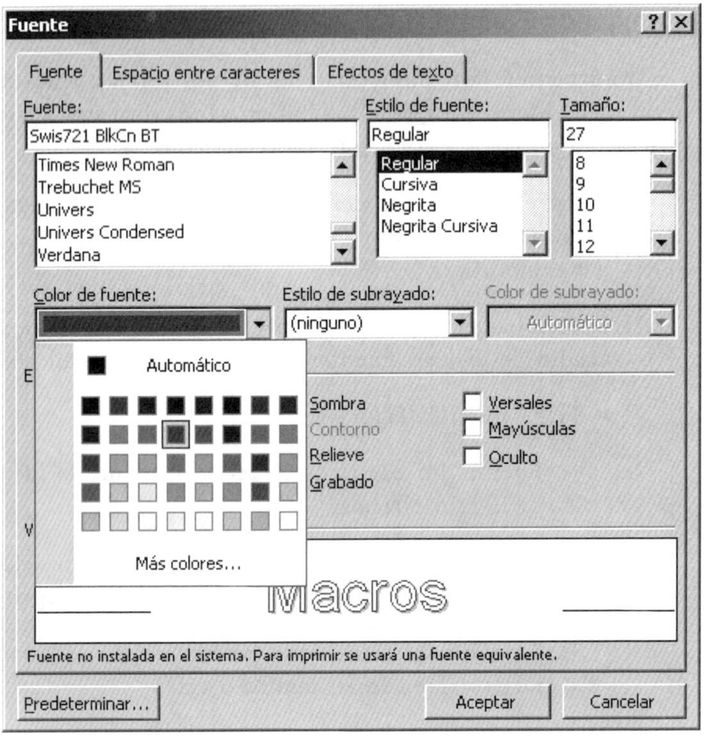

Figura 4.3. Cuadro de diálogo **Fuente**. Ficha **Fuente**.

También podrá cambiar mayúsculas/minúsculas con el comando **Cambiar mayúsculas y minúsculas** del menú **Formato**. Este comando no afecta a letra con formato versales; deberá eliminar el formato para dejar las letras en minúscula.

– *Oculto*. Para ocultar los comentarios de un documento, o para incluir cualquier tipo de información que no desee imprimir, utilice el formato de texto oculto.

El texto oculto se muestra con un subrayado punteado. Si imprime el texto oculto, el subrayado no se imprimirá.

Para visualizar el texto oculto, sin mostrar caracteres no imprimibles utilizados por Word (espacios en blanco -pulsaciones de la barra espaciadora-, marcas de fin de párrafo -

pulsaciones de la tecla ENTRAR–, pulsaciones de la tecla TAB...), elegir el comando **Opciones** del menú **Herramientas**; en la ficha **Ver**, desactivar todas las casillas situadas en el recuadro **Caracteres no imprimibles** y activar la casilla **Texto oculto**.

– *Tachado*. Al seleccionar dicha casilla se añade una línea a través del texto.

– *Superíndices y subíndice*. Los caracteres en superíndices (caráctersuperíndice) o subíndice (carácter$_{\text{subíndice}}$) se situarán en la parte superior o base del texto normal.

- Ficha **Espacio entre caracteres** (Figura 4.4).

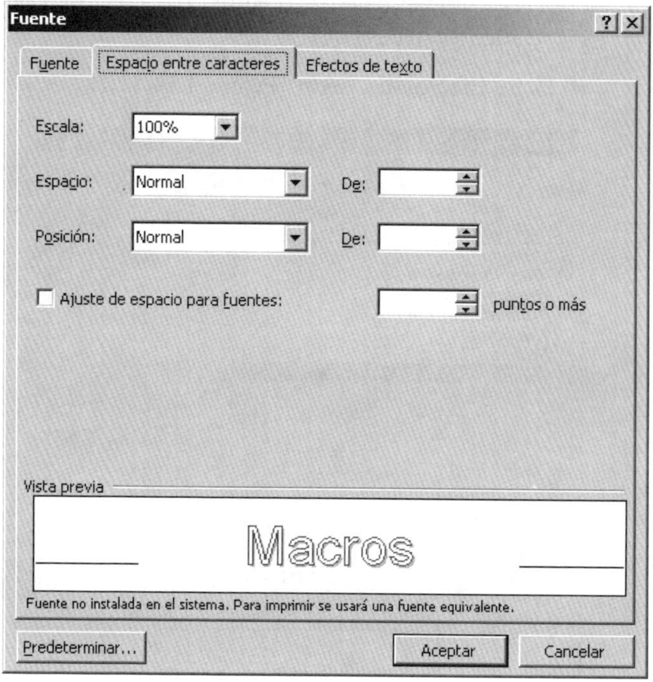

Figura 4.4. Cuadro de diálogo **Fuente**. Ficha **Espacio entre caracteres**.

– **Espacio**. El espacio entre caracteres aumenta o reduce la cantidad de espacio que queda en blanco entre los caracteres seleccionados, según lo que se especifique.

En el recuadro **De** podrá personalizar el espacio escribiendo o seleccionando un espacio determinado.

Ajustar el espacio puede afectar a los saltos de línea y de página. Ajustar el espacio antes de decidir la colocación de los saltos de página o de crear una tabla de contenido o un índice (Capítulo 10).

- **Posición**. Indica dónde aparecerá el texto con respecto a la línea horizontal imaginaria situada debajo de cada línea de texto (línea base). En el recuadro **De** escriba o seleccione un número en puntos.
- **Ajuste de espacio para fuentes**. Cambia automáticamente la cantidad de espacio entre caracteres. Sólo puede usarse con fuentes True Type.

■ Ficha **Efectos de texto** (Figura 4.5).

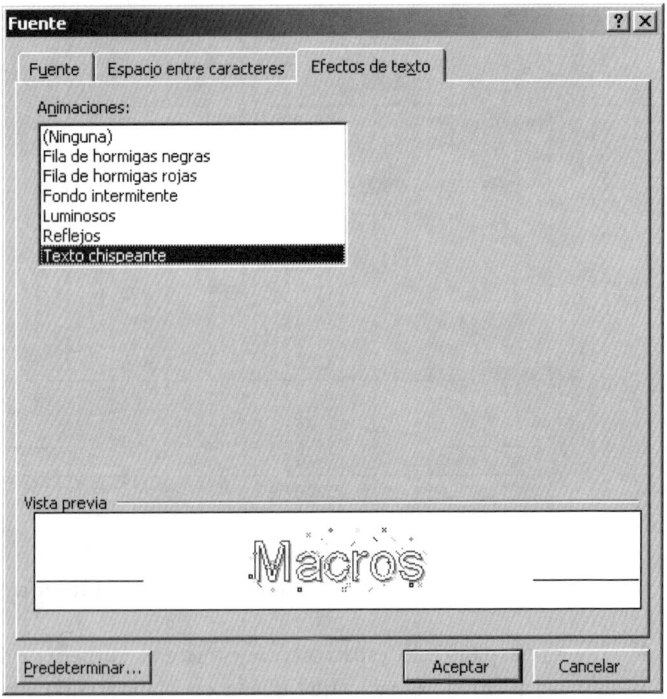

Figura 4.5. Cuadro de diálogo **Fuente**. Ficha **Efectos de texto**.

- Microsoft Word XP permite crear efectos de texto animación, que se desplaza o parpadea, para documentos que vayan a leerse en pantalla como las páginas Web.
- Los efectos de animación no se imprimen. No podrá aplicar más de un efecto de animación al mismo tiempo.
- **Animaciones**. En este cuadro de lista seleccionar el efecto de texto animado que desee aplicar al texto seleccionado. En el recuadro **Vista previa** podrá comprobar la animación seleccionada.

3) Seleccionar la opción deseada y hacer clic en el botón **Aceptar** o pulsar la tecla ENTRAR.

Mostrar formato/Eliminar formato

Para ver los formatos aplicados al documento actual:

1) Elegir el comando **Mostrar formato** del menú **Formato**. Aparece el nuevo panel de tareas **Mostrar formato** (Figura 4.6).

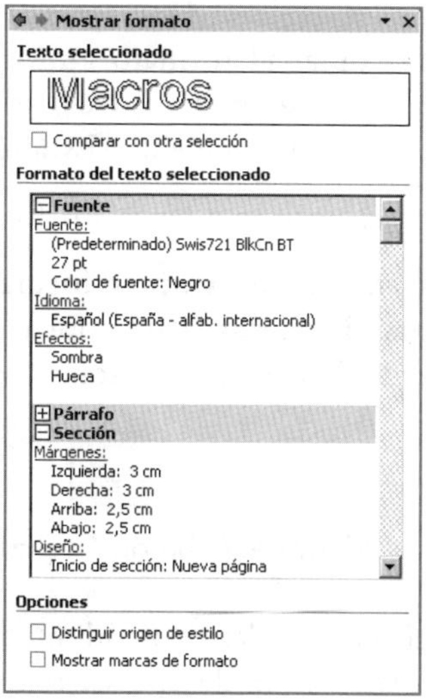

Figura 4.6. Panel de tareas **Mostrar formato.**

2) Word muestra información sobre el documento agrupada por *fuentes*, *párrafos* y *secciones* (el trabajo con párrafos y secciones se estudia más adelante en este libro). Si desea modificar alguno de los

formatos aplicados sólo tendrá que hacer clic en el nombre del apartado (está destacado en color azul y subrayado), como los hipervínculos de una página Web, y aparecerá el cuadro de diálogo que le permitirá elegir un nuevo formato.

Para eliminar el formato de carácter seguiremos el siguiente procedimiento:

1) Seleccionar los caracteres cuyo formato se desee eliminar.
2) Pulse CTRL+BARRA ESPACIADORA.

Word elimina todos los formatos de carácter que se hayan aplicado con la barra de herramientas **Formato**, el panel **Estilos y formato** o con el comando **Fuentes** del menú **Formato**. Si desea eliminar uno o varios de los formatos aplicados a un texto bastará con desactivar la opción correspondiente en la barra de herramientas **Formato** o con el comando **Fuentes** del menú **Formato**.

4.3. Copiar el formato de carácter

Word permite copiar el formato aplicado a cualquier elemento del documento (palabra, frase, párrafo, etc.), seleccionando el botón **Copiar formato** de la barra de herramientas **Estándar**.

1) Seleccionar el texto que tenga los formatos que desee copiar.
2) Hacer clic en el botón **Copiar formato** (Figura 4.6) en la barra de herramientas **Estándar**. Para copiar el formato en varias posiciones, hacer doble clic en el botón.

Figura 4.7. Botón **Copiar formato**.

3) Cuando el puntero del ratón adopte la forma de una brocha junto al puntero en forma de «I», seleccionar el texto al que desee dar formato. Al terminar la selección ésta tendrá el formato del texto previamente seleccionado.

Para desactivar la opción de copiar formato, si ha hecho doble clic en el botón **Copiar formato** para copiarlo en varias posiciones, hacer de nuevo clic en el botón **Copiar formato** o pulsar la tecla ESC.

Práctica 4

Escriba el texto mostrado a continuación aplicando los formatos de carácter correspondientes:

Bienvenido a Internacional Thomson Publishing Paraninfo, empresa líder en la edición de libros técnicos y científicos.

*Para un contacto más personal, puede telefonear al número **91 446 33 50** (prefijo 34 - 1 en llamadas internacionales), departamento de atención al cliente. Por Internet, utilice nuestro buzón.*

¡¡correo a PARANINFO!! *pedidos@paraninfo.es*

Club ZAP pretende dar servicio a todos sus socios mediante una serie de servicios gratuitos, entre los que destacamos:

-amplia librería especializada con bibliografía en varios idiomas

-ordenadores a disposición del público

-navegación en Internet...

5

Formatos de Párrafo

Formatos de Párrafo

Un párrafo es cualquier cantidad de texto, gráficos u otros elementos comprendidos entre dos pulsaciones de la tecla ENTRAR. Por tanto, se puede considerar un párrafo al texto formado por un sólo carácter, una palabra, una línea o una o varias páginas.

La marca de fin de párrafo se inserta al pulsar la tecla ENTRAR. Si no ve en pantalla ninguna marca de fin de párrafo (¶), hacer clic en el botón **Mostrar u ocultar** (Figura 5.1) en la barra de herramientas **Estándar** para mostrarlas.

Figura 5.1. Botón **Mostrar u ocultar**.

Cuando pulse la tecla ENTRAR para iniciar un nuevo párrafo, Word aplica el formato del párrafo anterior al nuevo.

Las marcas de párrafo además de señalar el fin de un párrafo, contienen el formato aplicado a cada párrafo. Cuando mueva o copie un párrafo incluya dichas marcas si desea mantener su formato en la nueva posición.

Word permite visualizar en pantalla el texto con el mismo formato que tendrá al imprimirlo. Para visualizar los formatos aplicados a un párrafo concreto al igual que con los formatos de carácter, elegir el comando **¿Qué es esto?** del menú **Ayuda (?)**. Cuando el puntero se transforme en un signo de interrogación hacer clic en cualquier posición del párrafo que desee conocer los formatos aplicados. Aparecerá el panel de tareas **Mostrar formato** con la sección **Párrafo** desplegada. Podrá hacer clic en los rótulos de los distintos formatos de párrafo (**Alineación**, **Sangría**, **Espaciado**, etc.) si desea modificarlos.

5.1. Alinear texto

Por alinear texto entenderemos las diferentes formas en que se puede distribuir el contenido (palabras, espacios en blanco y signos de puntuación) de una línea entre los márgenes izquierdo y derecho. Word por defecto alinea el texto a la izquierda, dejando el borde derecho sin justificar. Las distintas alineaciones que se pueden aplicar son:

- Los pasos a seguir para alinear texto utilizando la barra de herramientas **Formato** son:

  1) Seleccionar los párrafos (consultar el Capítulo 2 para recordar los distintos métodos de selección de párrafos) que desee alinear o situar el punto de inserción en la posición donde desee comenzar a escribir con la nueva alineación.

  2) Hacer clic en el botón correspondiente a la alineación que desee de la barra de herramientas **Formato** (Figura 5.2).

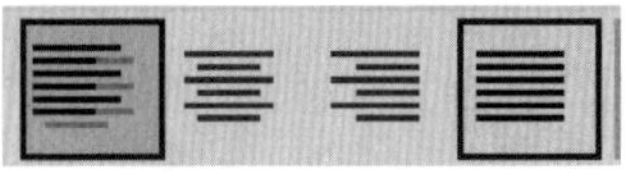

Figura 5.2. Botones de alineación (barra de herramientas **Formato**).

- Utilizando el **menú**:

  1) Seleccionar el comando **Párrafo** del menú **Formato**.

  2) Aparecerá el cuadro de diálogo **Párrafo** (Figura 5.3). En la ficha **Sangría y espacio** elegir la alineación deseada en el recuadro **Alineación**.

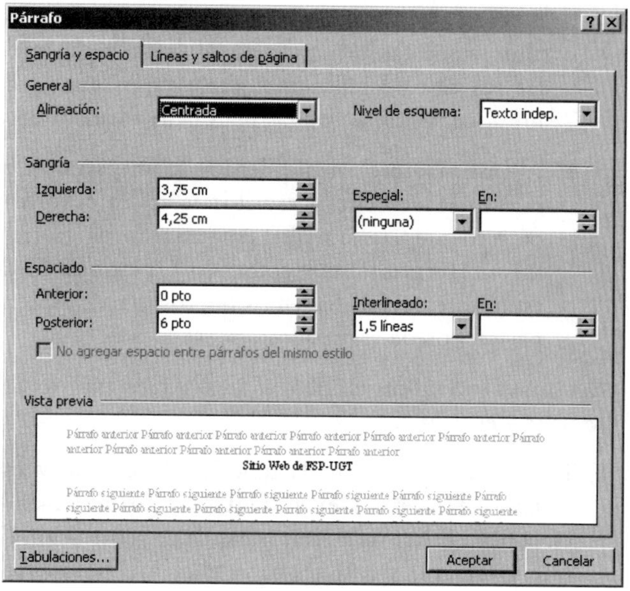

Figura 5.3. Cuadro de diálogo **Párrafo**. Ficha **Sangría y espacio**.

3) Hacer clic en el botón **Aceptar** para aplicar el formato.

- Utilizando la herramienta de edición **Hacer clic y escribir**.

La herramienta **Hacer clic y escribir**, permite insertar rápidamente texto, gráficos, tablas u otros elementos en un área en blanco de un documento (zona no abierta ni con contenido ni con pulsaciones de la tecla ENTRAR). Únicamente tendrá que hacer doble clic y escribir aplicándose automáticamente el formato necesario para colocar el elemento en la zona donde haya hecho doble clic. Por ejemplo, para crear una página de título, haga doble clic en el centro de una página en blanco y escribirá un título centrado.

*Para determinar el formato que aplica la herramienta **Hacer clic y escribir** deberá observar:*

El puntero del ratón. Al mover el puntero a una «zona» de formato específica, la forma del puntero indica el formato que se aplicará: una tabulación alineada a la izquierda, al centro o a la derecha; una sangría a la izquierda; o ajuste de texto a la izquierda o a la derecha.

La barra de herramientas **Formato** para ver la configuración de alineación. También puede utilizar la regla horizontal para ver las sangrías y tabulaciones. Para ver las marcas de tabulación en un documento, active las marcas de formato de párrafo.

Al insertar un elemento debajo de un párrafo existente, la herramienta **Hacer clic y escribir** le aplica el formato del estilo de párrafo predeterminado, especificado en la ficha **Edición** del menú **Herramientas**, comando **Opciones**. Si desea aplicar un estilo diferente a elementos nuevos, puede especificar el estilo de párrafo predeterminado.

*Para insertar y aplicar formato al texto y a los gráficos con la opción **Hacer clic y escribir**:*

1) Deberá comprobar que la función **Hacer clic y escribir** está activada: En el menú **Herramientas**, elegir el comando **Opciones**, y en la ficha **Edición**, activar la casilla de verificación **Habilitar Hacer clic y escribir** y después hacer clic en el botón **Aceptar**.

2) Pasar a la vista **Diseño de impresión** o a la vista **Diseño Web** (esta función no está disponible en el modo de vista **Normal**).

3) En el documento, situar el puntero en la zona en blanco donde desee insertar texto, gráficos o una tabla. Después, hacer clic para habilitar el puntero de **Hacer clic y escribir**.

   La forma del puntero del ratón indicará el formato que se aplicará al elemento. Por ejemplo, si señala el centro de la página indica que el elemento será centrado.

4) Hacer doble clic y comenzar a escribir o inserte un elemento de la forma habitual. Si no desea insertar un elemento en la posición donde hizo doble clic, bastará con hacer doble clic en otra zona. Si ya ha insertado un elemento, puede deshacer la inserción.

5.2. Sangrar texto

Si desea destacar un párrafo del resto del texto, puede sangrarlo dejando una distancia desde los márgenes de la página al comienzo o final del párrafo. Las sangrías pueden ser de los siguientes tipos: izquierda, derecha y sangría de primera línea.

Ejemplo de párrafos destacados con distintas sangrías representados en una página:

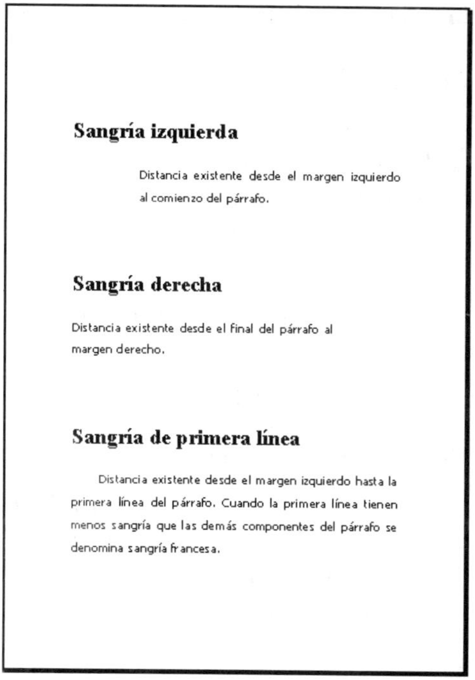

Sangría izquierda

Distancia existente desde el margen izquierdo al comienzo del párrafo.

Sangría derecha

Distancia existente desde el final del párrafo al margen derecho.

Sangría de primera línea

Distancia existente desde el margen izquierdo hasta la primera línea del párrafo. Cuando la primera línea tienen menos sangría que las demás componentes del párrafo se denomina sangría francesa.

Los valores de las sangrías pueden ser **positivos** (la distancia se acerca al centro de la página), **negativos** (la distancia se aleja del centro de la página) o **cero** (no existe sangría, el párrafo se alinea con los márgenes definidos).

Procedimiento a seguir para aplicar la sangría a los párrafos:

1) Seleccionar los párrafos a los que desee aplicar la sangría o colocar el punto de inserción en la posición desde donde desee comenzar a escribir con el nuevo formato.

2) Aplicar la sangría siguiendo uno de los siguientes procedimientos:

   - Con la barra de herramientas **Formato**:

     – Hacer clic en el botón **Aumentar sangría** para pasar hasta el siguiente sangrado, o en el botón **Disminuir sangría** para volver a la sangría anterior (Figura 5.4).

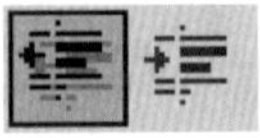

Figura 5.4. Botones **Disminuir sangría** y **Aumentar sangría**.

- Con la **regla**
  - Arrastrar los marcadores de sangría en la regla horizontal hasta la posición que desee (Figura 5.5). Arrastrar el cuadro pequeño del marcador de sangría izquierda para mover a la vez los marcadores de sangría izquierda y primera línea.

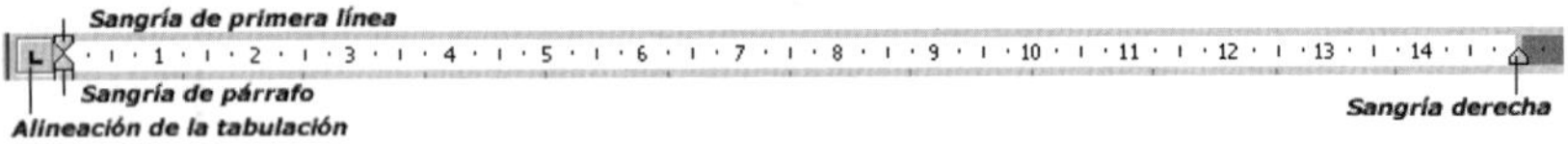

Figura 5.5. Regla.

- Con el comando **Párrafo**:
  - Seleccionar el comando **Párrafo** del menú **Formato** o hacer clic con el botón derecho del ratón. Aparecerá un menú independiente (contextual) en el que podrá también activar el comando **Formato**.

En el cuadro de diálogo **Párrafo** del comando podrá definir en la ficha **Sangría y espacio** (Figura 5.3) el valor deseado en el recuadro **Izquierda, Derecha** o **Especial** (para sangrar primera línea) del recuadro **Sangría**. Hacer clic en el botón **Aceptar** para aplicar la sangría especificada.

NOTA: No confunda los márgenes izquierdo y derecho de la página que establecen el ancho general del texto dentro de los bordes de la página con las sangrías. Éstas desplazan el texto del párrafo a partir de los márgenes izquierdo y derecho de la página. Utilizar las sangrías para destacar los párrafos seleccionados del resto del texto.

5.3. Tabulaciones

Denominaremos tabulaciones a unas posiciones concretas en la que se alineará el texto dentro de la página. Las tabulaciones vienen preestablecidas en intervalos de 1,25 cm, a partir del margen izquierdo. Para mover el punto de inserción a una tabulación sólo tiene que pulsar la tecla TAB.

El usuario podrá utilizar las tabulaciones predeterminadas para resaltar un párrafo o definir tabulaciones personalizadas que le permitan escribir en forma de columnas.

En las tabulaciones el texto se puede alinear a la izquierda (valor predeterminado), derecha, centro o con respecto al carácter decimal. También podrá insertar una línea vertical para separar columnas tabulares de texto o números y rellenar los espacios en blanco comprendidos entre dos tabulaciones contiguas con puntos, guiones o líneas contiguas.

Ejemplo de texto en forma de columnas tabulares (personalizadas):

Alineación Izquierda	**A. Derecha**	**A. Carácter decimal**	**A. Centro**
Mayo ________________	98	500,0 ————	Valladolid
Junio ________________	1.234	3.850,5 ————	Madrid
Julio ________________	999	150,0 ————	Barcelona

Podrá insertar tabulaciones en sus documentos por medio de:

- La regla (se trabaja más rápidamente, sin embargo no podrá especificar caracteres de relleno).
- El comando **Tabulaciones** del menú **Formato** (se fijan los tabuladores de una forma más precisa, y podrá establecer caracteres de relleno).

Definición de tabuladores a través de la regla

El procedimiento a seguir es el siguiente:

1) Seleccionar los párrafos para los que desee cambiar los tabuladores o situar el punto de inserción en la posición a partir de la cual desee comenzar las paradas de los tabuladores en el documento.

2) Hacer clic en el botón **Alineación de las tabulaciones** situado en el extremo izquierdo de la regla horizontal (Figura 5.5) hasta que se refleje en dicho botón la abreviatura para la alineación que desee: ⌋ (izquierda), ⌊ (derecha), ⊥ (centro), ⊥. (decimal).

3) Hacer clic en la posición de la regla donde se desee definir el tabulador.

4) Repetir los pasos 2) y 3) para cada tabulador que desee establecer.

5) Escribir el contenido y pulsar la tecla TAB para mover el punto de inserción a la siguiente tabulación. Si la primera columna no comienza en el margen izquierdo, antes de escribir el contenido deberá pulsar la tecla TAB para desplazar el punto de inserción hasta la primera tabulación.

Definición de tabuladores a través del comando tabulaciones

El procedimiento a seguir es el siguiente:

1) Seleccionar los párrafos para los que desee cambiar los tabuladores o situar el punto de inserción en la posición a partir de la cual se desee comenzar las paradas de los tabuladores.

2) Elegir el comando **Tabulaciones** del menú **Formato**. Aparecerá el cuadro de diálogo **Tabulaciones** (Figura 5.6).

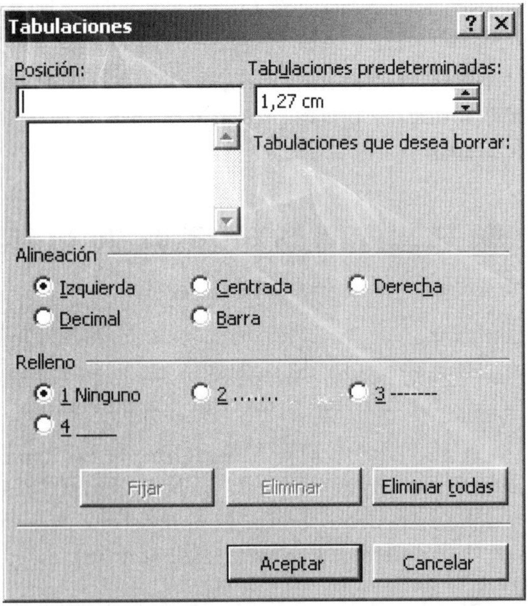

Figura 5.6. Cuadro de diálogo **Tabulaciones**.

3) En el recuadro **Posición**, escribir la posición para la nueva tabulación o seleccionar una tabulación existente si se desea añadir caracteres de relleno.

4) En el recuadro **Alineación** determinar la alineación para el texto escrito en la tabulación definida.

5) En el recuadro **Relleno** asignar o cambiar los caracteres de relleno que completarán los espacios entre tabuladores.

6) Hacer clic en el botón **Fijar**. Repetir los pasos 3 a 6 para establecer cada una de las tabulaciones deseadas.

7) Hacer clic en el botón **Aceptar**.

Una vez definidas las posiciones en que necesita que aparezcan situados los tabuladores podrá escribir el texto; pulsar la tecla TAB cada vez que desee pasar de la posición actual a la siguiente posición definida. El punto de inserción se colocará en dicha posición y podrá escribir su contenido.

Se mantendrá hasta que encuentre nuevos valores de Tabulaciones definidos.

Borrar o modificar tabulaciones ya definidas

Una vez definidas las tabulaciones y escrito el texto, Word nos permite cambiar las posiciones, alineación o carácter de relleno sin tener que volver a escribir de nuevo el contenido.

Para borrar o modificar tabulaciones el procedimiento a seguir es el siguiente:

1) Seleccionar el párrafo o los párrafos en los que desee modificar o borrar tabulaciones.

2) Las posibilidades que nos ofrece Word, son:

   - Para **borrar** una tabulación que ya ha sido fijada, arrastrar el marcador de tabulación correspondiente fuera de la regla horizontal, hacia arriba o hacia abajo.

   - Para **modificar** una tabulación, arrastre el marcador de tabulación hacia la derecha o hacia la izquierda en la regla horizontal hasta alcanzar la posición deseada o seleccione el comando **Tabulaciones** del menú **Formato** y escribir el nuevo valor para cada tabulación que desee modificar. Para borrar la ya existente hacer clic en el botón **Eliminar** o **Eliminar todas**.

5.4. Interlineado

La opción de **Interlineado** permite modificar la cantidad de espacio vertical («la altura») de cada línea del texto del párrafo. El valor predeterminado (interlineado sencillo) utilizado por Word depende de la altura de los caracteres. Por ejemplo, en un texto en el que el tamaño seleccionado sea de 10 puntos, el espacio para cada línea será algo mayor de 10 puntos. En línea a doble espacio será algo mayor de 20 puntos.

Si una línea contiene un carácter grande o un elemento gráfico o una fórmula, Word incrementará automáticamente el espacio de esa línea.

Para escribir con un interlineado diferente:

1) Seleccionar los párrafos a los que desee cambiar el interlineado o situar el punto de inserción en la posición a partir de la cual se aplicará el interlineado.

2) Elegir el comando **Párrafo** del menú **Formato**. Aparecerá el cuadro de diálogo **Párrafo** (Figura 5.3).

3) Seleccionar la ficha **Sangría y espacio** si fuera necesario.

4) En el recuadro **Interlineado** seleccionar el tipo de interlineado que se desee entre:

   - **Sencillo**. Define el interlineado de cada línea para que quepa la fuente más alta de cada línea. Por ejemplo, en un texto de 10 puntos, el interlineado es un poco mayor de 10 puntos (el tamaño real de los caracteres más una pequeña cantidad de espacio adicional). La cantidad de espacio adicional depende de la fuente que se esté utilizando.

   - **1,5 líneas**. Define el interlineado para cada línea en una vez y media el interlineado sencillo. Por ejemplo, el interlineado de 1,5 líneas en un texto de 10 puntos es aproximadamente de 15 puntos.

- **Doble**. Define el interlineado para cada línea en dos veces el interlineado sencillo. Por ejemplo, el interlineado doble en un texto de 10 puntos es aproximadamente de 20 puntos.
- **Mínimo**. Define un interlineado mínimo que Word puede ajustar para acomodar tamaños de fuentes o gráficos mayores que, de otra forma, no entrarían en el interlineado especificado.
- **Exacto**. Define un interlineado fijo que Word no ajusta. Si aparecen partes del texto cortadas, aumente el espacio especificado en el interlineado mínimo o exacto. Esta opción hace que todas las líneas tengan un interlineado uniforme.
- **Múltiple**. Permite aumentar o disminuir el interlineado en cualquier porcentaje. Por ejemplo, si establece el interlineado múltiple 1,3, aumentará el interlineado en un 30%, mientras que si establece 0,6, el interlineado disminuirá en un 40%. Un interlineado múltiple 2 es equivalente a establecer un interlineado doble.

  En el cuadro **En**, escribir o seleccionar el interlineado que desee. El valor predeterminado es de tres líneas. Esta opción estará disponible sólo si selecciona **Mínimo**, **Exacto** o **Doble** en el cuadro **Interlineado**.

5) Hacer clic en el botón **Aceptar**.

5.5. Bordes y sombreado

Word permite resaltar un párrafo de texto, gráficos y celdas de tablas añadiendo bordes o líneas a cualquier lado, o sombreando el fondo. La Fgura 5.7 proporciona algunos ejemplos de cómo Word permite resaltar los párrafos con distintos bordes o sombreados.

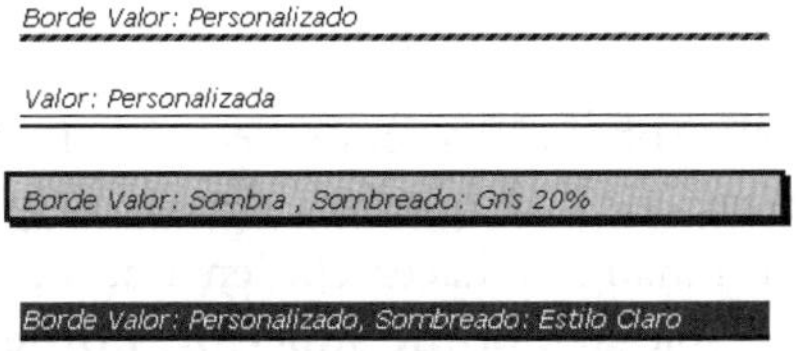

Figura 5.7. Ejemplo de bordes y sombreados.

Los bordes y sombreados serán tan anchos como el espacio que se encuentre entre las sangría izquierda y derecha con independencia del texto existente en cada línea. Para modificar el ancho de los bordes o sombreados aumentar o reducir las sangrías en la regla (Figura 5.5).

Para añadir bordes a un grupo de párrafos, todos los párrafos deben tener la misma sangría. De lo contrario, Word insertará cada párrafo en un cuadro diferente. Para aplicar bordes a párrafos con distintas sangrías en el mismo cuadro, escriba los distintos párrafos dentro de una tabla de una fila y una columna y aplique entonces un borde a la celda de la tabla. Podrá ver información sobre cómo crear tablas en el Capítulo 9.

Cómo aplicar o eliminar bordes

Con el ratón

1) Seleccionar el elemento (párrafos, celdas de tabla o gráficos) al que desee aplicar o eliminar el formato.

2) Hacer clic en el botón **Tablas y bordes** de la barra de herramientas **Estándar** o el comando **Tablas y bordes** del submenú **Barras de herramientas** del menú **Ver**; Word mostrará la barra de herramientas **Tablas y bordes** (Figura 5.8).

Figura 5.8. Barra de herramientas **Tablas y bordes.**

3) En el botón **Estilo de línea,** seleccionar el estilo de línea que se desee aplicar al borde o elegir **Sin borde** para eliminar los bordes existentes. En el siguiente botón **Grosor de la línea** elegir la anchura.

4) Hacer clic sobre el botón de flecha de la paleta de bordes, situado a la derecha de los botones de estilo, grosor y color del borde preseleccionado, y hacer clic en una de las opciones de la paleta que se desplegará: **Borde superior, Borde inferior, Borde izquierdo, Borde derecho, Borde exterior** o **Sin borde**.

Con el comando Bordes

1) Seleccionar el elemento (párrafos, celdas de tabla o gráficos) al que desee aplicar o eliminar el formato.

2) Elegir el comando **Bordes y sombreado** del menú **Formato** y hacer clic sobre la ficha **Bordes** si fuera necesario (Figura 5.9).

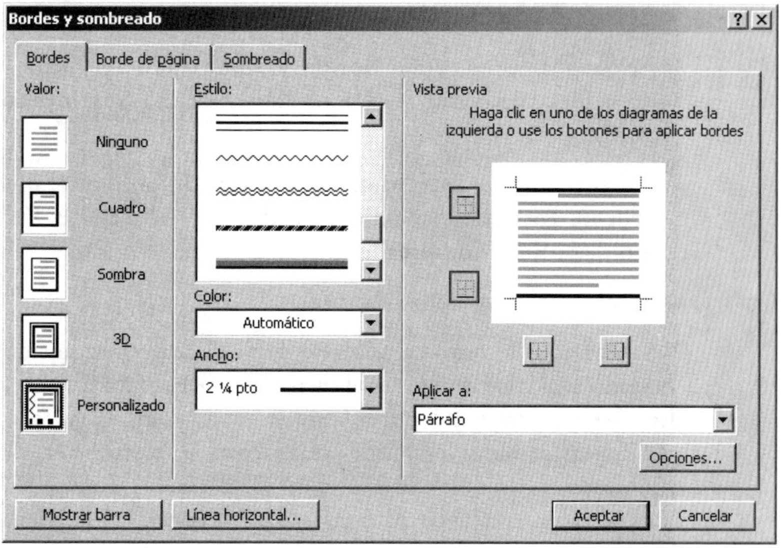

Figura 5.9. Cuadro de diálogo **Bordes y sombreado**. Ficha **Bordes**.

3) En el recuadro **Valor**, elegir **Personalizado** para definir posteriormente bordes personalizados y **Cuadro, Sombra** o **3D** para aplicar una opción de borde preestablecida.

4) En el recuadro **Valor**, elegir la opción **Ninguno** para eliminar los bordes predefinidos.

5) En el recuadro **Vista preliminar**, hacer clic en los lados en los que desee que aparezcan las líneas.

6) Hacer clic en el botón **Aceptar**.

Podrá crear bordes con un tipo diferente de línea en cada lado. Para ello, seleccione un estilo de línea y haga clic en el lado o lados sobre los que desee aplicar dicho estilo. Seguidamente, seleccionar un lado que deba aparecer con un estilo diferente, elegir un nuevo estilo y hacer clic en los lados que deban aparecer con el mismo estilo.

Cómo aplicar o eliminar sombreados

1) Seleccionar los párrafos, celdas de tabla o gráficos a los que desee aplicar o eliminar el sombreado.

2) Seleccionar el comando **Bordes y sombreado** del menú **Formato** y, si fuera necesario, hacer clic sobre la ficha **Sombreado** (Figura 5.10).

3) En el cuadro de lista **Sombreado**, elegir un porcentaje o diseño de relleno. Para eliminar un sombreado, seleccionar el botón **Ninguno** de la ficha **Sombreado**.

4) Hacer clic en el botón **Aceptar**.

El sombreado de texto se extiende desde el margen izquierdo al margen derecho. Para hacer que las dimensiones del sombreado se ajusten a las dimensiones del texto puede aumentar las sangrías (véase apartado 5.2). Al aplicar sombreados puede crear efecto de «texto inverso» si aplica un sombreado superior al 80% o más, Word cambiará automáticamente el color del texto a blanco para conseguir el contraste suficiente con el fondo aplicado y con ello visualizar el texto.

También podrá crear efectos de sombreado en color y con diseño de relleno; para ello aplique primero un porcentaje de sombreado o diseño y, a continuación, realice las selecciones deseadas de color **Primer plano** y **Fondo** en los correspondientes recuadros de la lista desplegable de la ficha **Sombreado**.

5.6. Numeración y viñetas de listas

Word tiene varias funciones automáticas para modificar el texto a medida que se escribe. La opción **Autoformato mientras escribe** proporciona automáticamente formato de títulos, listas numeradas y con viñetas (si comienza una lista con **1.** o un asterisco [*] seguidos de un espacio o un tabulador, al pulsar la tecla ENTRAR para insertar el siguiente elemento de la lista, Word insertará automáticamente el siguiente

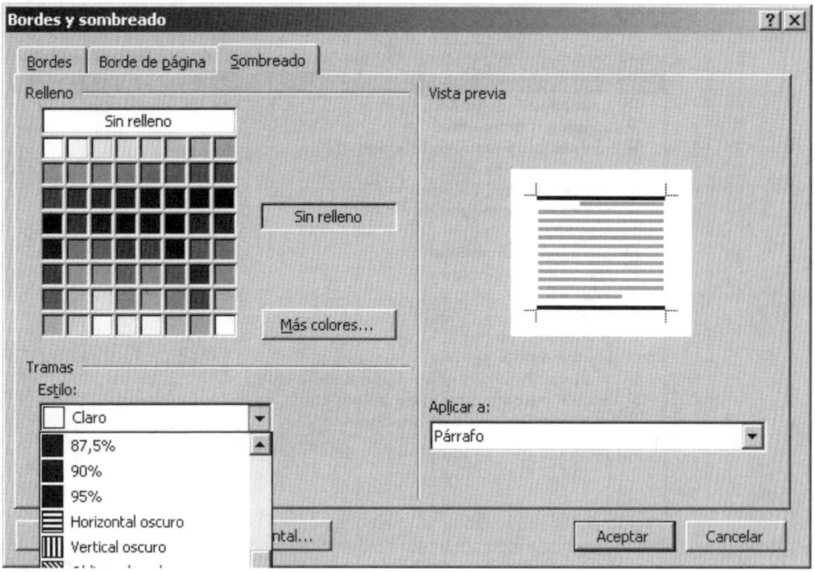

Figura 5.10. Cuadro de diálogo **Bordes y sombreado**. Ficha **Sombreado**.

número o viñeta). Podrá activar o desactivar los cambios automáticos al activar o desactivar la casilla de verificación **Lista automática con viñetas** o **Lista automática con números**, de la ficha **Autoformato mientras se escribe**, en el cuadro de diálogo **Autocorrección** (Figura 5.11) que aparece al elegir el comando **Opciones de Autocorrección** del menú **Herramientas**.

Personalizar números o viñetas

Word ofrece varios formatos para numeración y viñetas que podrá aplicar a una lista.

Para seleccionar un formato:

1) Elegir el comando **Numeración y viñetas** del menú **Formato**. Aparecerá el cuadro de diálogo **Numeración y viñetas** (Figura 5.12).

2) En la ficha **Viñetas** o **Números** hacer clic en el recuadro que represente el formato que se desee aplicar.

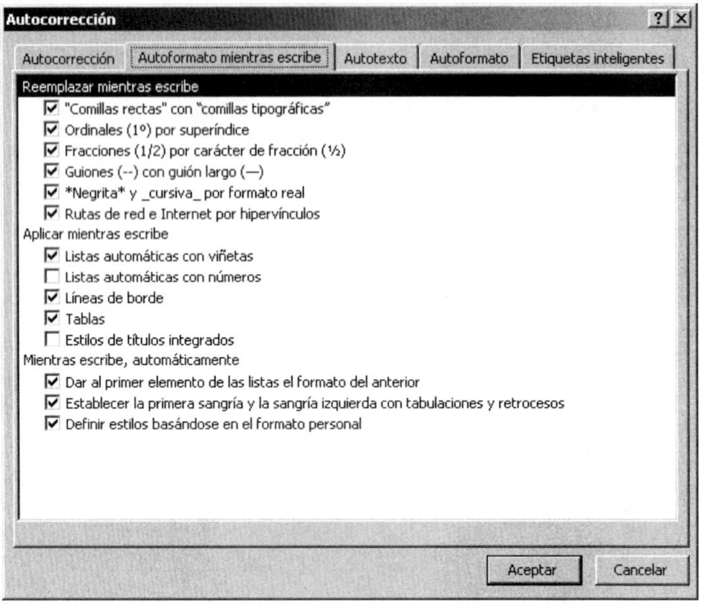

Figura 5.11. Cuadro de diálogo **Autocorrección.**
Ficha **Autoformato mientras escribe.**

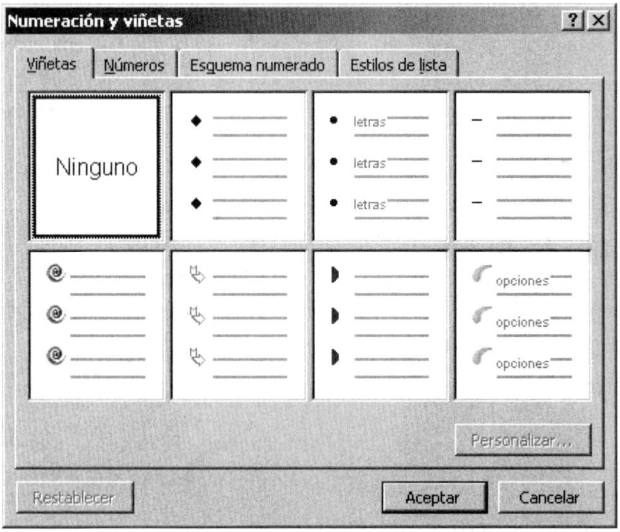

Figura 5.12. Cuadro de diálogo **Numeración y viñetas.**

3) Si desea modificar las opciones predefinidas para el formato seleccionado, haga clic en el botón **Personalizar**. Aparecerá el cuadro de diálogo **Personalizar lista con viñetas** (Figura 5.13) o **Personalizar lista numerada** (Figura 5.14), dependiendo de la opción seleccionada en el paso 2).

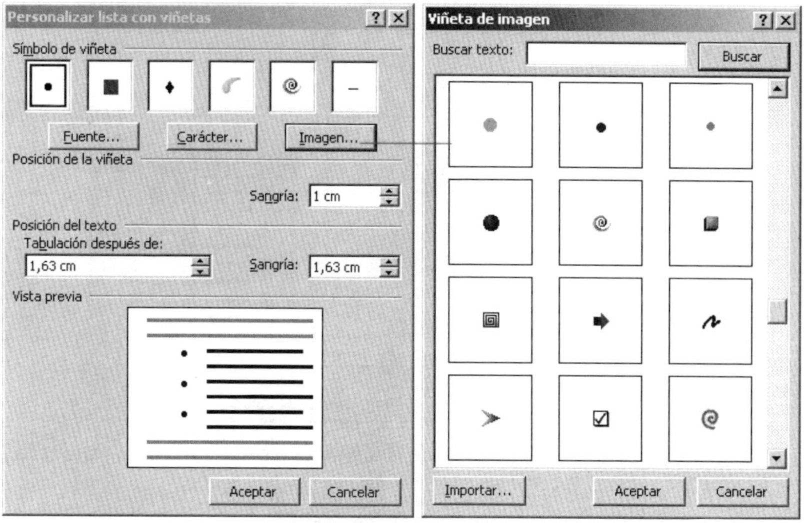

Figura 5.13. Cuadro de diálogo **Personalizar lista con viñetas.**

4) Para elegir la nueva viñeta hacer clic en el botón **Fuente, Carácter** o **Imagen** para personalizar una viñeta o el nuevo tipo de numeración en el recuadro **Formato de números**.

5) Hacer clic en el botón **Aceptar**.

Agregar o borrar números o viñetas

1) Situar el punto de inserción a partir de la posición que se desee añadir números o viñetas o seleccionar la lista de elementos que se desee numerar o agregar viñetas.

2) Hacer clic en el botón **Numeración** o **Viñetas** (Figura 5.15) de la barra de herramientas **Formato** (Word aplicará el tipo de numeración o viñeta predefinido -ver **Personalizar números y viñetas** en el punto anterior-).

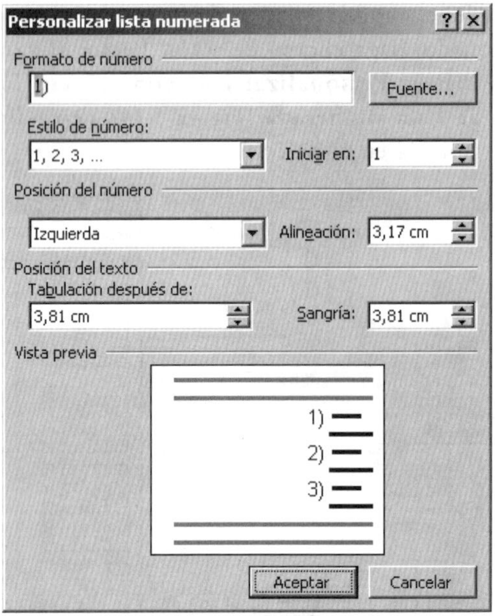

Figura 5.14. Cuadro de diálogo **Personalizar lista numerada.**

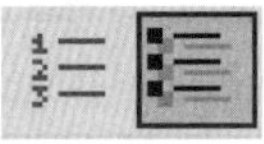

Figura 5.15. Botones **Numeración y Viñetas.**

3) Si al escribir un nuevo elemento de la lista o un elemento ya existente no se desea agregar número o viñeta, borrar el número o la viñeta insertado (pulsar la tecla RETROCESO). Word renumerará automáticamente el resto de los elementos de la lista.

4) Para terminar una lista pulsar la tecla ENTRAR y después la tecla RETROCESO.

Convertir números en viñetas o viceversa

1) Seleccionar la lista numerada o con viñetas o viceversa.

2) Hacer clic en el botón **Viñetas** o **Números** (Figura 5.15) de la barra de herramientas **Formato**.

Práctica 5

Escribir el siguiente texto, tal y como se indica a continuación.

• Características de la teleformación

- **Sistema de formación flexible y abierta.**
  - *Diversidad de métodos de formación:*
    - Combinación de acciones On-line (presencia virtual) y Off-line (formación a distancia).
    - Técnicas de autoaprendizaje con trabajo en equipo.
    - Formación asistida junto a aplicaciones abiertas.
    - Tutoría personalizada virtual y tradicional, más eficaces y económicas.
    - Interactividad: ejercicios de autocorreción.
    - Utilización de múltiples formatos: texto, imagen, sonido, animaciones, vídeo.
    - Facilidad de uso.
    - ...
  - *Modulable:*
    - Módulos que permiten agrupamiento dando la oportunidad de ofertar acciones formativas cortas y específicas (Word, Excel, etc.) como amplias y diversas (Ofimática, Diseño Web, etc.).
  - *Flexibilidad de horarios hasta la individualización, cubriendo 24 horas al día.*
- **Sistema que garantiza cobertura a cualquier usuario de cualquier área, o zona geográfica, diversificando los canales de formación.**
- **Sistema que favorece la formación de colectivos con dificultades especiales de inserción en el mercado de trabajo, eliminando las barreras físicas y capacitándoles para el trabajo.**
- **Fomenta la utilización de las nuevas tecnologías de Internet.**

6

Formatos de Página

Formatos de Página

En este tema se incluyen los diferentes aspectos que pueden adoptar las páginas de nuestros documentos. Los formatos que más determinan el aspecto que tendrán las páginas impresas son: el tamaño del papel, la orientación de la página (vertical u horizontal), márgenes izquierdo, derecho, superior e inferior, el texto de los encabezados y los pies de página, y la numeración de las páginas.

Si se conocen los formatos de página que se desean aplicar a un documento son más sencillos de establecer antes de empezar el documento, pero puede definirlos o modificarlos en cualquier momento. Puede utilizar el mismo formato para todo el documento o dividirlo en secciones.

6.1. Dividir un documento en secciones

Una sección es una parte definida del documento a la que se le puede dar características de formato específicas. Las secciones pueden estar compuestas por uno o varios párrafos, una o varias páginas o todo el documento.

Al iniciar un documento nuevo éste sólo tiene una sección. Cuando se selecciona texto y se cambia el número de columnas, se crea una tabla de contenido o un índice, Word crea automáticamente un salto de sección. Los saltos de sección pueden ser insertados de una forma manual cuando desee cambiar uno de los elementos siguientes en una parte específica del documento:

- Tamaño, orientación o márgenes del papel.
- El número de columnas de estilo periodístico.
- Formato, posición y secuencia de los números de página.
- Contenido y posición de los encabezados y pies de página.
- Alineación vertical del texto de la página.
- Lugar donde se imprimen las notas al pie o las notas finales.

Crear saltos de sección

1) Colocar el punto de inserción en la posición donde se desee comenzar una nueva sección o seleccionar el texto para el que se desee crear una nueva sección.
2) Elegir el comando **Salto** del menú **Insertar**.
3) En el cuadro de diálogo **Salto** (Figura 6.1) indicar en el recuadro inferior **Tipos de salto de sección** una de las siguientes opciones:

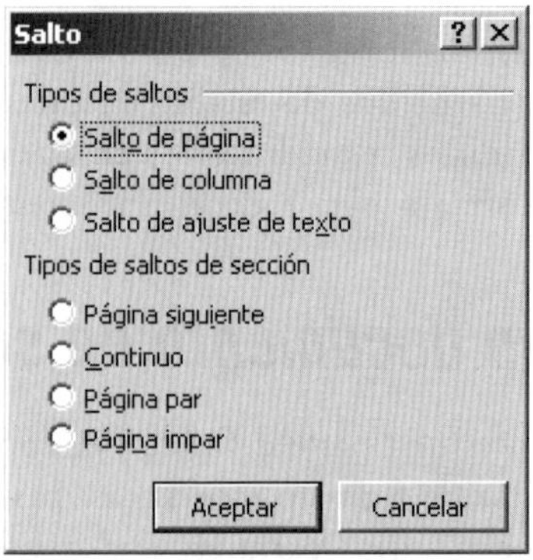

Figura 6.1. Cuadro de diálogo **Salto**.

- **Página siguiente**. La nueva sección empieza en la página siguiente. Word introduce un salto de página en el salto de sección.
- **Continuo**. Word inserta una nueva sección en la misma página. Si las dos secciones tienen valores diferentes en cuanto a tamaño u orientación del papel, la nueva sección comenzará en una nueva página.
- **Página impar**. La nueva sección comenzará en la siguiente página numerada como impar.
- **Página par**. La nueva sección comenzará en la siguiente página par. Si el salto de sección se da en una página par, Word dejará la siguiente página impar en blanco.

4) Hacer clic en el botón **Aceptar**.

En presentación **Normal** el cambio de sección se identifica por medio de dos líneas de puntos paralelas y el rótulo **Salto de sección**.

Eliminar saltos de sección

1) La eliminación de una sección se efectúa colocando el punto de inserción en la línea que señala el cambio de sección (estando en modo de presentación **Normal**).
2) Pulsar la tecla SUPR o RETROCESO.

6.2. Tamaño y orientación del papel

Los tamaños de papel que podrá seleccionar para escribir sus documentos dependerán de las opciones de la impresora seleccionada. Si desea utilizar un tamaño de papel personal escriba las medidas, pero tenga en cuenta si la impresora seleccionada admite ese tamaño de papel.

Para seleccionar el tamaño y la orientación del papel, realice los siguientes pasos:

1) Seleccionar el texto al que se desee cambiar el tamaño de papel y su orientación o situar el punto de inserción en la sección que se desee cambiar.

2) Elegir el comando **Configurar página** del menú **Archivo**. Aparecerá el cuadro de diálogo **Configurar página** (Figura 6.2).

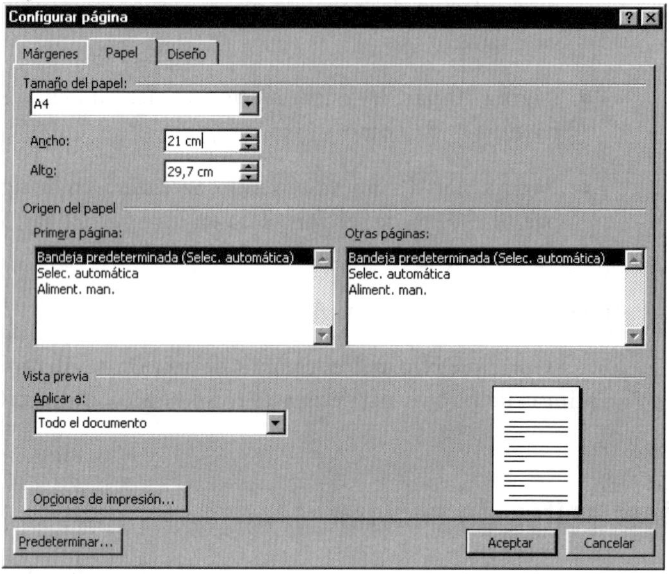

Figura 6.2. Cuadro de diálogo **Configurar página**. Ficha **Tamaño del papel**.

3) Seleccionar la ficha **Papel**.

4) Las opciones disponibles en la ficha nos permiten determinar:

- En el cuadro de lista desplegable **Tamaño del papel** podrá elegir un tamaño predeterminado o bien especificar medidas personalizadas en los recuadros **Ancho** y **Alto**.

- En el recuadro **Aplicar a** podrá elegir la porción del documento que desee imprimir con las selecciones efectuadas. Si aplica el nuevo formato al **Texto seleccionado**, Word insertará un salto de sección antes y después del texto seleccionado. Si selecciona **De aquí en adelante**, Word insertará un salto de sección antes del punto de inserción.

- **Vista previa**. Muestra el aspecto de la página del documento con los valores seleccionados.
- **Origen del papel**. En las listas **Primera página** y **Otras páginas** se selecciona la bandeja de la impresora desde la que se desee imprimir la primera página de la sección o el resto de las páginas. Word enumera las opciones de alimentación disponibles en la impresora actual.
- Botón **Predeterminar**. Asigna los valores especificados en el cuadro de diálogo **Configurar página** (en todas sus fichas) como los nuevos valores para la plantilla en la que está basado el documento actual. Los nuevos documentos basados en dicha plantilla por defecto tendrán los nuevos valores.

5) Hacer clic sobre el botón **Aceptar**.

6.3. Márgenes

Se denominan márgenes la distancia existente entre los bordes del papel y el comienzo y el final del texto en una línea (izquierdo/derecho) o en una página (superior e inferior).

Los valores que Word da por defecto son: **Superior** e **Inferior** 2,5 cm y **Derecho** e **Izquierdo** 3 cm.

Definir márgenes por medio del comando Configurar página

1) Seleccionar el texto cuyos márgenes desee cambiar o sitúe el punto de inserción en la sección cuyos márgenes desee cambiar.
2) Elegir el comando **Configurar página** del menú **Archivo**.
3) Aparece el cuadro de diálogo **Configurar página** (Figura 6.3). Seleccionar la ficha **Márgenes** si es necesario.
4) Las distintas posibilidades que ofrece el cuadro de diálogo de la ficha **Márgenes**, son:

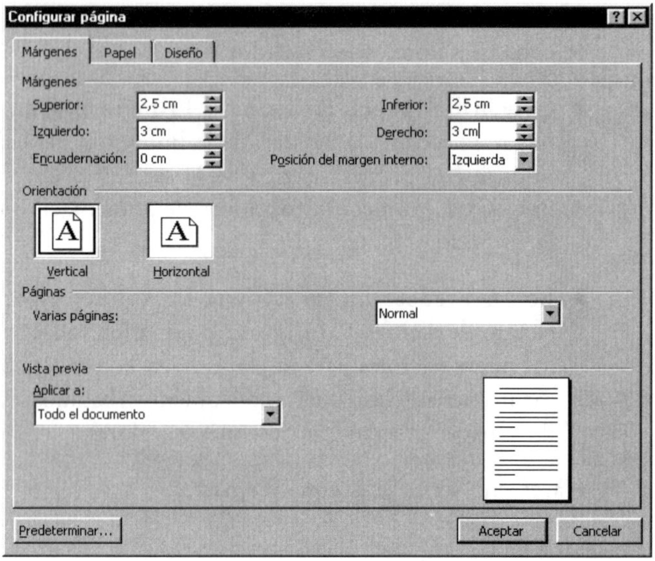

Figura 6.3. Cuadro de diálogo **Configurar página**. Ficha **Márgenes**.

- En los cuadros **Superior**, **Inferior**, **Izquierdo** o **Derecho** escribir o seleccionar los valores deseados para establecer la distancia entre los bordes de la página y el comienzo del texto.

- El cuadro de lista **Varias páginas** ofrece varias opciones de márgenes de página:

  Si se activa la casilla de **Márgenes simétricos** para imprimir el documento por las dos caras del papel, los nombres de los cuadros **Izquierdo** y **Derecho** cambian a **Interior** y **Exterior.** De esta forma Word cambiará estos márgenes dependiendo de si la página es par o impar, dado que los márgenes izquierdo y derecho son diferentes en unas y otras.

  Dos páginas por hoja. Esta casilla se activará cuando la página que se va a imprimir se dobla por la mitad y las dos páginas quedan en la parte interior. Los márgenes internos y externos tendrán el mismo ancho.

  Con la opción **Libro plegado** Word insertará un plegado central. Podrá elegir esta opción, por ejemplo para una invitación, un menú, etc.

- Si desea añadir márgenes adicionales (se agregan a los márgenes interiores) para la encuadernación del documento, escribir o seleccionar una medida en el cuadro **Encuadernación**.
- En el recuadro **Orientación** podrá elegir **Vertical** si va a imprimir de forma normal u **Horizontal** si va a efectuar la impresión apaisada. Si cambia la orientación, Word cambiará los márgenes. Las medidas establecidas para los márgenes Superior/Inferior pasarán a ser las de los márgenes Izquierdo/Derecho y viceversa.
- En el recuadro de lista **Aplicar a**, seleccionar a qué parte del documento se desea aplicar los nuevos márgenes.

  Si un documento consta de una sola sección, las especificaciones de márgenes afectan a todo el documento.

  Si el documento está dividido en secciones el cambio de márgenes sólo afectará a la sección donde se encuentre el punto de inserción.

  Si se ha seleccionado previamente el texto, Word insertará automáticamente un salto de sección antes y después del mismo.

5) Hacer clic en el botón **Aceptar**.

Definir márgenes con las reglas

1) Asegúrese de que estén visibles las reglas (Figura 6.4) horizontal y vertical (la regla vertical sólo será visible en presentación **Diseño de impresión**). Para hacerlas visibles elegir el comando **Regla** del menú **Ver**.
2) En modo de presentación **Diseño de impresión** (menú **Ver**) o en **Vista preliminar** (menú **Archivo**), situar el punto de inserción en la sección cuyos márgenes desea modificar. Si hay sólo una sección, los márgenes se cambiarán en todo el documento.
3) Situar el puntero del ratón en el límite de los márgenes de la regla horizontal y vertical (el punto de unión entre la zona gris de la regla y la zona en blanco). El puntero del ratón se convertirá en una flecha de doble punta cuando esté situado en el límite del mar-

gen. Arrastrar el ratón hasta alcanzar la posición deseada. Para visualizar las medidas del área de texto y los márgenes, a la vez que ajusta las distancias, mantener pulsada la tecla ALT mientras se arrastra el límite de los márgenes.

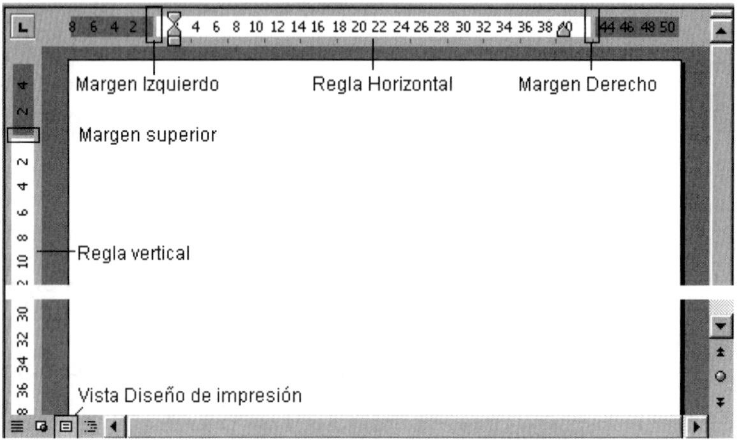

Figura 6.4. Reglas.

6.4. Encabezados y pies de página

Los encabezados y pies de página están formados por texto o gráficos que se repiten en las páginas de un documento y que se imprimen en la parte superior (encabezados) o inferior (pies) de cada página de un documento.

Los encabezados y pies de página incluyen generalmente un título del documento, y el número de página, respectivamente, pero también pueden incluir cantidades mayores de texto, campos (fecha, hora, etc.) y gráficos.

En los encabezados y pies de página, el texto se escribe y se le aplican formatos de la misma forma que en el documento.

Word imprime los encabezados y pies de página en los márgenes superior e inferior de cada página. Si el encabezado o el pie es demasiado grande para el margen establecido, Word ajustará automáticamente los márgenes superior e inferior del documento para que quepa en el margen.

Crear un encabezado o pie de página

1) Elegir el comando **Encabezado y pie de página** del menú **Ver**.

2) Aparece el área de encabezado o pie rodeada por una línea punteada que no se imprime y la barra de herramientas **Encabezado y pie de página** (Figura 6.5). Se ve el texto o los gráficos del documento, pero atenuados. Para mostrar u ocultar el texto del documento, hacer clic en el botón **Mostrar u ocultar texto del documento**.

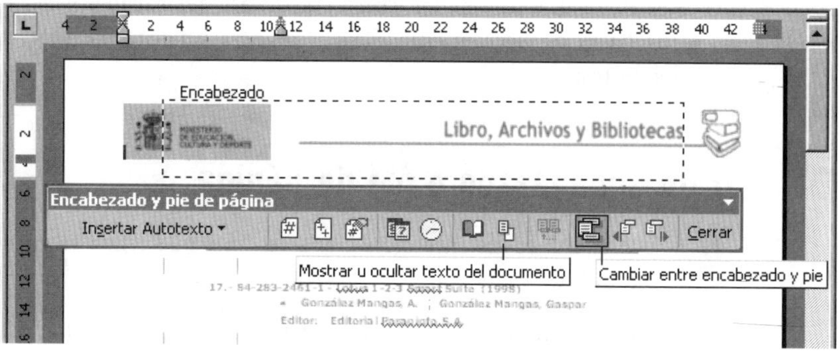

Figura 6.5. Barra de herramientas **Encabezado y pie de página.**

3) Para pasar del área del encabezado a la del pie o viceversa, hacer clic en el botón **Cambiar entre encabezado y pie**.

4) Introducir el contenido del encabezado o pie en el área correspondiente. Escribir el texto dentro de la línea punteada que rodea el área del encabezado o pie de página. Puede darse formato al texto de la misma manera que en cualquier otra área del documento.

   Los botones de **Insertar**: **Número de página**, **Fecha** y **Hora** que existen en la barra de herramientas **Encabezado y pie de página** permiten insertar automáticamente estos campos.

5) El botón **Igual que el anterior** inserta el encabezado o pie de la sección anterior o crea otro encabezado o pie sin conexión con la sección anterior.

6) Si se desea crear diferentes encabezados o pies de página en otras secciones del documento, hacer clic en el botón **Mostrar el siguiente** o **Mostrar el anterior** para trasladarse al siguiente encabezado.

7) Una vez definido el contenido, para volver al documento, hacer clic en el botón **Cerrar** de la barra de herramientas **Encabezado y pie de página** o hacer doble clic en la zona de texto del documento que aparece ahora en gris.

Una vez cerradas las áreas de Encabezado y pie de página, estos elementos no serán visibles en el modo de presentación **Normal**. En la vista **Diseño de impresión** se verán en un color gris en la parte superior e inferior de la página.

NOTA: Recuerde que al señalar con el puntero del ratón los botones de una barra de herramientas Word muestra un rótulo con el nombre del botón.

Eliminar un encabezado o pie de página

1) Situar el punto de inserción en la sección que tenga el encabezado o pie que desea borrar.
2) Elegir el comando **Encabezado y pie de página** del menú **Ver**.
3) Seleccionar todo el contenido del encabezado o pie y pulsar la tecla RETROCESO o SUPR.

   Si tiene diferentes encabezados o pies de página en otras secciones del documento, hacer clic en el botón **Mostrar el siguiente** o **Mostrar el anterior** para trasladarse al siguiente encabezado o pie que desee borrar.
4) Para volver al documento, hacer clic sobre el botón **Cerrar** de la barra de herramientas **Encabezado y pie de página**.

Varios encabezados y pies de página en un documento

Crear un encabezado y/o pie de página diferente para la primera página

1) Seleccionar el comando **Encabezado y pie de página** del menú **Ver**.

2) En la barra de herramientas **Encabezado y pie de página**, hacer clic sobre el botón **Configurar página** (Figura 6.6).

Figura 6.6. Botón **Configurar página**.

3) Aparecerá el cuadro de diálogo **Configurar página** (Figura 6.7). Seleccionar la ficha **Diseño** si fuera necesario.

4) En el recuadro **Encabezados/pies de página**, activar la casilla de verificación **Primera página diferente** y hacer clic en el botón **Aceptar**.

5) Hacer clic en el botón **Mostrar anterior** o **Mostrar siguiente** de la barra de herramientas **Encabezado/pie** para ir al encabezado o pie de página correspondiente a la primera página (aparecerá indicado en el rótulo del área del encabezado o pie *Encabezado de primera página* o *Pie de página en primera página*).

6) Crear el encabezado o pie de página que desee. Si no desea que aparezcan en dicha página ninguno de dichos elementos, dejar el área en blanco.

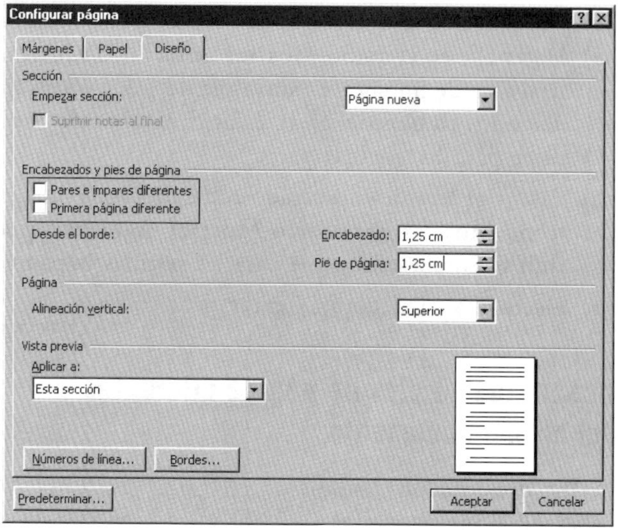

Figura 6.7. Cuadro de diálogo **Configurar página**. Ficha **Diseño**.

7) Hacer clic en el botón **Mostrar el siguiente** y en el botón **Cambiar entre encabezado y pie** para ir al área del encabezado o pie y crear en ella el encabezado o pie de página para el resto del documento.
8) Hacer clic en el botón **Cerrar** de la barra de herramientas **Encabezado/Pie** para volver al documento.

Crear un encabezado y/o pie de página diferente en las páginas pares e impares

Esta posibilidad se deberá utilizar cuando se vaya a imprimir el documento por las dos caras del papel y se vaya a encuadernar.

1) Seleccionar el comando **Encabezado y pie de página** del menú **Ver**.
2) En la barra de herramientas **Encabezados y Pies de página**, hacer clic sobre el botón **Configurar página** (Figura 6.6).
3) Aparecerá el cuadro de diálogo **Configurar página** (Figura 6.7). Seleccionar la ficha **Diseño** si fuera necesario.
4) En el recuadro **Encabezados y pies de página**, activar la casilla de verificación **Pares e impares diferentes** y hacer clic en el botón **Aceptar**.
5) Hacer clic en el botón **Mostrar anterior** o **Mostrar siguiente** para ir al área de un encabezado o pie de página par (aparecerá etiquetada en los rótulos del área), crear el encabezado o pie de página que desee para las páginas pares.
6) Para ir al área de encabezado o pie de página impar hacer clic en el icono **Mostrar anterior** o **Mostrar siguiente**, y seguidamente definir el encabezado o pie para las páginas impares del documento.
7) Hacer clic en el botón **Cerrar** para volver al documento.

Crear encabezados o pies de página diferentes dentro del mismo documento

Si ha dividido un documento en varias secciones, Word utilizará el encabezado y pie de página de la primera sección para todas las demás. Todos los encabezados y pies de página están inicialmente vinculados entre sí. Si desea crear un encabezado o pie de página diferente en una sección, debe romper el vínculo con el encabezado o pie anterior. También podrá volver a vincular una sección para que comparta los mismos encabezados o pies que la anterior.

1) Situar el punto de inserción en la sección en la que desee definir un encabezado o pie diferente.
2) Seleccionar el comando **Encabezado y pie de página** del menú **Ver**.
3) Hacer clic en el botón **Igual al anterior** de la barra de herramientas **Encabezado y pie de página** (Figura 6.5) para desvincular los encabezados y/o pies de página de la sección en la que está situado el punto de inserción de la anterior.
4) Borrar el encabezado o pie existente (selecciónelo y pulse la tecla RETROCESO o SUPR) y defina uno nuevo o modifique el ya existente. Word insertará este nuevo encabezado o pie en todas las secciones que sigan a la actual. Para definir un encabezado o pie de página diferente después de la sección actual, repita los pasos 2) y 3) para cada sección que desee cambiar.
5) Hacer clic en el botón **Cerrar** para volver al documento.

Para volver a vincular una sección con la sección anterior

1) Situar el punto de inserción en la sección en la que desee que vuelvan a quedar definidos los mismos encabezados y pies de la sección anterior.
2) Seleccionar el comando **Encabezado y pie de página** del menú **Ver**.
3) Hacer clic en el icono **Igual al anterior** de la barra de herramientas **Encabezado/pie** (Figura 6.5).
4) Responder **Sí** cuando Word le pida confirmación para borrar el encabezado o pie actual y vincularlo con el encabezado y/o pie anterior.
5) Hacer clic en el botón **Cerrar** de la barra de herramientas **Encabezado y pie de página** o doble clic en el área gris del texto principal para volver al documento.

6.5. Insertar un elemento de autotexto

Microsoft Word permite almacenar texto o gráficos que vaya a utilizar con frecuencia. De esta forma, cuando vaya a insertar en un documento un elemento incluido en la lista Autotexto, podrá elegirlo de la lista.

Word incluye elementos de Autotexto preestablecidos, como saludos o despedidas, que estarán disponibles cuando cree cartas.

1) Hacer clic en la posición donde desee insertar el elemento de Autotexto. Podrá insertar un elemento de Autotexto en cualquier posición del documento, incluido el encabezado y pie de página.

2) Elegir el submenú **Autotexto** del menú **Insertar** y después hacer clic en el comando **Autotexto**.

3) Aparecerá el cuadro de diálogo **Autocorreción** (Figura 6.8). Seleccionar la ficha **Autotexto** y hacer clic en el nombre del elemento de Autotexto que desee insertar.

   También podrá utilizar un método abreviado para insertar elementos de Autotexto. Activar la casilla de verificación **Mostrar sugerencias de Autocompletar**. Para ello, en el menú **Insertar**, señalar el submenú **Autotexto**, hacer clic en el comando **Autotexto**, y después de activar dicha casilla hacer clic en el botón **Aceptar**. En el documento, escribir los primeros caracteres del nombre del elemento de Autotexto y pulsar F3. Si Word sugiere el elemento de Autotexto completo, pulsar la tecla ENTRAR o F3 para aceptarlo. Para rechazar el elemento de Autotexto, seguir escribiendo.

Si desea ampliar la lista de entradas de los elementos de Autotexto:

1) Seleccionar el texto o el gráfico que se desee guardar como elemento de Autotexto.

   Para guardar el formato de párrafo con el elemento, incluya la marca de párrafo (¶) en la selección.

2) Elegir el comando **Autotexto** del menú **Insertar** y, a continuación, hacer clic en el submenú **Nuevo**.

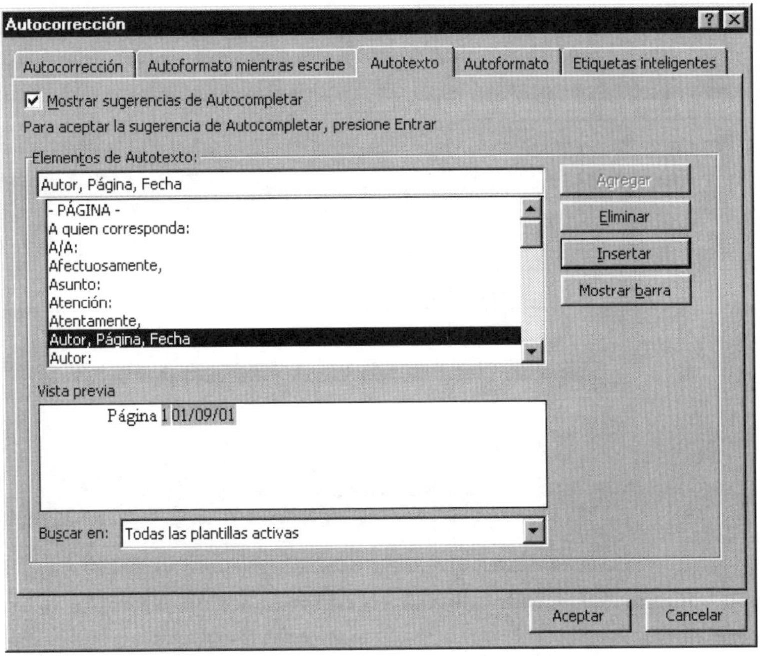

Figura 6.8. Cuadro de diálogo **Autocorrección**. Ficha **Autotexto**.

3) Cuando Word sugiera un nombre para el elemento de Autotexto, aceptar el nombre o escribir uno nuevo.

Desactivar la opción Autocorrección para que Word no corrija automáticamente texto y gráficos

- Para desactivar la función de **Autocorrección**, elegir el comando **Opciones de Autocorrección** del menú **Herramientas** y desactivar la casilla de verificación **Reemplazar texto mientras escribe** (Figura 6.9) en la ficha **Autocorreción**.
- Para desactivar las correcciones del corrector ortográfico, elegir el comando **Opciones de Autocorrección** del menú **Herramientas** y, a continuación, desactivar la casilla de verificación **Usar automáticamente las sugerencias del corrector ortográfico** en la ficha **Autocorrección** (Figura 6.9).

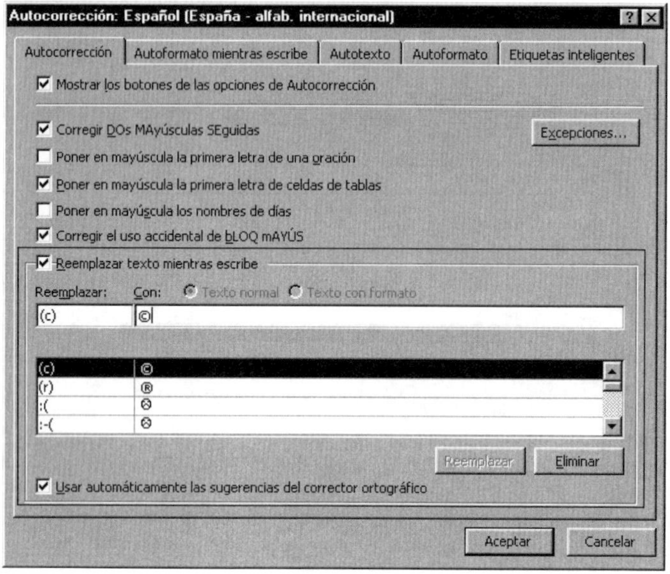

Figura 6.9. Cuadro de diálogo **Autocorrección**. Ficha **Autocorrección**.

6.6. Numeración de las páginas de un documento

Word permite numerar automáticamente las páginas. Para añadir números de página a un documento puede utilizar dos técnicas básicas:

- El comando **Números de página** del menú **Insertar**. Word lo colocará en el encabezado o pie de página.
- El comando **Encabezado y pie de página** del menú **Ver**. Insertará un número de página al hacer clic en el botón **Insertar números de página** de la barra de herramientas **Encabezado y pie de página.**

Insertar números de página

1) Situar el punto de inserción en la sección en la que desee añadir números de página.

2) Elegir el comando **Números de página** del menú **Insertar**. Aparece el cuadro de diálogo **Números de página** (Figura 6.10).

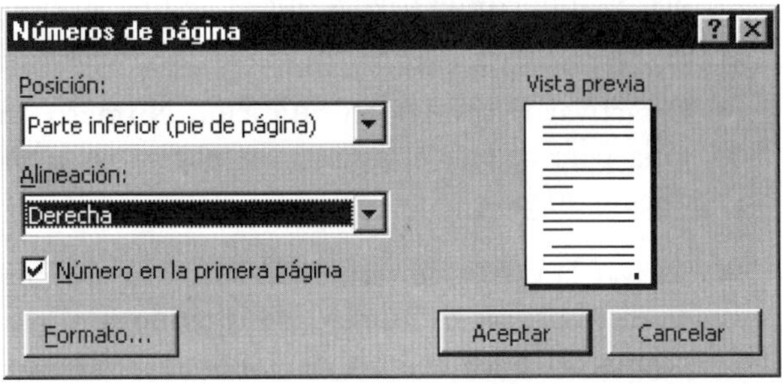

Figura 6.10. Cuadro de diálogo **Números de página**.

3) Las posibilidades del cuadro de diálogo son:

- Para especificar la posición en la que desee que se impriman los números de página, hacer clic en el cuadro de lista desplegable **Posición** y seleccionar un lugar (**Parte superior [encabezado]** o **Parte inferior [pie de la página]**) y una alineación (**Derecha**, **Izquierda**, **Centro**, **Interior** o **Exterior**) en el cuadro de lista desplegable **Alineación**.
- Para cambiar el formato, hacer clic en el botón **Formato**. Aparece el cuadro de diálogo **Formato de los números de página** (Figura 6.11); seleccionar el formato que desee en el cuadro de lista **Formato de número**.

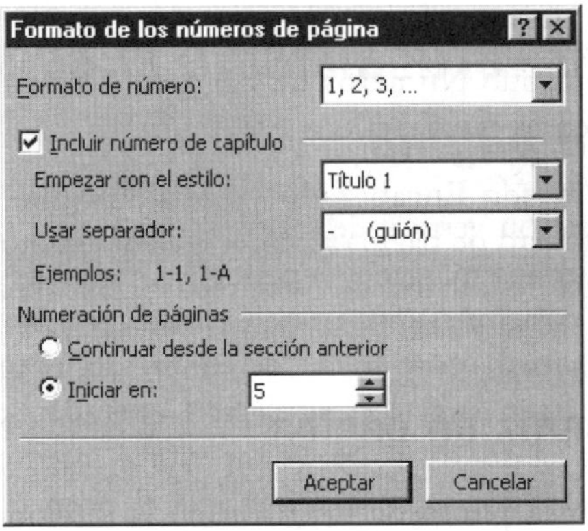

Figura 6.11. Cuadro de diálogo **Formato de los números de página**.

En el recuadro **Numeración de páginas**, escribir o seleccionar un número de página inicial en el cuadro **Iniciar en** para cambiar el número de página inicial de una sección. Hacer clic en el botón **Aceptar** para cerrar el cuadro de diálogo.

- Desactivar la casilla de verificación **Número en la primera página** para ocultar el número de página en la primera página del documento.
- Activar la casilla de verificación **Incluir número de capítulo** si desea imprimir el número de capítulo junto con el número de página. El documento deberá usar el formato **Numeración de títulos** para aplicar números a los capítulos.

4) Hacer clic en el botón **Aceptar**.

El número de página se añadirá al encabezado o pie de página. Word no muestra los números de página en presentación **Normal**. Para ver los números de página elija **Diseño de impresión** o **Encabezado y pie de página** del menú **Ver**, o **Vista preliminar** del menú **Archivo**.

Para eliminar los números de página, abrir el área de encabezado o pie de página y borrar el número de página seleccionándolo y pulsando la tecla de RETROCESO o SUPR. Esta operación borrará todos los números de página, a menos que haya creado diferentes secciones del documento.

6.7. Alinear verticalmente el contenido de una página

La alineación vertical de texto en una página determina cómo quedará el texto entre los márgenes superior e inferior de la página. Word proporciona tres posiciones: Superior, Centrada y Justificada. Al seleccionar la opción **Superior** como modo de alineación, el primer párrafo se alineará junto al margen superior; al elegir **Centrada**, los párrafos se alinean a igual distancia de los márgenes superior e inferior; con la opción **Justificada**, el texto se alinea de forma que el primer párrafo se alinea con el margen superior y el último con el inferior.

Alineación vertical SUPERIOR Hace muchos años vivía un emperador que de tal modo se interesaba por los trajes nuevos y elegantes que gastaba todo su dinero en adornarse.→ Alineación vertical CENTRO	No se interesaba por sus tropas, ni le atraían la comedias, ni pasear en coche por el bosque, como no fuese para lucir sus nuevos trajes.→	Alineación vertical JUSTIFICADA Poseía un vestido para cada hora del día y de la misma forma que se dice de un rey que se encuentra en Consejo, de él se decía siempre: - ¡El emperador está en el ropero! *ANDERSEN - El traje nuevo del emperador*

Esta función es útil para dar formato a documentos de una sola página o para páginas de titulares.

Word no visualiza la alineación vertical en presentación **Normal**. Para ver la alineación vertical, elegir **Diseño de impresión** del menú **Ver** o **Vista preliminar** del menú **Archivo**.

1) Seleccionar el texto o situar el punto de inserción donde se desee cambiar la alineación vertical.
2) Elegir el comando **Configurar página** del menú **Archivo**.
3) Seleccionar la ficha **Diseño de página** (Figura 6.7).
4) En el recuadro **Alineación vertical**, seleccionar **Superior**, **Centrada** o **Justificada**.
5) En el recuadro **Aplicar a**, seleccionar la parte del documento que se desea resulte afectada.
6) Hacer clic en el botón **Aceptar**.

6.8. Paginación

Cuando se está creando un documento, Word ajusta automáticamente los saltos de página de acuerdo con las medidas de papel establecidas, los márgenes, el tamaño de la letra o el interlineado. Estos saltos de página se denominan saltos de página automáticos y se muestran en presentación **Normal** como una línea punteada.

También puede insertar saltos de página antes de llegar al final de la misma, como por ejemplo, al terminar un capítulo o un tema determinado. Estos saltos de página se denominan saltos de página manuales y se muestran en presentación **Normal** como una línea punteada con la palabra «*Salto de página*».

Insertar un número de página manual

a) Con el comando Salto

1) Situar el punto de inserción donde se desee insertar un salto de página manual.

2) Seleccionar el comando **Salto** del menú **Insertar**. Aparecerá el cuadro de diálogo **Salto** (Figura 6.1). Activar si fuera necesario el botón **Salto de página**.

3) Hacer clic en el botón **Aceptar**. En este punto Word cambia de página y comienza una nueva.

b) Con el teclado

1) Pulse las teclas CONTROL+ENTRAR.

Eliminar un salto de página manual

1) En presentación **Normal**, situar el punto de inserción en el salto de página y pulsar la tecla RETROCESO o SUPR.

Práctica 6

Escribir el siguiente texto respetando el formato y colocación especificados. Definir el formato de página siguiente:

LUIS BUÑUEL
Mi último suspiro

(MEMORIAS)

Mi último suspiro

LOS TAMBORES DE CALANDA

Existe en varios pueblos de Aragón una costumbre que tal vez sea única en el mundo, la de los tambores del Viernes Santo. Se tocan tambores en Alcañiz y en Híjar. Pero ningún sitio, con una fuerza tan misteriosa e irresistible como en Calanda.

Esta costumbre se remonta a fines del siglo XVIII, se había perdido hacia 1900. Un cura de Calanda, mosén Vicente Allanegui, la resucitó.

Pág. 2

Mi último suspiro

ALBERTI, LORCA, DALÍ

... En el dorso de la foto, a las tres de la madrugada (borrachos los dos), Federico escribió una poesía improvisada en menos de tres minutos, y me la dio. El tiempo va borrando poco a poco el lápiz y yo la copié para no perderla. Dice así:

La primera verbena que Dios envía
Es la de San Antonio de la Florida.
Luis: en el encanto de la madrugada
Canta mi amistad siempre florecida,
la luna grande luce y rueda
por las altas nubes tranquilas,
mi corazón luce y rueda
en la noche verde y amarilla,
Luis, mi amistad apasionada
hace una trenza con la brisa.
El niño toca el pianillo
triste, sin una sonrisa,
bajo los arcos de papel
estrecho tu mano amiga.

Pág. 3

- Una primera página cuyo contenido centrado verticalmente en la página será: **LUIS BUÑUEL** en una primera línea y en una segunda línea **Mi último suspiro**
- Un encabezado alineado a la derecha con el rótulo «Mi último suspiro».
- Un pie de página alineado a la derecha cuyo contenido será el número de página.
- Los encabezados y pies de página no afectarán a la primera página.

7

Impresión

Impresión

El fin último de un procesador de textos es obtener una copia impresa, con una alta calidad de texto y gráficos. Para conseguirlo es necesario unir a las prestaciones del procesador de textos las de la impresora utilizada. Por ejemplo, las fuentes disponibles, el tamaño y la orientación del papel, dependen de la impresora seleccionada.

Para estar seguros de que el documento impreso coincidirá con lo que se vea en la pantalla, seleccione siempre la impresora antes de comenzar un nuevo documento.

En este tema se describen los pasos necesarios para imprimir el contenido de un documento:

- Seleccionar la impresora.
- Presentación previa de documentos antes de imprimir.
- Imprimir un documento.

7.1. Seleccionar impresora

Para poder imprimir un documento es necesario que seleccione primero una impresora. En Word XP para Windows, seleccione el comando **Imprimir** del menú **Archivo**; después haga clic en el botón de flecha del cuadro de lista **Nombre**. Word muestra un cuadro de diálogo con una lista de todas las impresoras disponibles. Si la impresora deseada aparece en la lista, señalar su nombre haciendo clic sobre él y pulsar el botón **Aceptar**.

Si la impresora deseada no está en la lista, se podrá incorporar a la lista por medio de la aplicación **Impresoras** de **Windows**. Para agregar una impresora a las ya instaladas:

1) Hacer clic en el botón **Inicio** de la **Barra de Tareas** de Windows.
2) En el menú **Inicio**, seleccionar la carpeta **Configuración**. Aparecerá el menú emergente, seleccionar el comando **Panel de control**.
3) Hacer doble clic en el icono **Impresoras**. Aparecerá la ventana **Impresoras** (Figura 7.1). Hacer doble clic en el icono **Agregar impresora**.

Figura 7.1. Ventana **Impresoras**.

4) Aparecerá el primer paso del **Asistente** (Figura 7.2). En este paso el asistente pedirá que indique si la impresora es local (conectada a su equipo) o de red (conectada a otro equipo). Hacer clic en el botón **Siguiente**.

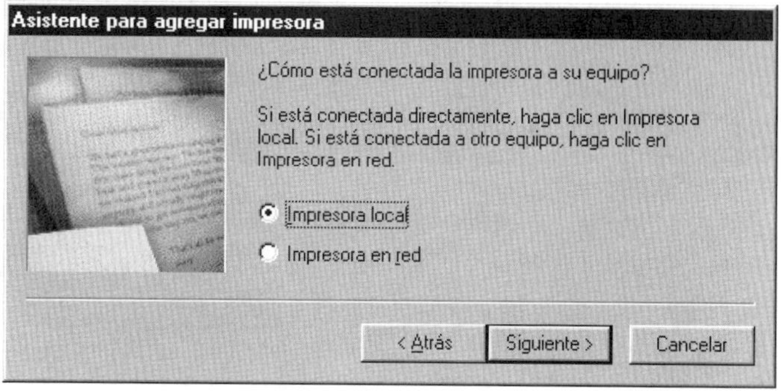

Figura 7.2. Indicar si la impresora es local o de red.

5) Si ha seleccionado la opción **Impresora de red:** en los siguientes cuadros de diálogo que aparecerán elegir el puesto o el equipo al que está conectada la impresora de red (Figuras 7.3 y 7.4). Seleccionar el puesto o la impresora de red y hacer clic en el botón **Siguiente**.

6) Si ha seleccionado la opción **Impresora local**:

   Aparece en pantalla el siguiente paso del **Asistente**. En este paso deberá seleccionar el puerto al que ha conectado la impresora (Figura 7.5).

   Aparece en pantalla el siguiente paso del **Asistente** (Figura 7.6). En este paso deberá seleccionar el fabricante (marca) y el modelo de impresora que se desea agregar; para ello bastará con seleccionarlos en la lista que aparece. Hacer clic en el botón **Siguiente**.

8) Aparecerá un nuevo cuadro del **Asistente** (Figura 7.7). Escribir el nombre que identificará el icono de la impresora (el icono aparecerá en la ventana **Impresoras de Windows** y en las listas del cuadro **Impresora** de las aplicaciones Windows). También, en este paso, se le indicará a Windows si se desea que esta impresora se utilice como impresora predeterminada (**Sí/No**); esto implica que en cualquier proceso de impresión se utilizará esta impresora, salvo que antes de imprimir se seleccione otra. Hacer clic en el botón **Siguiente**.

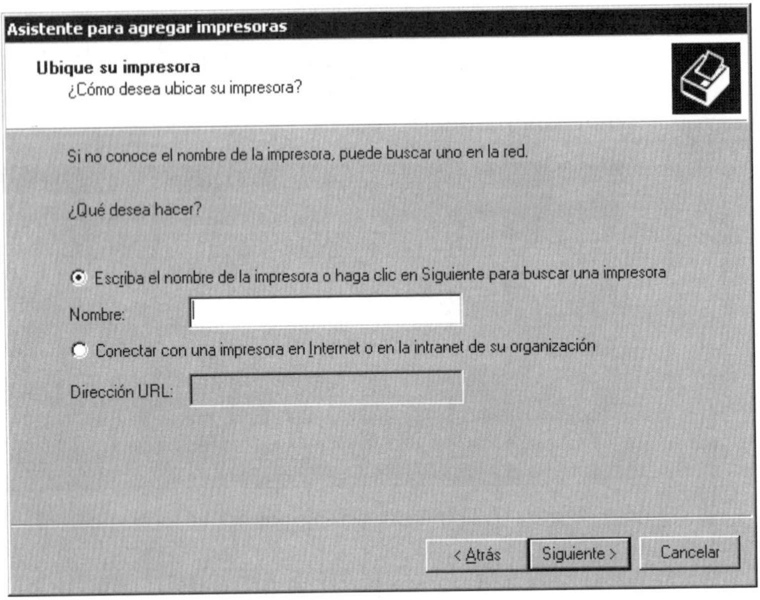

Figura 7.3. Indicar la impresora de red que se va a instalar.

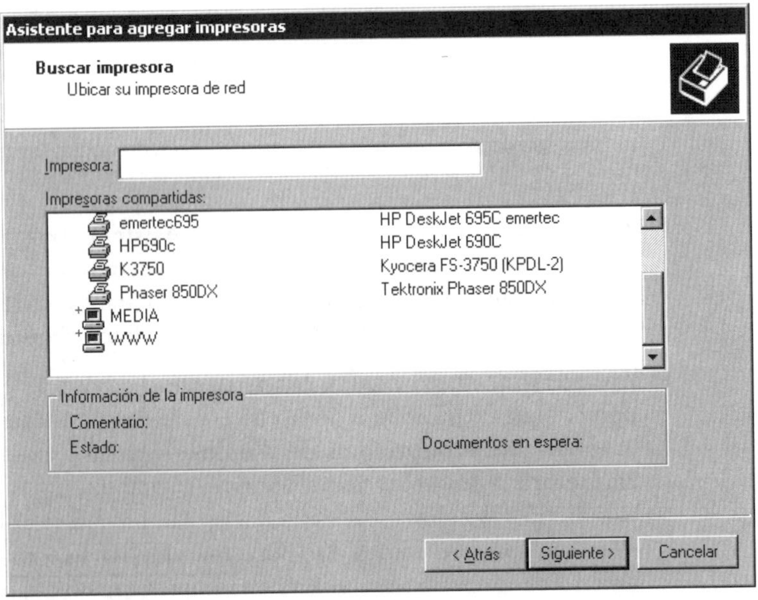

Figura 7.4. Elegir el equipo al que está conectada la impresora de red.

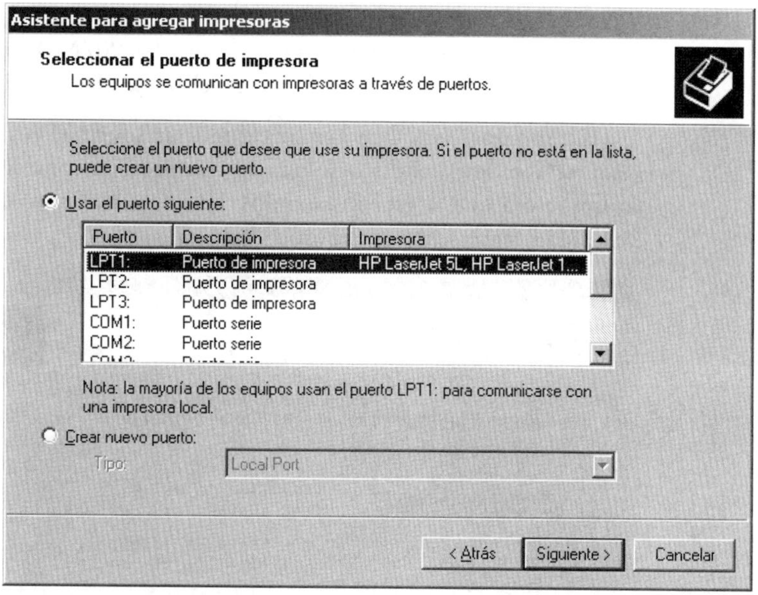

Figura 7.5. Indicar el puerto al que está conectada la impresora.

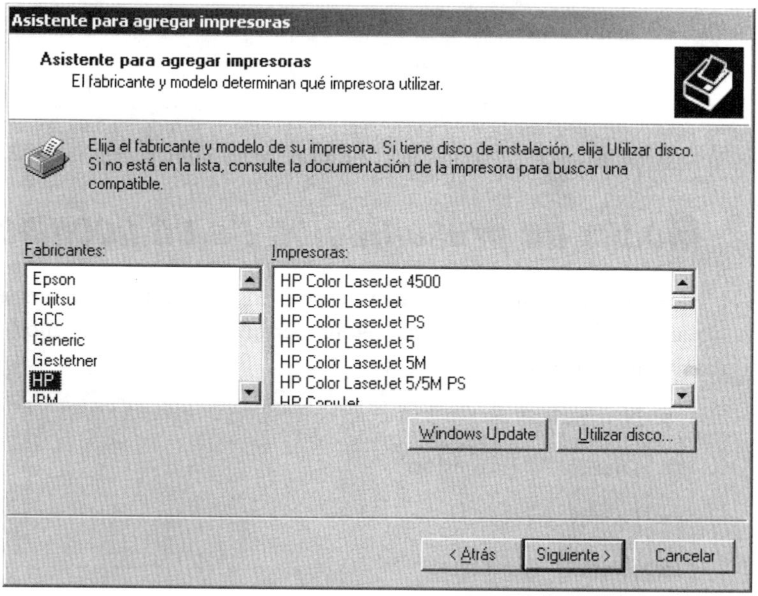

Figura 7.6. Indicar el fabricante y la marca de la impresora.

9) Aparecerá el último paso del **Asistente**, donde Windows ofrece la posibilidad de imprimir una hoja de prueba (**Sí/No**); seleccionar la opción que se desee y hacer clic en el botón **Terminar**.

Por último aparecerá una ventana donde se solicitará un disco del paquete Windows (el disco solicitado contendrá el controlador para la impresora que se está instalando). Una vez insertado el disco en la unidad, hacer clic en el botón **Aceptar**.

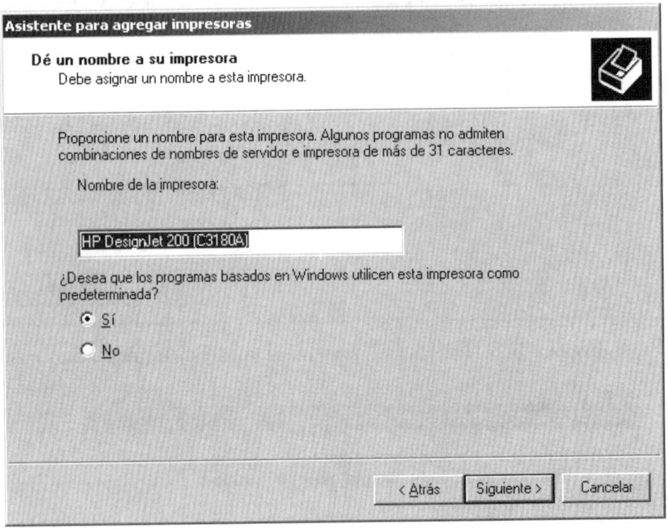

Figura 7.7. Indicar el nombre de la impresora a instalar.

7.2. Modos de presentación de un documento

Antes de imprimir un documento, nos puede interesar ver el aspecto que tendrá la hoja completa. Word permite los siguientes modos de presentación de los documentos:

- Normal.
- Diseño de impresión.
- Diseño web.
- Pantalla completa.
- Vista esquema.

Normal

Es el modo de presentación predeterminado por Word. Permite ver los documentos presentando el formato del texto (tipo de letra -Arial, Courier, etc.-, aspecto -negrita, cursiva, etc.-), pero simplifica el diseño de página (no permite ver los encabezados, pies y los saltos de página) para que sea posible escribir y modificar con rapidez.

Para cambiar a la presentación Normal:

1) Hacer clic en el botón **Normal** situado a la izquierda de la barra de desplazamiento horizontal o elegir el comando **Normal** del menú **Ver**.

Diseño de impresión

En el modo de ver **Diseño de impresión** podrá ver el modo en que están situados los objetos en la página impresa. Es un entorno WYSIWYG («What You See Is What You Get», lo que ves es lo que obtienes) completo. Esta presentación es útil para trabajar con encabezados y pies, ajustar márgenes, columnas y dibujar objetos y marcos.

Para cambiar a la presentación **Diseño de impresión**:

1) Hacer clic en el botón **Vista Diseño de impresión** situado a la izquierda de la barra de desplazamiento horizontal o elegir el comando **Diseño de impresión** del menú **Ver**.

Diseño web

La vista **Diseño Web** permite ver fondos; el texto se ajusta a la ventana, y los gráficos se colocan del mismo modo que en un Explorador o Navegador Web.

Para cambiar a presentación de **Diseño web**:

1) Hacer clic en el botón **Vista Diseño web** situado a la izquierda de la barra de desplazamiento horizontal o elegir el comando **Diseño web** del menú **Ver**.

Esquema

Con el modo **Esquema** podrá ver el documento estructurado en títulos y subtítulos y así mover, copiar y reorganizar el documento. Podrá contraer un documento para ver únicamente los títulos o expandirlo para verlo entero (consultar el Capítulo 10 para conocer la forma de trabajar en modo **Esquema**).

Para cambiar a presentación **Esquema**:

1) Hacer clic en el botón **Vista Esquema** situado a la izquierda de la barra de desplazamiento horizontal o elegir el comando **Esquema** del menú **Ver**.

Pantalla completa

Oculta todas las barras de herramientas, menús, barras de desplazamiento y los demás elementos para que el documento ocupe toda la pantalla.

Para cambiar a presentación **Pantalla completa**:

1) Elegir el comando **Pantalla** completa del menú **Ver**.

Para volver a la presentación anterior pulsar la tecla ESC o hacer clic en el botón **Pantalla completa** situado en la esquina inferior derecha de la pantalla.

Vista previa de páginas Web

Esta vista permite ver el aspecto que tendrá el documento en un explorador Web. Microsoft Word guarda una copia del documento y lo abre en el explorador predeterminado. Si el explorador Web aún no está funcionando, Word lo inicia automáticamente. Puede volver al documento de Word en cualquier momento.

Para ver el documento en el navegador web:

1) Elegir el comando **Vista previa de la página Web** del menú **Archivo**.

Vista preliminar

Esta forma de presentación (Figura 7.8) nos permite ver el documento en pantalla con el mismo aspecto que tendrá al imprimirlo. Al activar la modalidad de presentación preliminar se muestra en pantalla la barra de herramientas **Vista preliminar** con los comandos que nos permiten realizar las tareas fundamentales de esta opción (Visionado de páginas, Edición de texto, Cambio de márgenes).

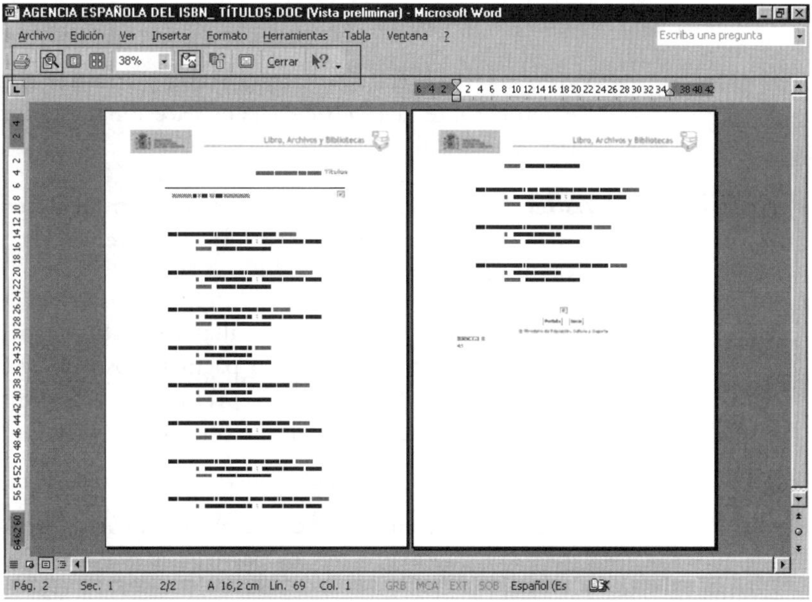

Figura 7.8. Vista preliminar de un documento.

Para ver una presentación preliminar del documento seguir los siguientes pasos:

1) Hacer clic en el botón **Vista preliminar** (Figura 7.9) en la barra de herramientas **Estándar** o seleccionar el comando **Vista preliminar** del menú **Archivo**.

Figura 7.9. Botón **Vista preliminar**.

2) Podrá utilizar los botones de la barra de herramientas de **Vista preliminar** (Figura 7.7) para realizar una de las siguientes tareas:

- **A. Ver varias páginas**

  - **Una página**. Esta modalidad de presentación ofrece una visión completa de la página en tamaño reducido y con todos los elementos que la componen, como pueden ser número de página, encabezados, etc., situados en su posición exacta dentro de la página.

  - **Varias páginas**. Hacer clic en el botón y arrastrar el puntero del ratón sobre la cuadrícula para seleccionar el número de páginas a visualizar a la vez.

  - **Zoom**. Seleccionar un valor de aumento, o bien escribir un tanto por ciento, para reducir o aumentar la página visualizada.

  - **Pantalla completa**. Permite ocultar todos los elementos de la pantalla, excepto la página o páginas mostradas y la barra de herramientas **Presentación preliminar**. Para restablecer los elementos ocultos, hacer clic otra vez en el botón **Pantalla completa** o pulsar la tecla ESC.

  - **Reducir hasta ajustar**. Reduce el espacio en el documento para hacer que ocupe menos páginas, si es posible.

- **B. Editar texto en el modo Presentación preliminar**

  1) Desplazar el puntero del ratón a la posición que se desee modificar y hacer clic con el botón del ratón. El puntero adopta la forma de una lupa.

  2) Hacer clic en el botón **Aumentar** (icono **Lupa**). El puntero adopta forma de **«I»** y podrá efectuar las modificaciones que desee en el documento.

  3) Para restablecer el valor de aumento original, hacer clic en el botón **Aumentar** y, a continuación, hacer clic en el documento.

- C. **Cambiar márgenes en el modo Presentación preliminar**
  - Si las reglas no aparecen en la pantalla, hacer clic en el botón **Ver regla** de la barra de herramientas **Presentación preliminar**.
  - Para cambiar uno de los márgenes arrastrar el límite del margen en la regla horizontal o vertical.
- D. **Imprimir el documento**
  1) Hacer clic en el botón **Imprimir** de la barra de herramientas **Presentación preliminar**.
  2) Hacer clic en el botón **Cerrar** de la barra de herramientas **Vista preliminar** para salir de presentación preliminar y volver a la presentación anterior del documento.

7.3. Imprimir un documento

1) Hacer clic en el botón **Imprimir** (Figura 7.10) de la barra de herramientas **Estándar** (Word imprime una copia del documento) o seleccionar el comando **Imprimir** del menú **Archivo** para establecer opciones de impresión.

Figura 7.10. Botón **Imprimir**.

2) Las posibilidades que nos ofrece el cuadro de diálogo **Imprimir** (Figura 7.11) del comando **Imprimir** del menú **Archivo**, son:
   - En el cuadro **Copias** elegir el número de copias que desee obtener del documento.
   - En el recuadro **Intervalo de páginas**, elegir la porción del documento que desee imprimir:

     Todo. Para imprimir todo el documento.

     Página actual. Para imprimir sólo la página en la que está situado el punto de inserción.

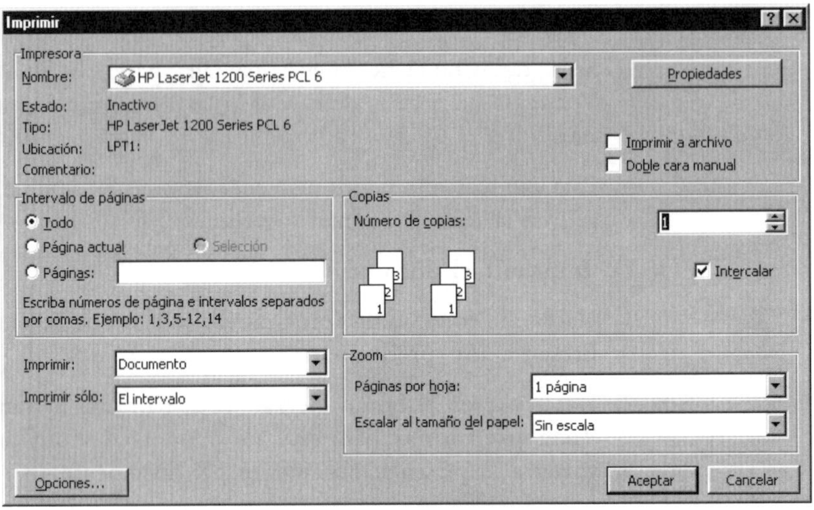

Figura 7.11. Cuadro de diálogo **Imprimir**.

Selección. Para imprimir el texto seleccionado previamente.

Páginas. Para imprimir un rango determinado de páginas escribir en el cuadro una de las siguientes opciones:

- Una sección completa. Escribir **sn**(número_de_sección). Ejemplo s3, se imprime la sección 3.
- Un intervalo de páginas consecutivas. Escribir página inicial y página final del intervalo separadas por un guión. Al escribir **2-12,** se imprime desde la página dos a la doce.
- Páginas no consecutivas. Escribir los distintos números de página separados por comas. Si escribimos, **1,5,21** se imprimen las páginas 1, 5 y 21 del documento.

- En el cuadro de lista **Imprimir sólo** seleccionar si se han de imprimir **Todas las páginas**, o bien sólo las **Páginas pares** o las **Páginas impares**.
- Activar la casilla de verificación **Intercalar** para ordenar las páginas cuando se impriman varias copias de un documento. Se imprimirá una copia completa del documento antes de imprimir la primera página de la siguiente copia.

- **Zoom**. Las opciones de este recuadro permiten imprimir páginas del documento en una hoja de papel. Al terminar la impresión, el documento vuelve a la escala normal.
  - **Páginas por hojas**. Elegir el número de páginas del documento que se imprimirán en una hoja de papel.
  - **Escalar al tamaño del papel**. Seleccionar el tamaño del papel en el que se desee imprimir el documento.

3) Hacer clic en el botón **Aceptar** o pulsar la tecla ENTRAR.

Práctica 7

1. Imprimir la **práctica 6** (si no la ha realizado, hágalo ahora) de los siguientes modos:

   a) Todo el documento.

   b) Solamente las páginas 2 y 3 realizando 3 copias.

8

Columnas

Columnas

Utilizando Word se puede conseguir que los textos adopten formato de columnas, obteniendo así un resultado más vistoso (Figura 8.1).

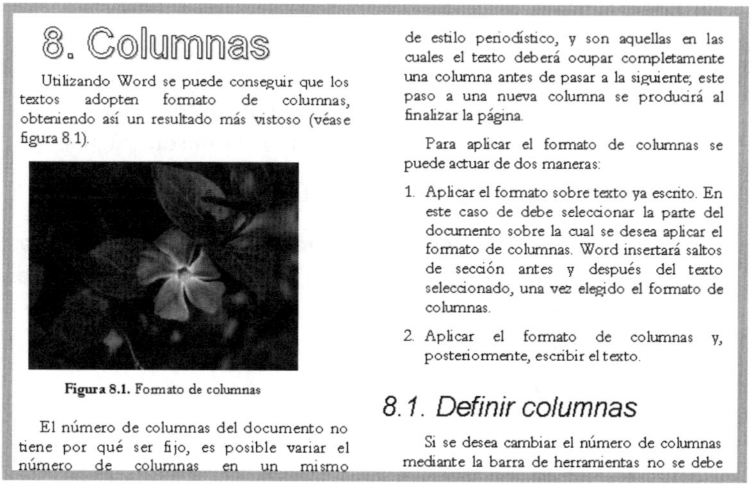

8. Columnas

Utilizando Word se puede conseguir que los textos adopten formato de columnas, obteniendo así un resultado más vistoso (véase figura 8.1).

Figura 8.1. Formato de columnas

El número de columnas del documento no tiene por qué ser fijo, es posible variar el número de columnas en un mismo de estilo periodístico, y son aquellas en las cuales el texto deberá ocupar completamente una columna antes de pasar a la siguiente; este paso a una nueva columna se producirá al finalizar la página.

Para aplicar el formato de columnas se puede actuar de dos maneras:

1. Aplicar el formato sobre texto ya escrito. En este caso de debe seleccionar la parte del documento sobre la cual se desea aplicar el formato de columnas. Word insertará saltos de sección antes y después del texto seleccionado, una vez elegido el formato de columnas.
2. Aplicar el formato de columnas y, posteriormente, escribir el texto.

8.1. Definir columnas

Si se desea cambiar el número de columnas mediante la barra de herramientas no se debe

Figura 8.1. Formato de columnas.

El número de columnas del documento no tiene por qué ser fijo; es posible variar el número de columnas en un mismo documento, e incluso en una misma página, pudiendo encontrar texto con formato de una columna junto a texto con formato de varias columnas.

Es necesario, antes de definir las columnas mediante la barra de herramientas, abrir una nueva sección (si se definen columnas mediante el menú **Formato** no será necesario). Para ello:

1) Elegir el comando **Salto** del menú **Insertar**; aparece en pantalla el cuadro de diálogo **Salto** (Figura 8.2).

Figura 8.2. Cuadro de diálogo **Salto**.

2) Seleccionar la opción **Continuo** si se desea que el cambio del número de columna se mantenga en la misma página.

3) Hacer clic en el botón **Aceptar**.

Si se trabaja en el modo de **Vista Normal** no se apreciará el formato de columnas, por lo que se deberá trabajar en el modo **Diseño de impresión** (elegir el comando **Diseño de impresión** del menú **Ver**) o recurrir a la **Vista preliminar** para obtener en pantalla el resultado del formato de columnas.

Las columnas que utiliza Microsoft Word son de estilo periodístico, y son aquellas en las cuales el texto deberá ocupar completamente una columna antes de pasar a la siguiente; este paso a una nueva columna se producirá al finalizar la página.

Para aplicar el formato de columnas se puede actuar de dos maneras:

1) Aplicar el formato sobre texto ya escrito. En este caso de debe seleccionar la parte del documento sobre la cual se desea aplicar el formato de columnas. Word insertará saltos de sección antes y después del texto seleccionado, una vez elegido el formato de columnas.

2) Aplicar el formato de columnas y, posteriormente, escribir el texto.

8.1. Definir columnas

Si se desea cambiar el número de columnas mediante la barra de herramientas no se debe olvidar abrir una sección nueva (el texto normal es considerado formato de una columna).

Para definir el formato de columnas se podrá utilizar la barra de herramientas **Estándar** o el menú **Formato**:

A. Barra de herramientas

Si el formato de columnas se establece mediante la barra de herramientas **Estándar**, la anchura será la misma para todas las columnas y no será posible definir más de seis columnas.

1) Situar el punto de inserción en el lugar donde se desea definir el formato de columnas.

2) Hacer clic sobre el botón de **Columnas**. Aparecerá desplegado un cuadro con varias columnas (Figura 8.3).

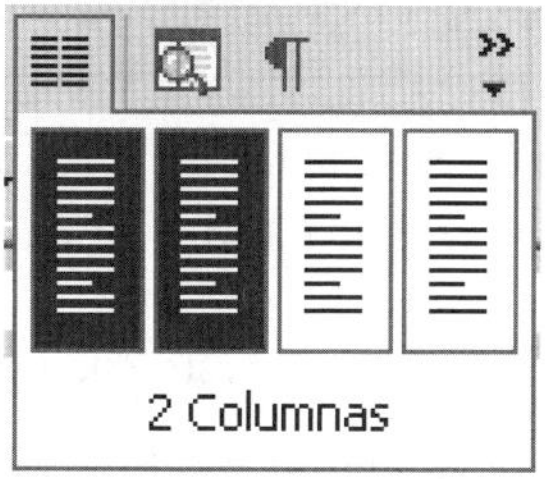

Figura 8.3. Botón **Columnas**.

3) Arrastrar el ratón, hacia la derecha, seleccionando el número de columnas que se desee. Al soltar el botón del ratón, Word habrá definido el número de columnas especificado, pudiendo comenzar la escritura.

B. Menú Formato

Si se definen columnas utilizando el menú, se podrán establecer columnas de diferente ancho. Para ello:

1) Situar el punto de inserción en el lugar donde se desea definir el formato de columnas o seleccionar el texto al que se desea aplicar el formato de columnas.

2) Elegir el comando **Columnas** del menú **Formato**. Aparecerá el cuadro de diálogo **Columnas** (Figura 8.4).

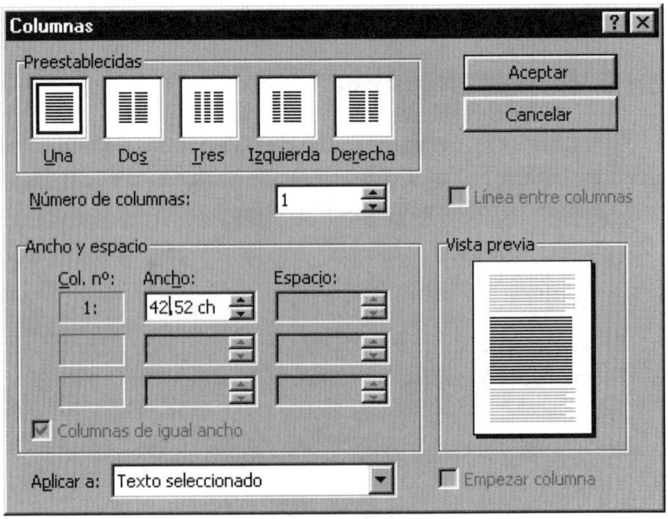

Figura 8.4. Cuadro de diálogo **Columnas**.

3) Las opciones que ofrece este cuadro de diálogo, son:

- **Columnas de igual ancho**. Se desactivará esta opción si desea conseguir columnas de ancho diferente.

- **Preestablecidas**. En este recuadro se podrá seleccionar alguna de entre las siguientes opciones: **Una**, **Dos**, **Tres**, **Izquierda** y **Derecha**. Se obtendrá el formato mostrado en el recuadro de cada opción (ver resultado en el recuadro **Vista previa**).

- **Número de columnas**. Si no se desea ninguna de las opciones estándar que proporciona Word, se podrá especificar el número de columnas deseadas escribiéndolo en este recuadro o haciendo clic sobre los botones de incremento que aparecerán a su derecha hasta alcanzar el número de columnas deseado. Cuantas más columnas se utilicen, más estrechas serán éstas, por tanto, no es conveniente utilizar más de tres columnas.

- **Ancho y espacio**. Este recuadro permite al usuario especificar la anchura de cada columna y el espacio que quedará entre ellas; para ello, escribir el nuevo valor o hacer clic sobre los botones de incremento de cada columna hasta alcanzar las medidas deseadas.

  Si la casilla de verificación **Columnas de igual ancho** está seleccionada, al variar la anchura de la primera columna variará también la anchura de las restantes.

- **Línea entre columnas**. Se activará esta opción si se desea incluir líneas verticales en el espacio entre columnas.

- **Aplicar a**. Esta opción permite al usuario indicar si desea el formato de columnas a partir de la posición donde se encuentra el punto de inserción, o bien, desea aplicar el formato de columnas a la sección en la cual se encuentra. Para ello hacer clic en el botón con flecha que aparece a la derecha del recuadro **Aplicar a** y seleccionar la opción deseada. Es posible elegir también la opción **Todo el documento**, en cuyo caso, todo el texto del documento adoptará el formato de columnas definido.

  Si se elige la opción **De aquí en adelante**, Word insertará automáticamente un salto de sección continua y definirá el nuevo formato de columnas en la nueva sección.

- **Empezar columnas**. Esta casilla estará sólo disponible si en la lista **Aplicar a** se seleccionó la opción **De aquí en adelante**.

Esta opción permite mover el texto que se encuentre a continuación del punto de inserción al comienzo de la siguiente columna.

4) Hacer clic en el botón **Aceptar** para cerrar el cuadro de diálogo y aplicar el formato definido.

Una vez creadas las columnas es posible modificar la anchura de cualquiera de ellas; para ello bastará con arrastrar los **Marcadores de columnas** que aparecen en la **Regla** (Figura 8.5) hasta alcanzar la anchura deseada. Previamente se debe colocar el punto de inserción en la columna cuya anchura se desea modificar.

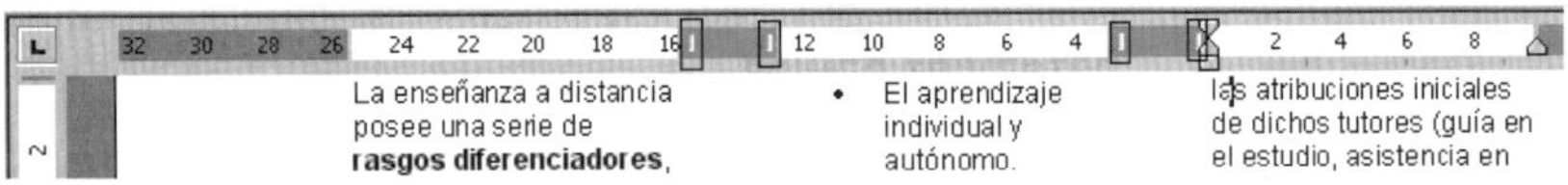

Figura 8.5. Marcadores de columna en la Regla.

Esta operación será posible si al definir el formato de columnas, la opción de **columnas de igual ancho** fue desactivada. En caso contrario, al variar la anchura de una columna también variará la anchura de las restantes.

8.2. Pasar a otra columna

El paso de una columna a la siguiente lo efectuará Word automáticamente al finalizar la columna actual, es decir, al llegar al final de la página. No obstante, se puede pasar manualmente a una nueva columna sin completar la actual, e incluso se podrá trasladar texto de la columna actual a la siguiente realizando los siguientes pasos:

1) Situar el punto de inserción en el lugar donde se desea realizar el paso a la nueva columna.
2) Elegir el comando **Salto** del menú **Insertar**.
3) Aparece el cuadro de diálogo **Salto** (Figura 8.2); seleccionar la opción **Salto de columna**.
4) Hacer clic sobre el botón **Aceptar**.

Si el salto de columna se realiza estando situado el punto de inserción en la última columna, dicho salto se realizará a una nueva columna en la siguiente página.

8.3. Aplicar distintos formatos de columnas en un documento

Utilizando Word será posible cambiar el número de columnas. Esta operación se puede realizar sobre texto que ya tenga formato de columnas, en cuyo caso se debe situar el punto de inserción en la sección donde se desea realizar dicho cambio. Si se quiere pasar del número de columnas actual a otro distinto, se debe abrir una nueva sección (esto será necesario solamente si se desea utilizar el botón **Columnas** para establecer el nuevo número de columnas).

Una vez situado el punto de inserción en la sección correspondiente, o abierta una nueva sección, se deberán seguir los siguientes pasos:

1) Elegir el comando **Columnas** del menú **Formato**. En la opción denominada **Número de columnas** indicar el número de columnas que se desean, o bien seleccionar una de las opciones preestablecidas. También se podrá utilizar el botón **Columnas** de la barra de herramientas **Estándar** (Figura 8.4).

   Establecer el resto de opciones de formato que se deseen aplicar.

2) Hacer clic en el botón **Aceptar**.

Si se desea escribir sin formato de columnas se deberá especificar el valor 1 en el recuadro **Número de columnas**, o seleccionar la opción preestablecida **Una**.

8.4. Distribuir columnas

Si al finalizar una sección, el texto no está distribuido regularmente en las columnas utilizadas se podrá realizar manualmente. Esto será posible únicamente si el cambio de columnas se ha producido de forma automática debido a la finalización de la página y no ha sido realizado manualmente mediante la opción **Salto de columna** del cuadro de diálogo **Salto** (Figura 8.2).

1) Situar el punto de inserción al final del texto de la última columna.
2) Elegir el comando **Salto** del menú **Insertar**. Aparecerá el cuadro de diálogo **Salto** (Figura 8.2).
3) Seleccionar la opción **Continuo**.
4) Hacer clic en el botón **Aceptar**.

Práctica 8

Distribuir el texto según el formato de columnas que aparece a continuación.

Cuentos

HANS CHRISTIAN ANDERSEN

Nacido en Dinamarca en 1805, es mundialmente conocido como autor de cuentos y relatos convertidos muchos de ellos en clásicos de la literatura infantil y traducidos a más de un centenar de lenguas. La presente antología incluye algunas de sus piezas más conocidas. Como *El ruiseñor*, *El traje nuevo del emperador* o *La niña de los fósforos*.

Grupo Anaya - ALIANZA CIEN

Malasia

Malasia está situada justo por encima del Ecuador, en el corazón del sureste asiático, entre Indonesia, Tailandia, Filipinas y Singapur. Cuenta con una superficie total de 330.434 km² y consta de dos regiones naturales muy diferenciadas, separadas por el mar del sur de China, a una distancia de unos 530 km.

Malasia peninsular, que ocupa el parte meridional de la península malaya, representa el 40% del territorio del país. Está atravesada por una cordillera central (Baisan Titiwangsa) con numerosas cimas que superan los 2.000 m de altitud, y que la divide en dos zonas: la costa este (sobre el mar del sur de China) y la costa oeste (sobre el estrecho de Malacca y el mar de Andamán).

9

Tablas

Tablas

Las tablas permiten agrupar información en una estructura de filas y columnas. Estas filas y columnas crean recuadros denominados celdas. Cada celda de una tabla tiene una dirección. Las direcciones de las celdas son combinaciones de la información de la fila (representada por un número), y la columna (representada por una letra), que determinan su posición en la tabla. Con ellas se consigue una mejor y más rápida localización y análisis de los datos.

Los elementos de marca o control de una tabla y un ejemplo de las direcciones de celda de una tabla de 2 filas por 2 columnas se muestran en la Figura 9.1.

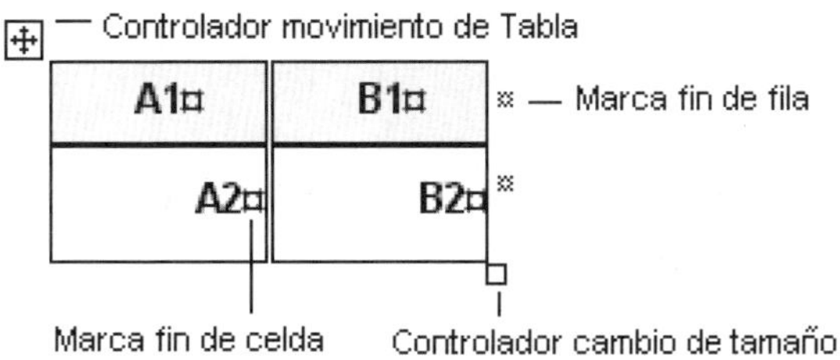

Figura 9.1. Tabla de 2 filas por 2 columnas.

Un ejemplo típico de tabla podría ser el siguiente:

2001	Enero	Febrero	Marzo
Ingresos	234.500	769.400	1.125.700
Gastos	290.000	535.000	790.000
Saldo	-55.500	234.400	335.700

Utilizar una tabla para organizar información es mucho más fácil que fijar columnas utilizando tabuladores. El problema al establecer tabuladores es que si se necesita insertar más columnas el contenido de las demás se descoloca. En una tabla el texto se ajusta automáticamente dentro de cada celda, de tal forma que se puede agregar o borrar texto fácilmente sin que afecte a la organización del resto de las columnas.

Con las herramientas de **Tabla** de Word podremos fijar el ancho, la alineación y el ajuste de texto de los elementos **Tabla, Fila, Columna y Celda**. Igualmente, podremos dibujar, insertar, eliminar, seleccionar y aplicar estilos de borde y sombreado a esos elementos.

9.1. Creación de una tabla

Si se desea crear una tabla, con el mismo número de columnas por fila, la forma más rápida es utilizar el botón **Insertar tabla**.

La función **Dibujar tabla** permite crear tablas más complejas, que contengan celdas de altos diferentes o un número variable de columnas por fila, de forma similar a como se dibujaría utilizando un lápiz.

Una tabla en Word se puede crear desde el **Menú** o desde la **Barra de herramientas**.

A. Botón Insertar tabla de la barra de herramientas Estándar

Para crear una tabla con el botón **Insertar tabla** de la barra de herramientas **Estándar**:

1) Situar el punto de inserción en la posición del documento donde se desea insertar la tabla.

2) Hacer clic en el botón **Insertar tabla** (Figura 9.2) de la barra de herramientas **Estándar** y, manteniendo pulsado el botón del ratón, arrastrar el puntero hasta conseguir una cuadrícula que muestre las dimensiones en filas y columnas (ejemplo 3 -filas- 4 -columnas-). Al soltar el botón del ratón, Word insertará una tabla vacía con el número de filas y columnas especificado.

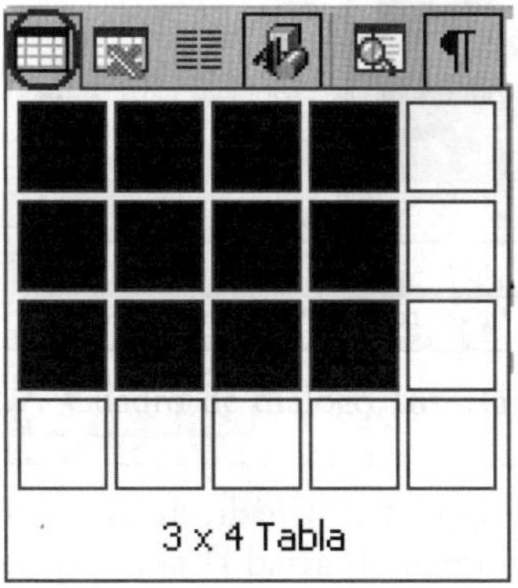

Figura 9.2. Botón **Insertar tabla.**

B. Comando Insertar tabla del menú Tabla

El segundo método para crear una tabla es con el comando **Insertar tabla** del menú **Tabla**:

1) Situar el punto de inserción en la posición del documento donde se desea insertar la tabla.

2) Seleccionar el submenú **Insertar** del menú **Tabla** y elegir el comando **Tabla**. Aparecerá el cuadro de diálogo **Insertar tabla** (Figura 9.3).

3) Las opciones que nos ofrece el cuadro de diálogo, son:

   - **Número de columnas**. Escribir o hacer clic sobre el botón de incremento hasta alcanzar el número de columnas deseado en el recuadro.

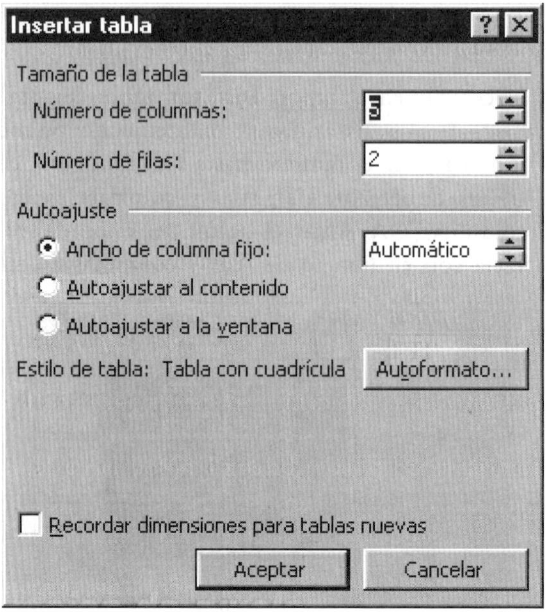

Figura 9.3. Cuadro de diálogo **Insertar tabla**.

- **Número de filas**. Escribir o hacer clic sobre el botón de incremento hasta alcanzar el número de filas deseado en el recuadro.
- **Ancho de columna fijo**. Escribir o hacer clic en el botón de incremento hasta alcanzar el ancho inicial de las columnas en el recuadro. Si se desea insertar columnas de la misma anchura entre los márgenes del documento hay que elegir la opción **Automático**.
- **Autoajustar al contenido**. Seleccionar esta opción para ajustar automáticamente el ancho de la columna al texto que se escriba en ella.
- **Autoajustar a la ventana**. El tamaño de la tabla se ajusta automáticamente a la ventana de un explorador o navegador Web. Cuando se modifique el tamaño de la ventana del explorador, el tamaño de la tabla se ajustará automáticamente para mostrarse completa en la ventana.

- **Autoformato**. Permite seleccionar entre distintas configuraciones de tablas predefinidas por Word, que nos da la posibilidad de especificar el aspecto que tendrá la tabla (bordes, sombreado, fuente, color, etc.). Al hacer clic en el botón **Autoformato** aparecerá el cuadro de diálogo **Autoformato de tablas** (Figura 9.4). Elegir un formato y hacer clic en el botón **Aceptar**.

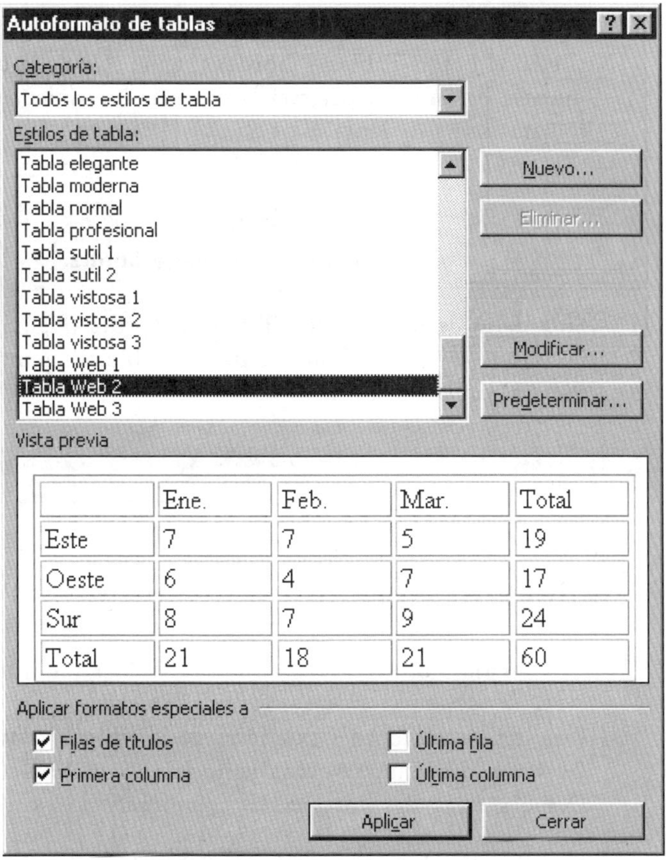

Figura 9.4. Cuadro de diálogo **Autoformato de tablas**.

4) Hacer clic en el botón **Aceptar**. En este momento Word inserta una tabla vacía en la posición donde se encuentre el punto de inserción. El punto de inserción estará situado en la primera celda, preparado para poder introducir texto.

C. Comando Dibujar tabla

La tercera alternativa que Word nos ofrece para crear una tabla es con la herramienta **Dibujar tabla** de la barra de herramientas **Tablas y bordes**:

1) Situar el punto de inserción en la posición del documento donde se desea insertar la tabla.

2) Si la barra de herramientas **Tablas y bordes** no está visible, hacer clic en el botón **Tablas y bordes** (Figura 9.5) de la barra de herramientas **Estándar**. Aparecerá la barra de herramientas y el puntero tomará forma de lápiz.

Figura 9.5. Botón **Tablas y bordes.**

Si la barra de herramientas **Tablas y bordes** (Figura 9.6) está visible, hacer clic en el botón **Dibujar tabla.** El puntero del ratón tomará forma de lápiz.

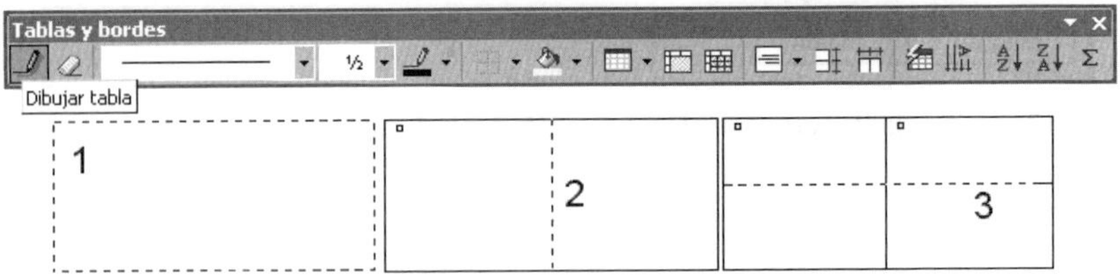

Figura 9.6. Barra de herramientas **Tablas y bordes.**

3) Para definir los bordes exteriores de la tabla, arrastrar el puntero del ratón desde una esquina hasta la esquina opuesta de la tabla. Después, trazar las líneas de las columnas y de las filas.

4) Una vez creada la tabla, hacer clic en una celda y comenzar a escribir. Automáticamente se desactivará la opción **Dibujar tabla.**

9.2. Introducir contenido en una tabla

Para introducir contenido en las celdas de una tabla:

1) Situar el punto de inserción en la celda que se desee escribir; será la celda activa. Para desplazar el punto de inserción por las celdas de las tablas, se podrá utilizar una de las técnicas siguientes:

Pasar a la celda siguiente.	Pulsar la tecla TAB.
Pasar a la celda anterior.	Pulsar MAYÚSCULAS+TAB.
Pasar a la primera celda de la fila actual.	Pulsar ALT+INICIO.
Pasar a la última celda de la fila actual.	Pulsar ALT+FIN.
Pasar a la primera celda de la columna actual.	Pulsar ALT+RePág.
Pasar a la última celda de la columna actual.	Pulsar ALT+AvPág.
Pasar a la siguiente fila.	Pulsar Flecha arriba/abajo.

2) Comenzar a escribir. A medida que se escriba texto dentro de una celda, el texto se ajustará automáticamente dentro de ella. Para insertar un carácter de tabulador dentro de una celda hay que pulsar la combinación de teclas CONTROL+TAB.

Cambiar la alineación vertical y horizontal del texto en una celda de tabla

Para establecer la alineación vertical y horizontal del contenido de una celda o un grupo de celdas:

1) Hacer clic en el botón **Tablas y bordes** (Figura 9.5) de la barra de herramientas **Estándar** para visualizar la barra de herramientas **Tablas y bordes** (Figura 9.6).

2) Seleccionar las celdas que contienen el texto al que desee cambiar la alineación.

3) Para alinear texto con orientación horizontal y vertical dentro de la celda, hacer clic en el botón de flecha **Alineación** y seleccionar la alineación horizontal/vertical que se desea aplicar al texto de las celdas seleccionadas: **Alinear arriba a la izquierda, Alinear en el centro a la izquierda, Alinear en el centro a la derecha**, etc. (Figura 9.7).

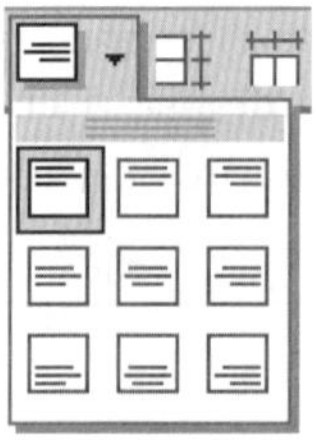

Figura 9.7. Opciones de **Alineación**.

Cambiar la orientación del texto

Microsoft Word XP permite presentar el texto de las llamadas, los cuadros de texto, las autoformas o los contenidos de las celdas de una tabla tanto en sentido vertical como en horizontal. Para ello:

1) Hacer clic en la llamada, el cuadro de texto, la autoforma o la celda de la tabla.
2) Elegir el comando **Dirección del texto** del menú **Formato** o hacer clic en el botón **Cambiar dirección del texto** de la barra de herramientas **Tablas y bordes** (Figura 9.6).
3) Si se selecciona el comando **Dirección del texto** del menú **Formato** aparece el cuadro de diálogo **Dirección del texto** (Figura 9.8). Hacer clic en la orientación que se desee.

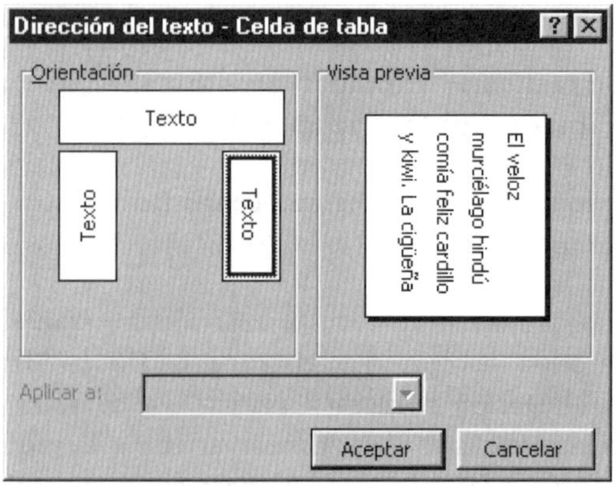

Figura 9.8. Cuadro de diálogo **Dirección del texto**.

9.3. Seleccionar dentro de una tabla

Se puede seleccionar información dentro de una tabla de la misma forma que se hace en otras partes del documento (operación descrita en el aparatado 2.3 del Capítulo 2). Para seleccionar un elemento de la tabla (celda, columna, fila, etc.) podrá utilizarse tanto el ratón como las opciones del menú **Tabla**:

A. Seleccionar con el ratón

Seleccionar una celda

1) Situar el punto de inserción en el extremo izquierdo de la celda hasta que el puntero del ratón se transforme en una flecha (Figura 9.9).

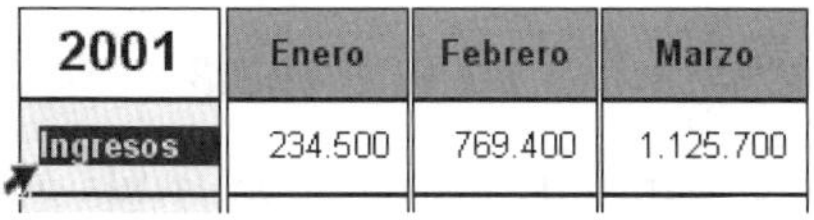

Figura 9.9. Puntero de Selección.

2) Hacer clic para seleccionar la celda completa.

Seleccionar una o varias filas

1) Situar el punto de inserción en el extremo izquierdo de la celda y hacer doble clic para seleccionar la fila completa o situar el puntero del ratón en la barra de selección señalando la fila que se va a seleccionar (el puntero del ratón adopta la forma de flecha abierta).
2) Hacer clic con el botón del ratón. Para seleccionar varias filas arrastrar el ratón hacia abajo o hacia arriba en la barra de selección manteniendo pulsado el botón del ratón.

Seleccionar una o varias columnas

1) Situar el puntero del ratón en la parte superior de la columna. La forma del puntero del ratón se convierte en una flecha sólida que apunta hacia abajo.

2) Hacer clic con el botón del ratón. Para seleccionar varias columnas arrastrar el puntero del ratón.

B. Seleccionar con el menú Tabla

Desde el submenú **Seleccionar** del menú **Tabla** pueden realizarse también las operaciones de selección (Figura 9.10):

Figura 9.10. Submenú **Seleccionar** del menú **Tabla**.

Para seleccionar una fila en una tabla

1) Situar el punto de inserción en la fila que se desee seleccionar, elegir el comando **Fila** del submenú **Seleccionar** del menú **Tabla**.

Para seleccionar una columna en una tabla

1) Situar el punto de inserción en la columna que se desee seleccionar.
2) Elegir el comando **Columna** del submenú **Seleccionar** del menú **Tabla**.

Para seleccionar toda una tabla

1) Colocar el punto de inserción en la tabla.
2) Elegir el comando **Tabla** del submenú **Seleccionar** del menú **Tabla**.

Para seleccionar una celda

1) Colocar el punto de inserción en la celda.
2) Elegir el comando **Celda** del submenú **Seleccionar** del menú **Tabla**.

9.4. Ajustar ancho de columna

El ancho de las columnas se puede modificar de forma que se ajuste a las necesidades de los contenidos. Podrá establecerse con la regla, el menú Tabla o arrastrando los bordes de las columnas.

Con la regla

1) Si no estuviera visible la regla, elegir el comando **Regla** del menú **Ver**.
2) Hacer clic en el interior de la tabla. Aparecerá un señalador en la regla mostrando el borde de cada columna (Figura 9.11):

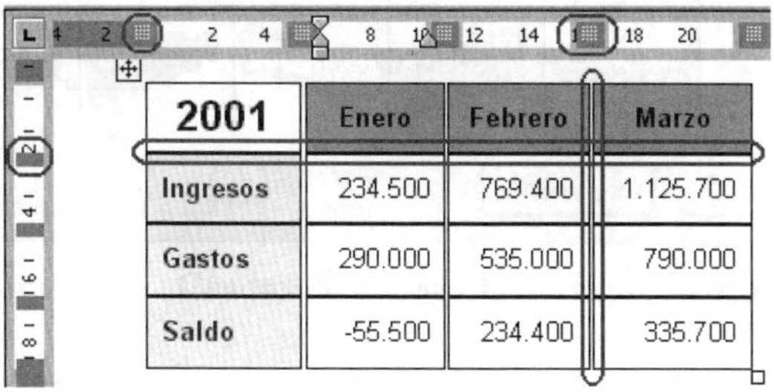

Figura 9.11. Señaladores de columna y fila en las reglas.

Si mientras se arrastran los marcadores sobre la regla se mantiene pulsada la tecla ALT, Word mostrará las medidas del ancho de columna.

Al mantener pulsada la tecla MAYÚSCULAS mientras se arrastran los marcadores de la regla o los bordes de la columna, también se cambiará el ancho de la tabla.

3) Arrastrar el señalador de la columna cuyo ancho se desee modificar.
4) Repetir el paso 3) con cada columna a la que se desee ajustar el ancho.

Con el menú Tabla

1) Seleccionar una o varias columnas o toda la tabla (seguir los pasos indicados en el apartado 9.3).

2) Seleccionar el comando **Propiedades de tabla** del menú **Tabla** o del menú **Contextual** que aparece al hacer clic con el botón derecho sobre la Tabla.

3) Aparecerá el cuadro de diálogo **Propiedades de tabla** (Figura 9.12). Seleccionar la ficha **Columna**. Las opciones que nos ofrece el cuadro de diálogo, son:

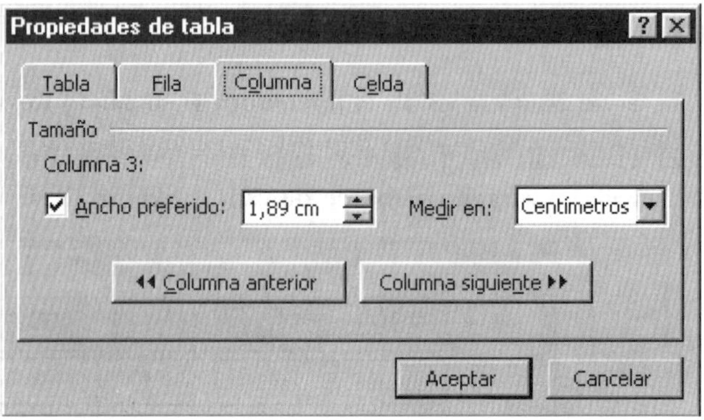

Figura 9.12. Cuadro de diálogo **Propiedades de tabla**. Ficha **Columnas**.

- **Ancho preferido**. Escribir o hacer clic sobre los botones de incremento hasta alcanzar el ancho deseado para las columnas seleccionadas. En el cuadro combinado **Medir en** elegir una medida fija en centímetros o de porcentaje de la pantalla si la tabla se va a mostrar en un explorador Web.
- **Columna anterior** o **Columna siguiente**. Para cambiar el ancho de columnas adyacentes a la seleccionada.

4) Hacer clic en el botón **Aceptar**.

Si se desea dar el mismo ancho a varias columnas o celdas, seleccionarlas previamente y, a continuación, elegir uno de los comandos **Autoajustar al contenido, Autoajustar a la ventana** o **Ancho de columna fija** del submenú **Autoajustar** en el menú **Tabla** o hacer clic en el botón **Distribuir columnas uniformemente** de la barra de herramientas **Tablas y bordes**.

También puede cambiarse el ancho de la columna arrastrando los bordes de la columna en la tabla.

9.5. Ajustar altura de la fila

Word ajusta automáticamente la altura de la fila en la tabla según la cantidad de texto escrito en las celdas, el tamaño del texto o el espaciado entre párrafos. También puede especificarse una altura mínima o fija de la fila.

1) Seleccionar una o varias filas o toda la tabla (seguir los pasos indicados en el apartado 9.3).
2) Seleccionar el comando **Propiedades de tabla** del menú **Tabla**.
3) Seleccionar la ficha **Fila** (Figura 9.13). Las opciones que nos ofrece el cuadro de diálogo son:

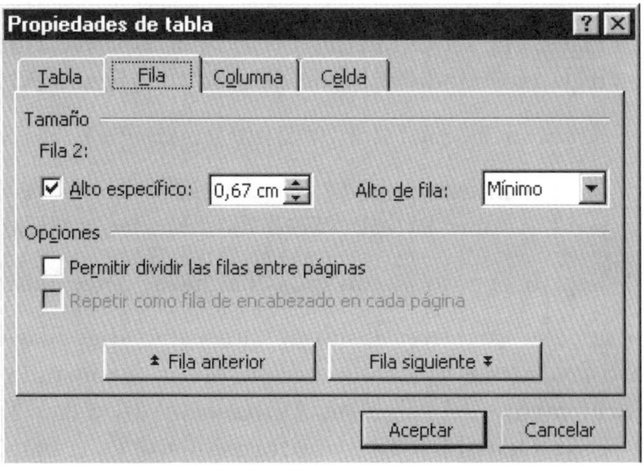

Figura 9.13. Cuadro de diálogo **Propiedades de tabla**. Ficha **Fila**.

Por defecto Word ajusta automáticamente el alto de la fila de modo que quepa el texto o los gráficos insertados en cualquier celda de la fila, por ello está desactivada la casilla **Alto específico**. Si se desea establecer límites a la altura de las filas hay que activar dicha casilla y elegir una de las siguientes opciones:

- **Mínimo** en el cuadro de lista **Alto de fila**. Permite especificar un alto de fila mínimo al escribir y seleccionar un número en el cuadro **Alto específico**. Si el contenido de la celda es superior al valor mínimo especificado, Word adaptará la altura de la fila hasta ajustarla al contenido.

- **Exacto** en el cuadro de lista **Alto de fila**. Permite especificar un alto predeterminado al escribir o seleccionar un número en el recuadro **Alto específico**. Si el contenido de la celda excede el valor especificado, Word insertará sólo el contenido que quepa en la celda.

4) Hacer clic en el botón **Aceptar**.

Con la regla vertical

1) Si no estuviera visible la regla, elegir el comando **Regla** del menú **Ver** (la regla vertical sólo se visualiza en la presentación **Diseño de impresión** -elegir el comando **Diseño de impresión** del menú **Ver**-).
2) Hacer clic en el interior de la tabla. Aparecerá un señalador en la regla mostrando el borde de cada fila (Figura 9.11).
3) Arrastrar el señalador de la fila cuyo alto se desee modificar.

   Si se mantiene pulsada la tecla ALT mientras se arrastran los marcadores sobre la regla, Word mostrará las medidas del alto de fila.
4) Repetir el paso 3) con cada fila que se desee ajustar el alto.

Si se desea establecer el mismo alto para varias filas o celdas, seleccionarlas previamente y, a continuación, elegir el comando **Distribuir filas uniformemente** del submenú **Autoajustar** del menú **Tabla** o hacer clic en el botón **Distribuir filas uniformemente** de la barra de herramientas **Tablas y bordes**.

También puede cambiarse el alto de fila arrastrando los bordes de la fila en la tabla.

9.6. Insertar y suprimir filas o columnas

Una vez que se inserta una tabla en el documento puede personalizarse su tamaño de acuerdo al texto, añadiendo celdas, filas o columnas a medida que se van precisando.

Se utilizan las órdenes del menú **Tabla** o el botón **Insertar tabla** de la barra de herramientas estándar. El nombre del botón **Insertar tabla** cambia en función de si se han seleccionado filas (**Insertar filas**), columnas (**Insertar columnas**) o celdas (**Insertar celdas**) en una tabla (Figura 9.14).

Figura 9.14. Botón **Insertar** que se adapta al elemento seleccionado.

Para eliminar un grupo de filas o columnas seleccionadas, puede utilizarse el botón **Cortar** de la barra de herramientas **Estándar** o la orden correspondiente (**Eliminar celdas, Eliminar filas** o **Eliminar columnas**) del menú **Tabla**.

Insertar columnas a una tabla

1) Seleccionar la columna o columnas a cuya izquierda o derecha se desee insertar una nueva columna. Seleccionar el mismo número de columnas que se deseen insertar.

2) Elegir el comando **Insertar** del menú **Tabla** o, en la barra de herramientas **Tablas y bordes**, hacer clic en la flecha que aparece junto al botón **Insertar tabla** y seleccionar el comando **Insertar** que se desee: **Columna a la izquierda** o **Columna a la derecha** (Figura 9.15).

NOTAS:

- También puede utilizarse la herramienta **Dibujar tabla** para dibujar una fila o una columna en el lugar que se desee.
- Otra técnica que puede utilizarse es la de hacer clic en el botón **Insertar columnas** de la barra de herramientas **Estándar**. Word insertará la nueva columna o columnas a la izquierda de la/s columna/s seleccionada/s, desplazando las restantes columnas a la derecha para dejar espacio a la/s que acaba de insertar.

Figura 9.15. Opciones de insertar del botón **Insertar tabla**.

Añadir una columna al final de la tabla

1) Hacer clic junto a la columna de la derecha. En el menú **Tabla**, elegir el submenú **Insertar** y después hacer clic en el comando **Columnas a la derecha**. Word insertará la columna nueva a la derecha de la tabla.

Añadir filas a una tabla

1) Seleccionar la fila o el mismo número de filas que se deseen insertar por encima de la primera fila seleccionada. Las filas existentes se desplazarán hacia abajo para dejar espacio a las nuevas filas.

2) Hacer clic en el botón **Insertar filas** de la barra de herramientas **Estándar** (Figura 9.14).

O también:

1) Seleccionar el mismo número de filas que se desee insertar.

2) Elegir el comando **Filas en la parte superior** o **Filas en la parte inferior** del submenú **Insertar** del menú **Tabla** o del menú **Contextual** (Figura 9.15).

Las filas existentes se desplazarán hacia abajo (si ha seleccionado el comando **Filas en la parte superior**) o hacia arriba (si ha seleccionado el comando **Filas en la parte inferior**) para dejar espacio a las nuevas filas. Word insertará un número de filas igual al seleccionado.

Añadir filas al final de una tabla

Si nos posicionamos en la última celda de una tabla e insertamos una **Fila en la parte inferior** se habrá añadido una fila al final de una Tabla. También podemos añadir filas al final de una tabla estando fuera de la Tabla:

1) Situar el punto de inserción al principio de la siguiente línea debajo de la última fila de la tabla.

2) Elegir el comando **Insertar filas en la parte superior** del submenú **Insertar** del menú **Tabla** o hacer clic en el botón **Insertar filas** de la barra de herramientas **Estándar**. Aparecerá el cuadro de diálogo **Insertar filas** (Figura 9.16).

Figura 9.16. Cuadro de diálogo **Insertar filas**.

3) En el cuadro **Número de filas**, escribir el número de filas que se desee añadir.

4) Hacer clic en el botón **Aceptar**. Cada celda de la nueva fila tendrá el formato de la fila anterior.

Método abreviado para añadir filas al final de la tabla

1) Desde la última celda de la tabla, pulsar la tecla TAB.

9.7. Unir y dividir celdas de una tabla

Unir varias celdas de una tabla

Podrán unirse dos o más celdas de la misma fila (sentido horizontal) o columna (sentido vertical), convirtiéndolas en una sola celda. Por ejemplo, pueden unirse varias celdas para crear un título que abarque varias columnas.

1) Seleccionar las celdas (véase apartado 9.3) que se desee unir.

2) Elegir el comando **Combinar celdas** del menú **Tabla** (Figura 9.17).

Figura 9.17. Combinar varias celdas en una.

Dividir una o varias celdas de una tabla en varias celdas

1) Seleccionar las celdas que se deseen dividir.

2) Elegir el comando **Dividir celdas** del menú **Tabla**.

3) Aparecerá el cuadro de diálogo **Dividir celdas** (Figura 9.18). Escribir el número de columnas y de filas en que se desea dividir la celda.

4) Hacer clic en el botón **Aceptar**.

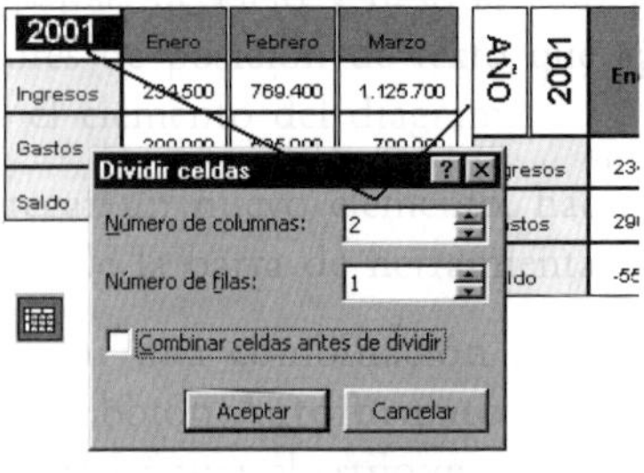

Figura 9.18. Cuadro de diálogo **Dividir celdas**.

Las celdas se dividen según el número de marcas de párrafo que contienen. Si divide una celda que contiene sólo una marca de párrafo, el texto permanecerá a la izquierda y las celdas insertadas a la derecha aparecerán vacías. Si hay más de una marca de párrafo en la celda, los párrafos se distribuirán de forma regular entre las nuevas celdas.

9.8. Mover, copiar filas o columnas

Después de crear una tabla, pueden moverse o copiarse las filas y las columnas a otros lugares de la tabla.

Mover una fila en una tabla

1) Seleccionar la fila o filas que se deseen mover.
2) Elegir el comando **Cortar** del menú **Edición** o hacer clic en el botón **Cortar** (Figura 9.19) de la barra de herramientas **Estándar**.

Figura 9.19. Botón **Cortar**.

3) Colocar el punto de inserción en el lugar al que se desee mover la fila o filas.
4) Elegir el comando **Pegar filas** del menú **Edición** o hacer clic en el botón **Pegar** (Figura 9.20) de la barra de herramientas **Estándar**.

Figura 9.20. Botón **Pegar**.

Mover una columna en una tabla

1) Seleccionar la columna (o columnas) que se desee mover.
2) Elegir el comando **Cortar** del menú **Edición** o hacer clic en el botón **Cortar** (Figura 9.19) de la barra de herramientas **Estándar**.

3) Situar el punto de inserción en el lugar al que se desee mover la columna o columnas.

4) Elegir el comando **Pegar columnas** del menú **Edición** o hacer clic en el botón **Pegar** (Figura 9.20) de la barra de herramientas **Estándar**.

Copiar una fila en una tabla

1) Seleccionar la fila (o filas) que se desee mover.

2) Elegir el comando **Copiar** del menú **Edición** o hacer clic en el botón **Copiar** (Figura 9.21) de la barra de herramientas **Estándar**.

Figura 9.21. Botón **Copiar**.

3) Situar el punto de inserción en el lugar donde se desee copiar la fila o filas.

4) Elegir el comando **Pegar filas** del menú **Edición** o hacer clic en el botón **Pegar** (Figura 9.20) de la barra de herramientas **Estándar**.

Copiar una columna en una tabla

1) Seleccionar la columna o columnas que se desee mover.

2) Elegir el comando **Copiar** del menú **Edición** o hacer clic en el botón **Copiar** (Figura 9.21) de la barra de herramientas **Estándar**.

3) Situar el punto de inserción en el lugar donde desee copiar la columna o columnas.

4) Elegir el comando **Pegar columnas** del menú **Edición** o hacer clic en el botón **Pegar** (Figura 9.20) de la barra de herramientas **Estándar**.

9.9. Bordes y sombreados en tablas

En los documentos de Word, las tablas se imprimen de forma predeterminada con un borde de línea sólida de color negro y ½ punto. Word no imprime las marcas de fin de celda o fin de fila.

En las páginas Web, el valor predeterminado es que las tablas no tengan borde.

Para agregar bordes y sombreado a una tabla de forma manual:

1) Seleccionar el elemento de la tabla al que se desee añadir bordes y/o sombreado.

   Para agregar bordes y sombreado a una tabla entera, seleccionar toda la tabla.

   Para agregar bordes y sombreado a determinadas celdas, seleccionar sólo esas celdas, incluyendo la marca de fin de celda.

2) Elegir el comando **Bordes y sombreado** del menú **Formato**.

3) Aparecerá el cuadro de diálogo **Bordes y sombreado** (Figura 9.22). Seleccionar las opciones deseadas.

   Ficha Bordes

   - Al hacer clic en uno de los botones del recuadro **Valor** se insertarán los bordes representados en el botón, con el formato de **Estilo, Color** y **Ancho** preseleccionados.
   - Para crear un borde personalizado elegir el **Estilo, Color** o **Ancho** de la línea y hacer clic en los bordes del diagrama del recuadro **Vista previa**.

   Ficha Sombreado

   - Hacer clic en el color de fondo que se desee para el sombreado en el recuadro **Relleno** o hacer clic en la opción **Ninguno** para eliminarlo.
   - Elegir el estilo que se desee aplicar sobre el color de relleno en el recuadro **Tramas**.

4) Hacer clic en el botón **Aceptar**.

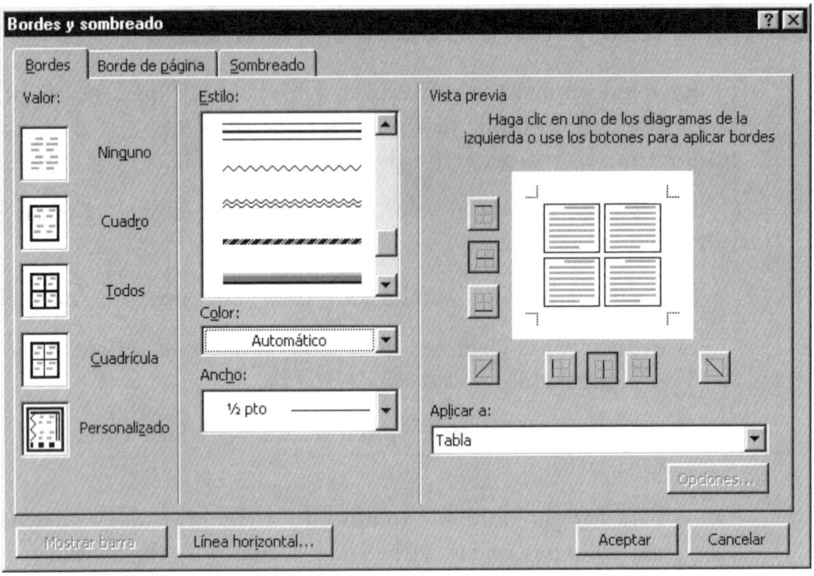

Figura 9.22. Cuadro de diálogo **Bordes y sombreado**. Ficha **Bordes**.

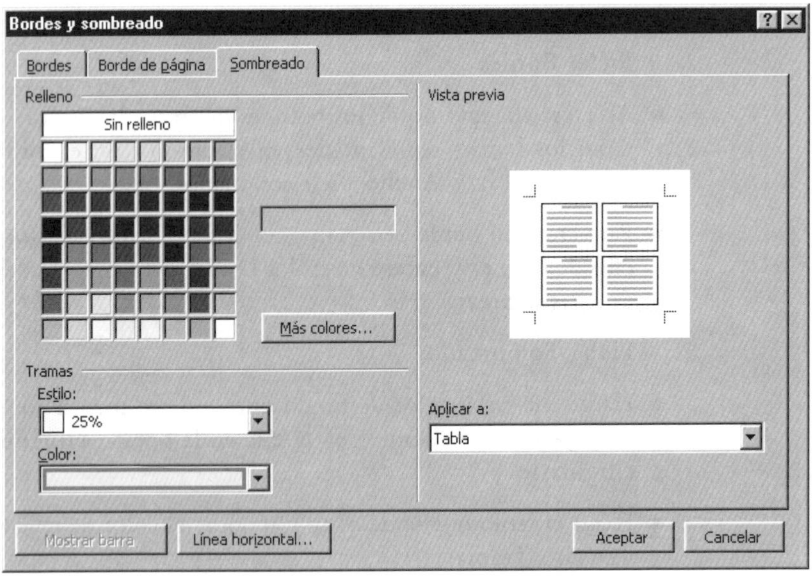

Figura 9.23. Cuadro de diálogo **Bordes y sombreado**. Ficha **Sombreado**.

También puede utilizarse la barra de herramientas **Tablas y bordes** (Figura 9.6) para cambiar rápidamente sólo los bordes que desee en una tabla. Utilizar los botones **Estilo de línea, Grosor de la línea** y **Color del borde** para seleccionar los nuevos formatos de borde, hacer clic en el botón **Dibujar tabla** y, a continuación, trazar el nuevo borde sobre el que ya existe (Figura 9.24).

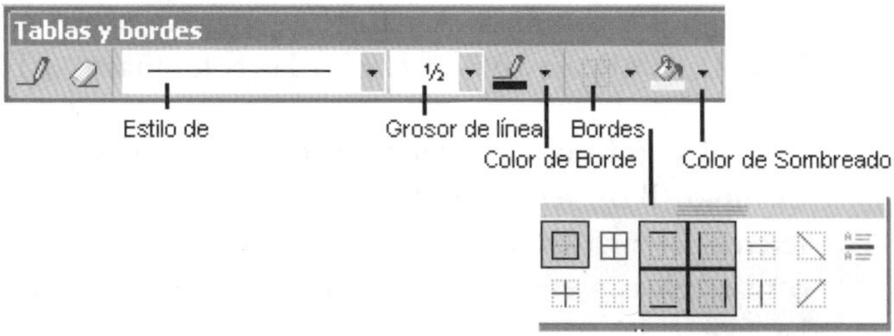

Figura 9.24. Opciones de bordes de la barra **Tablas y bordes**.

Mostrar u ocultar la cuadrícula de una tabla

Si se eliminan de forma total o parcial los bordes de una tabla es útil poder mostrar u ocultar unas guías que nos muestren la cuadrícula de la Tabla en la ventana de trabajo de Word (no se imprimirán).

1) Elegir el comando **Mostrar líneas de división** u **Ocultar líneas de división** del menú **Tabla.**

9.10. Cómo realizar cálculos en tablas

Es posible utilizar las tablas para realizar cálculos sencillos como operaciones aritméticas, y mostrar totales.

Los cálculos en las tablas que se quieren configurar como hojas de cálculo se efectúan con el campo **Fórmula.**

Un campo **Fórmula** contiene un signo igual (=) seguido de una expresión matemática: operandos (números) y operadores (símbolos matemáticos), como por ejemplo =**A4-A5,** o funciones (expresiones matemáticas preescritas por Word), como por ejemplo =**SUMA(ENCIMA).**

Las referencias en una fórmula indican en qué celda de la tabla debe buscar los valores que se desea utilizar. En un campo **Fórmula** se puede usar cualquiera de las formas de referencias de celdas, siempre entre paréntesis:

- **(fn:fn) o (cn:cn)** Referencia todas las celdas de la fila «n». Ejemplo [2:2]: referencia toda la fila 2. Si utiliza A2:B2 para indicar una fila con sólo dos columnas A y B y luego agrega una o más columnas a la tabla, el cálculo sólo afectará a las columnas A y B.

- **(cn:cn) o (cfn:cfn)** Referencia todas las celdas de la columna «c». Ejemplo (B:B): referencia toda la columna B. Si utiliza B1:B2 para referenciar una columna existente y posteriormente se añaden una o más celdas a esa columna, el cálculo sólo afectará a las celdas de las filas 1 y 2.

- **(cfn)** Referencia a la celda concreta. La situada en la fila «n» columna «c». Ejemplo (A2): referencia la celda situada en la fila 2 columna A.

- **[cfn:cfn]** Referencia al grupo de celdas que están dentro del rectángulo que tiene como direcciones de celdas en las esquinas opuestas las dos celdas mencionadas y separadas por dos puntos (:). Por ejemplo, (A1:B2) referencia a las celdas delimitadas por la celda situada en la fila 1 columna A y la situada en la fila 2 columna B que son: A1,A2,B1,B2.

Para usar una referencia de celda en un campo **Fórmula** se debe usar una de las funciones matemáticas preescritas por Word. Los operandos de las funciones se separan por punto y coma (o el símbolo predeterminado en Windows como separador de listas).

Funciones Matemáticas de Word

Las funciones seguidas de paréntesis vacíos aceptan cualquier número de argumentos separados por comas (,) o puntos y comas (;). Los argumentos pueden ser números, fórmulas o nombres de marcadores.

Las funciones que pueden aceptar referencias a celdas de tablas como argumentos son: PROMEDIO(), CONTAR(), MAX(), MIN(), PRODUCTO() y SUMA().

=SUMA(ENCIMA/IZQUIERDA) Calcula la suma de todas las celdas si el punto de inserción está en la parte inferior de una columna de números o a la derecha de una fila.

=SUMA(operando1,operando2...) Calcula la suma de los operandos. Si los operandos son referencias de celdas suma todos los valores de las celdas referenciadas.

Ejemplo:

=SUMA(A1:A20,C1:C6)

=PROMEDIO(operando1,operando2..) Calcula la media de los operandos. Si los operandos son referencias de celdas los valores de cada celda se añaden al cómputo de la media.

Ejemplo:

=PROMEDIO(B5:B15)

=MAX(argumento1,argumento2...) Devuelve el valor máximo de la lista de argumentos. Si un argumento es una referencia a celdas, devuelve el valor máximo de las celdas a que se refiere.

Ejemplo:

=MAX(B1:B8)

=MIN(argumento1,argumento2...) Devuelve el valor mínimo de la lista de argumentos. Si un argumento es una referencia a celdas, devuelve el valor mínimo de las celdas a que se refiere.

Ejemplo:

=MIN(D2:D12)

=CONTAR(argumento1,argumento2...) Devuelve el número de argumentos especificados. Si un argumento es una referencia a celdas, la función CONTAR cuenta cada celda como un argumento.

Ejemplo:

=CONTAR(E1:E16)

Configurar una tabla como hoja de cálculo

Ejecutar los siguientes pasos:

1) Crear una tabla que contenga los números que desea utilizar en las operaciones de cálculo.

2) Situar el punto de inserción en la celda donde se desee insertar el resultado del cálculo.

3) Seleccionar el comando **Fórmula** del menú **Tabla**. Aparecerá el cuadro de diálogo **Fórmula** (Figura 9.25).

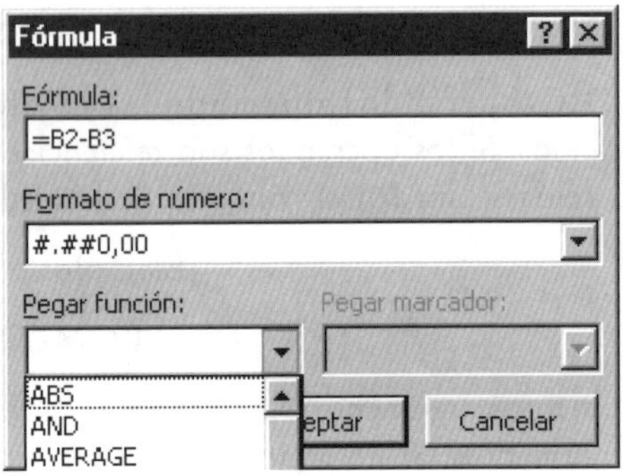

Figura 9.25. Cuadro de diálogo **Fórmula**.

4) Word analizará la tabla y sugerirá la fórmula adecuada en el recuadro **Fórmula**. Si Word no puede sugerir una fórmula adecuada, insertará un signo igual (=) en dicho recuadro.

5) Si Word inserta el signo (=) o sugiere una fórmula que no se desea utilizar, dar los siguientes pasos para escribir la fórmula deseada:

   a) Escribir las referencias de las celdas junto con los signos aritméticos correspondientes para sumar (+), restar (-), multiplicar (*) o dividir (/). Aplicar paréntesis en las fórmulas para especificar el orden de los cálculos.

   Ejemplos:

   =a1*b1 Para multiplicar el contenido de las celdas A1 y B1. Si A1=4 y B1=5 la fórmula devolverá 20.

=b1+(b2/2) Para dividir el contenido de B2 por 2 y al resultado sumarle B1. Si B1=4, B2=10 la fórmula devolverá 9.

=b7+(d4-d3) Para restar al contenido de D4 el de D3 y al resultado sumarle B7. Si D4=6, D3=2 y B7=2 la fórmula devolverá 6.

b) Para calcular la media aritmética o efectuar cálculos más complicados, en el recuadro **Pegar función** seleccionar una función. Word insertará la función en el recuadro **Fórmula**. Escribir entre los paréntesis las referencias a celdas que se desean utilizar en el cálculo.

6) En el recuadro **Formato de número** seleccionar el formato deseado. Ejemplo: «0%» para insertar los números como porcentaje sin decimales.

7) Hacer clic en el botón **Aceptar**. Word insertará el resultado en la celda donde esté situado el punto de inserción.

Si se modifican los datos de las celdas que intervienen en las fórmulas, se deben actualizar los resultados.

Para actualizar un solo campo, hacer clic en él o en sus resultados y, a continuación, pulsar la tecla F9.

Para actualizar todos los campos del documento, hacer clic en el comando **Seleccionar todo** del menú **Edición** y, a continuación, pulsar la tecla F9.

También es conveniente actualizar todos los campos de un documento antes de imprimirlo. Para que se realice esta operación automáticamente, hay que hacer clic en el comando **Opciones** del menú **Herramientas**, en la ficha **Imprimir** y, a continuación, activar la casilla de verificación **Actualizar campos**.

Práctica 9

- Cree la estructura general de la tabla de la figura y aplique el formato que considere más adecuado.
- Escriba los rótulos y los valores de las filas 1 a 4.
- Calcule los resultados de las filas 5 y 6 aplicando fórmulas matemáticas.

COLUMNAS

	A	B	C	D
1		PRIMER TRIMESTRE		
2	2001	Enero	Febrero	Marzo
3	Ingresos	234.500	769.400	1.125.700
4	Gastos	290.000	535.000	790.000
5	Saldo	-55.500	234.400	335.700
6	Total	514.600		

FILAS

Figura 9.26. Tabla matemática.

10

Esquemas. Índices

Esquemas. Índices

ESQUEMAS

En la vista **Esquema** se muestran sangrados los títulos de un documento para representar el nivel que ocupan dentro de la estructura general del mismo. Para ver la estructura en la vista **Esquema**, el documento debe tener el formato de uno de los estilos de título o niveles de esquema integrados.

En la Figura 10.1 se muestra la estructura de un documento desde la vista **Esquema**.

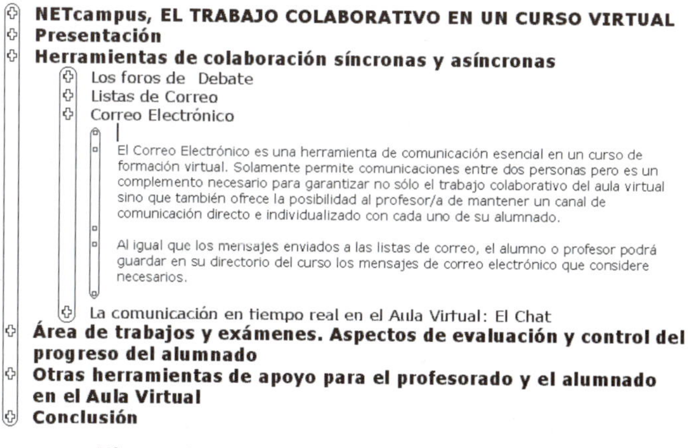

Figura 10.1. Documento en vista **Esquema**.

La ventaja de trabajar con esquemas reside en la posibilidad de mantener organizado el documento de forma jerárquica y obtener en pantalla únicamente el texto contenido en aquellos títulos o subtítulos que se necesiten, independientemente del nivel en el que se encuentren.

Word identifica los niveles mediante un conjunto de iconos:

- Signo más (+): Nivel que contiene subniveles o texto.
- Signo menos (-): Nivel sin subniveles ni texto.
- Cuadrado (□): Texto.

Word asignará automáticamente formatos de carácter a cada título, siendo diferente el formato utilizado para cada nivel. Estos formatos pueden ser modificados por el usuario.

Para trabajar con esquemas se debe tener seleccionado el modo de visión **Esquema**, para lo cual se deberá elegir el comando **Esquema** del menú **Ver**. También se podrá hacer clic sobre el botón **Vista Esquema** situado a la izquierda de la barra de desplazamiento horizontal (Figura 10.2).

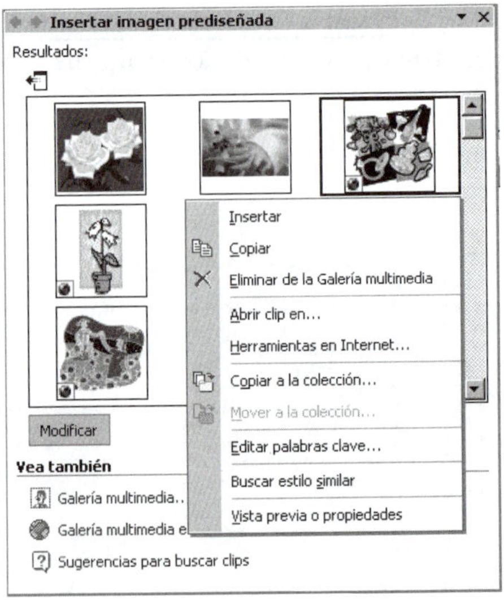

Figura 10.2 Botón **Vista Esquema**.

Al elegir el comando **Esquema**, aparecerá la barra de herramientas **Esquema** (Figura 10.3).

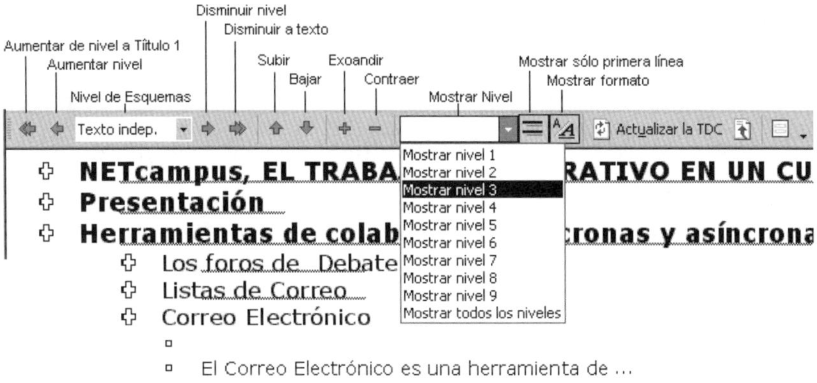

Figura 10.3. Barra de herramientas **Esquema**.

El efecto que producen estos botones, empezando por la izquierda, es el siguiente:

- **Aumentar de nivel a Título 1**: Cambiar automáticamente al primer nivel.
- **Aumentar nivel**: Cambiar al nivel inmediatamente superior.
- **Nivel de esquema**: Cambiar al nivel seleccionado en la lista de niveles.
- **Disminuir nivel**: Cambiar al nivel inmediatamente inferior.
- **Disminuir a texto**: Cambiar a nivel de texto independiente.
- **Mover hacia arriba**: Desplazar un párrafo o varios hacia arriba.
- **Mover hacia abajo**: Desplazar un párrafo o varios hacia abajo.
- **Expandir**: Mostrar todos los niveles dependientes del nivel seleccionado.
- **Contraer**: Ocultar todos los subniveles dependientes del nivel seleccionado.
- **Mostrar nivel**: Mostrar los niveles existentes hasta el número de nivel seleccionado, ocultando aquéllos cuyo número de nivel sea superior al elegido. También oculta texto.

Un nivel con texto oculto aparecerá subrayado hacia la derecha por una línea de puntos.

Un nivel con subniveles ocultos aparece subrayado hacia la izquierda.

- **Mostrar sólo la primera línea**: Mostrar todo el texto o sólo la primera línea.
- **Mostrar formato**: Mostrar u ocultar los formatos de carácter de los títulos.

10.1. Creación de esquemas

Los esquemas se pueden definir antes de escribir el documento o sobre texto ya escrito. Si el formato del documento no utiliza los *estilos de título* integrados, al cambiar a la vista **Esquema** todo el texto estará al mismo nivel.

A. Definir esquemas antes de escribir texto

1) Elegir el comando **Esquema** del menú **Ver**. Aparecerá la barra de herramientas **Esquema** y el símbolo de nivel sin subniveles (al comenzar será nivel 1). Escribir el título de nivel.
2) Pulsar la tecla ENTRAR para pasar a la siguiente línea, que mantendrá el mismo nivel que el título anterior. Para cambiar a otro nivel o para crear un párrafo de texto se utilizarán los botones antes mencionados (Figura 10.4), o se hará clic sobre el icono de nivel y se arrastrará el ratón hacia la izquierda (aumentar nivel) o hacia la derecha (disminuir nivel).

B. Definir esquemas sobre texto ya escrito

1) Elegir el comando **Esquema** del menú **Ver**. Cada párrafo aparecerá precedido del icono de texto. Seleccionar (uno a uno) aquellos párrafos que se deseen convertir en títulos y hacer clic en el botón **Aumentar nivel** o **Disminuir nivel** de la barra de herramientas **Esquema**.

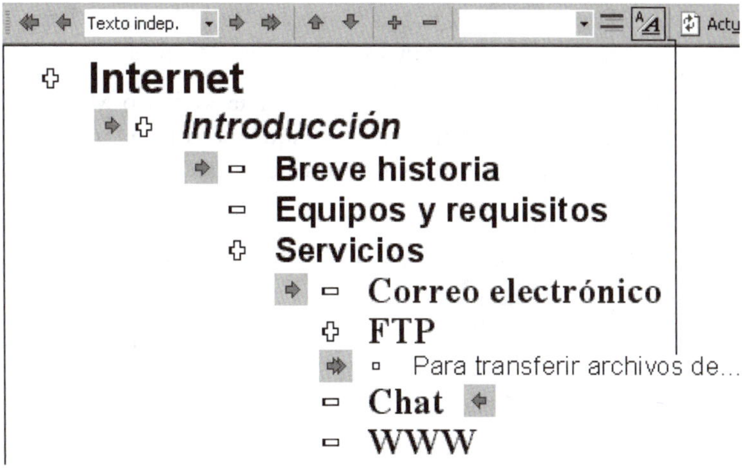

Figura 10.4. Creación de un documento desde la vista **Esquema**.

2) No es necesario realizar ninguna operación sobre aquellos párrafos que deseamos que permanezcan como texto.

Se deben tener en cuanta algunas consideraciones:

- En la vista **Esquema**, Microsoft Word aplica sangrías al texto para reflejar los distintos niveles de título de un documento. Cuando se pasa a otra vista, Word las quita.
- Los estilos de título integrados aplican un formato específico, mientras que los niveles de esquema aplican un formato «invisible».
- **Mostrar todos los niveles** es equivalente al botón **Mostrar todos los títulos** de versiones anteriores de Microsoft Word.

10.2. Mover texto en un esquema

Esta operación permite desplazar contenidos de uno o varios niveles situándolos en otro nivel diferente.

Para mover texto se seguirán los siguientes pasos:

1) Seleccionar, haciendo clic en el área de selección, el título de nivel que se desea mover.

2) Hacer clic en el botón **Contraer** de la barra de herramientas **Esquema**. Se ocultarán los subniveles del nivel seleccionado.

3) Hacer clic en el botón **Mover hacia arriba** o **Mover hacia abajo** en la barra de herramientas **Esquema**, o bien, arrastrar el icono de nivel hasta situarlo en la posición deseada (Figura 10.5).

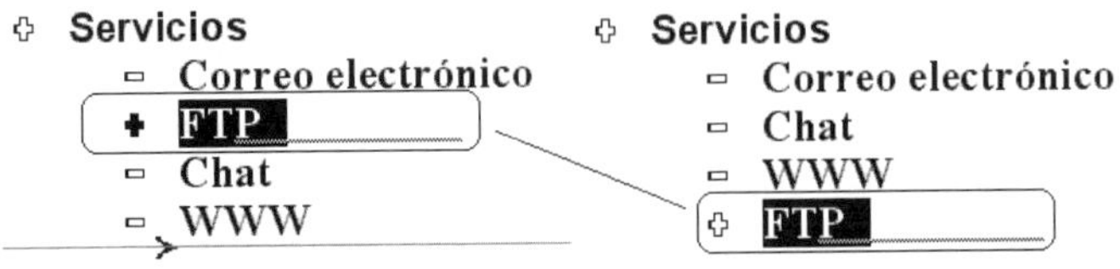

Figura 10.5. Reorganizar los contenidos en la vista **Esquema.**

4) Hacer clic en el botón **Expandir** de la barra de herramientas **Esquema**.

10.3. Numeración de niveles

Si se desean numerar esquemas se podrá utilizar alguno de los formatos de numeración que incluye Word. Al reestructurar los esquemas se actualizará automáticamente la numeración. Se deberán seguir los siguientes pasos:

1) Situar el punto de inserción en el esquema.

2) Elegir el comando **Numeración y viñetas** del menú **Formato**. Aparecerá el cuadro de diálogo **Numeración y viñetas** (Figura 10.6).

3) Seleccionar la ficha **Esquema numerado** haciendo clic en su pestaña. Hacer clic sobre el cuadro correspondiente para seleccionar el formato deseado. Si no se desea realizar ninguna modificación sobre el formato predeterminado por Word hacer clic en el botón **Aceptar**.

4) Hacer clic sobre el botón **Personalizar** si se desea variar algunas de las características del formato seleccionado (número inicial distinto de 1, espacio diferente entre numeración y texto, etc.). Puede consultar el apartado **Personalizar números o viñetas** del Capítulo 5, *Formatos de párrafo*.

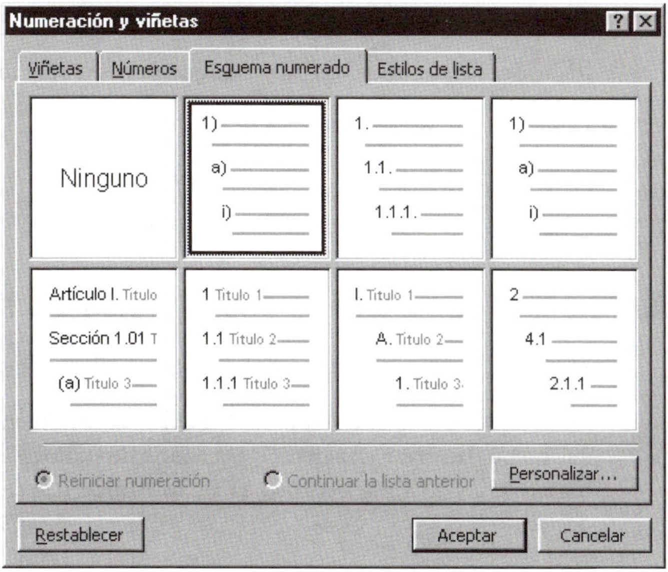

Figura 10.6. Cuadro de diálogo **Numeración y viñetas**.

ÍNDICES Y TABLAS DE CONTENIDO

10.4. Creación de un índice de referencia

Un índice de referencias permite localizar las páginas concretas en las que aparecen términos específicos en un documento. Pueden crearse subentradas de un término y hacer referencias cruzadas entre términos (Figura 10.7).

A

actividades · 1, 4, 5, 14
aprendizaje · 2, 6
asíncronas · 1, 2, 6, 14
  correo electrónico · 4, 6, 13
  foros · 4, 5
  lista de correo · 4, 6, 10
aula virtual · 1, 2, 3, 4

Figura 10.7. Modelo de **Índice de referencia**.

Para crear un índice hay que seguir los siguientes pasos:

1) Identificar el texto del documento que se desea incluir en el índice.

2) Definir la forma en que el índice será generado.

3) Generar el índice.

A. Identificar el texto que se desea incluir en el índice

1) Mover el punto de inserción al principio del documento.

2) Seleccionar el comando **Índice y Tablas** del submenú **Referencia** del menú **Insertar**. Aparecerá el cuadro de diálogo **Índices y tablas** (Figura 10.8). Seleccionar la ficha **Índice** haciendo clic en su pestaña.

3) Hacer clic en el botón **Marcar entrada**. Aparecerá el cuadro de diálogo **Marcar entrada de índice** (Figura 10.9).

4) Seleccionar en el documento el texto que se desee marcar como elemento de índice. El texto seleccionado aparecerá en el recuadro **Entrada**. Si fuera necesario se podría modificar el texto incorporado en dicho recuadro.

   Si se desea crear un segundo nivel (subapartado), se deberá escribir el texto en el recuadro **Subentrada**. Para incorporar un tercer nivel se deberá escribir el texto del subapartado en el recuadro **Subentrada** seguido de dos puntos (:) y después el texto del elemento del tercer nivel.

5) Hacer clic en el botón **Marcar** para incorporar la entrada seleccionada en el índice que se creará. Si se desea incorporar al índice todas las apariciones en el documento del elemento seleccionado, hacer clic en el botón **Marcar todas**. Si aparece en la misma página, Word no considera el elemento repetido y no lo incorporará en el índice.

6) Para incluir el resto de los elementos del índice repetir los pasos 3) a 5).

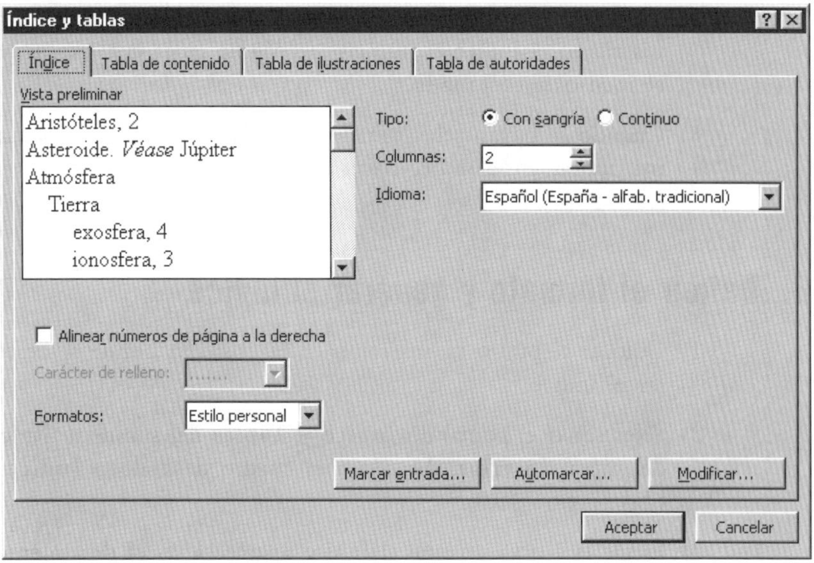

Figura 10.8. Cuadro de diálogo **Índice y tablas**. Ficha **Índice**.

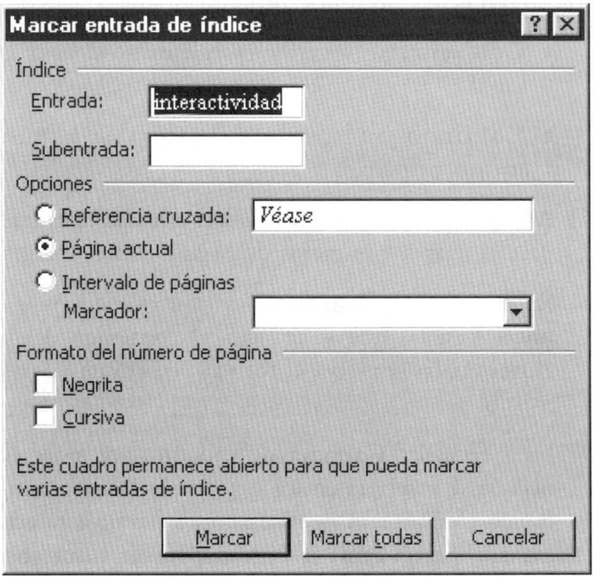

Figura 10.9. Cuadro de diálogo **Marcar entrada de índice**.

7) En la sección **Opciones**, la entrada seleccionada **Página actual**, inserta en el índice el número de página en la cual se encuentra el elemento seleccionado.

8) Cuando se hayan seleccionado todas las entradas del documento a incorporar en el índice hacer clic en el botón **Cerrar**.

B. Definir el formato y generar el índice

1) Colocar el punto de inserción en la posición donde se desee insertar el índice.

2) Seleccionar el comando **Índice y Tablas** del submenú **Referencia** del menú **Insertar**. Aparecerá el cuadro de diálogo **Índices y tablas** (Figura 10.8).

3) Elegir la forma en que el índice aparecerá en el documento entre las diferentes opciones que se muestran en el recuadro **Formatos**. Word muestra el formato escogido en el recuadro **Vista previa**.

4) En **Tipo**, las opciones disponibles son:

   - **Con sangría**. Situará el subelemento debajo del elemento principal.
   - **Continuo**. Situará el subelemento en la misma línea del elemento principal.

5) Activar la casilla de verificación **Alinear números a la derecha**, para alinear los números de página con el margen derecho.

6) En el recuadro **Columnas**, escribir o seleccionar el número de columnas en las que se reflejará el contenido del índice. La opción **Automático** conserva el formato de columna existente en el documento.

7) En el recuadro **Carácter de relleno** seleccionar el carácter de relleno que se insertará en los espacios en blanco entre las entradas del índice y el número de página (este cuadro está activo si se ha seleccionado previamente la opción **Alinear números a la derecha**).

8) Hacer clic sobre el botón **Aceptar**.

Word recorrerá el documento buscando las entradas del índice, que se insertará al final del documento. Si se desea colocar en otra posición, se deberá seleccionar todo el índice y arrastrarlo o moverlo hasta la posición deseada dentro del documento.

Si ya se ha generado un índice anteriormente, Word preguntará a través de un cuadro de diálogo, si el índice encontrado debe sobrescribirse, es decir actualizarse.

10.5. Tablas de contenido

Una **Tabla de contenido** es una lista de los títulos de un documento lo que nos proporciona un resumen de los temas tratados en el mismo.

Puede crearse una tabla de contenido utilizando los estilos de título integrados y los formatos de nivel de esquema de Microsoft Word. Una vez especificados los títulos que se desean incluir, puede elegirse un diseño y generar la tabla de contenido terminada.

Al generar una tabla de contenido, Word busca los títulos especificados, los ordena según el nivel del título y muestra la tabla de contenido en el documento (Figura 10.10).

NETcampus, EL TRABAJO COLABORATIVO EN UN CURSO VIRTUAL 1
Presentación 1
Herramientas de colaboración síncronas y asíncronas 2
Los foros de Debate 2
Listas de Correo 2
Correo Electrónico 3
La comunicación en tiempo real en el Aula Virtual: El Chat 3
Área de trabajos y exámenes. Aspectos de evaluación y control del progreso del alumnado 4
Otras herramientas de apoyo para el profesorado y el alumnado en el Aula Virtual 5
Conclusión 6
Bibliografía 6
Dirección de los autores 6

Figura 10.10. Modelo de **Tabla de contenido**.

En un documento Web, puede colocarse la tabla de contenido en un marco Web de modo que pueda desplazarse fácilmente por el documento.

Pasos para crear **Tablas de contenidos** a partir de los niveles de **Esquema** definidos previamente:

1) Seleccionar el comando **Índices y tablas** del submenú **Referencia** del menú **Insertar**.

2) Aparecerá el cuadro de diálogo **Índice y tablas**. Hacer clic en la ficha **Tabla de contenido** (Figura 10.11).

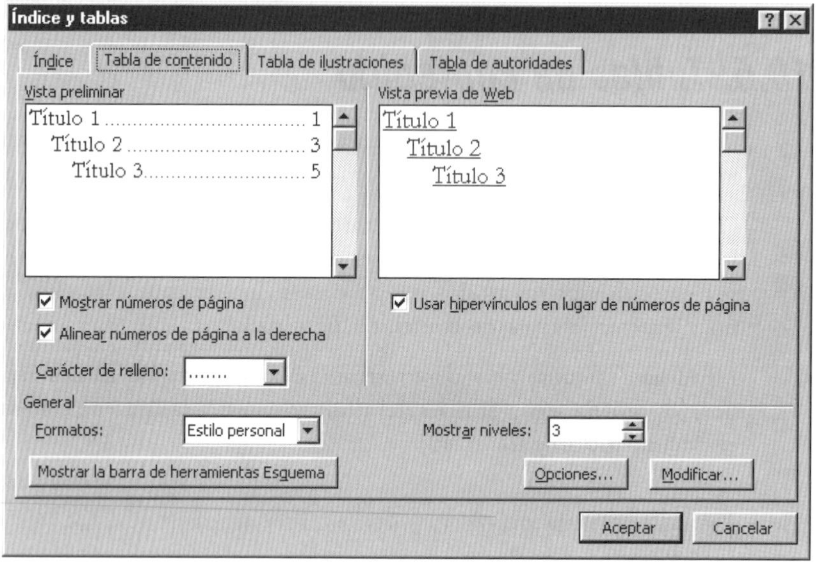

Figura 10.11. Cuadro de diálogo **Índice y tablas**.
Ficha **Tabla de contenido**.

3) Seleccionar el formato que se desea aplicar a la *Tabla de contenido* de los que se muestran en el cuadro de lista **Formatos**. Word muestra el formato seleccionado en el recuadro **Vista preliminar**.

4) Para alinear el número de página con el margen derecho, activar la casilla de verificación **Alinear números a la derecha**. Indicar el carácter de relleno para los espacios en blanco entre las distintas entradas del índice y el número de página en el cuadro de lista **Carácter de relleno**.

5) Indicar el número de niveles de título que desea mostrar en la tabla de contenido en el cuadro de incremento **Mostrar niveles**.

6) Si se desean incorporar párrafos a la Tabla de contenidos, pulsar sobre el botón **Mostrar la barra de herramientas esquema**, seleccionar el párrafo que se quiere añadir a la tabla de contenido y seleccionar en la barra de herramientas el nivel de esquema que se le desea asociar.

7) Hacer clic en el botón **Opciones.** Aparecerá el cuadro de diálogo **Opciones de tabla de contenido** (Figura 10.12).

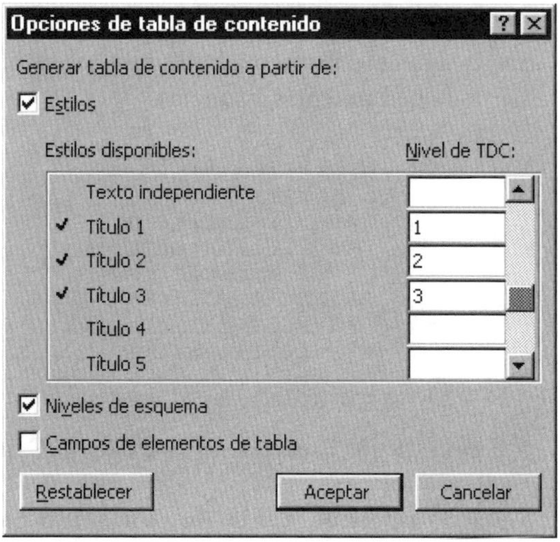

Figura 10.12. Cuadro de diálogo **Opciones de Tabla de contenido**.

8) Comprobar que la casilla de verificación **Estilos** está activada y escribir el número de nivel de la **Tabla de contenidos** que desea asignar al estilo correspondiente de la lista **Estilos disponibles**.

9) Hacer clic sobre el botón **Aceptar** del cuadro de diálogo **Opciones de tabla de contenidos** y, a continuación del cuadro de diálogo **Índice y tablas**.

La tabla de contenido (índice) aparecerá al principio del documento. Si se observa un código como *{ TOC \ o «1-3» \ h \ z}* en vez de la tabla de contenido es debido a que Word está configurado para mostrar los códigos de campo. Para visualizar la tabla de contenido, situar el punto de inserción en la tabla de contenido y seleccionar el comando **Opciones** del menú **Herramientas** y elegir la ficha **Ver**. Desactivar la casilla de verificación **Códigos de campo**.

Práctica 10

Las tres utilidades de Word estudiadas en este capítulo (Esquema, Índice de referencia y Tabla de contenidos) tienen su aplicación en documentos extensos.

En el **Centro de Recursos On-line**, en la página **Recursos** del Capítulo 10 encontrará un documento con el contenido de este capítulo. Descárguelo y realice las siguientes operaciones:

1. Crear el siguiente **Esquema** aplicando los niveles de esquema desde la barra de herramientas **Esquema**:

- CAPÍTULO 10. Esquemas. Índices
  - ESQUEMAS
    - 10.1. Creación de esquemas
    - 10.2. Mover texto en un esquema
    - 10.3. Numeración de niveles
  - INDICES Y TABLAS DE CONTENIDO
    - 10.4. Creación de un Indice de referencia
    - 10.5. Tablas de contenido
- Práctica 10

Figura 10.13. Esquema del documento **Capítulo 10.**

2. Crear la siguiente **Tabla de contenido** basada en el esquema creado en el punto anterior:

CAPÍTULO 10. Esquemas. Índices 1
ESQUEMAS 1
10.1. Creación de esquemas 2
10.2. Mover texto en un esquema 2
10.3. Numeración de niveles 3
INDICES Y TABLAS DE CONTENIDO 3
10.4. Creación de un Indice de referencia 3
10.5. Tablas de contenido 5
Práctica 10 7

Figura 10.14. Tabla de contenidos del documento **Capítulo 10.**

11

Formularios

Formularios

Los formularios son documentos especiales de Word que presentan texto fijo (títulos) y áreas en blanco que han de ser rellenadas con información variable por el usuario. Los formularios se realizarán a partir de tablas en cuyas celdas se deben incluir los elementos antes citados.

En las áreas en blanco se incluirán **Campos de formularios** que podrán ser rellenados escribiendo texto, seleccionando casillas de verificación o eligiendo opciones de una lista desplegable (Figura 11.1).

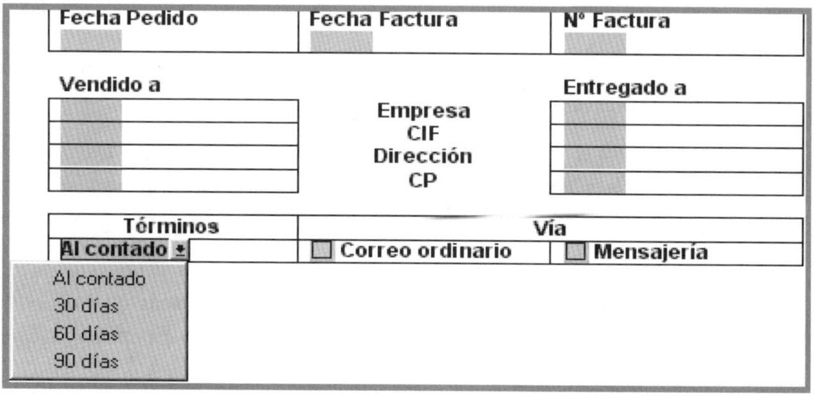

Figura 11.1. Ejemplo de formulario.

A la tabla que se utiliza como base para el formulario se le podrá dar el formato deseado según los procedimientos explicados en el Capítulo 9, *Tablas*.

Word dispone de una barra de herramientas **Formularios** que se deberá utilizar para crear y modificar los formularios. Para mostrarla en pantalla deberá seguir los pasos:

1) Elegir el comando **Barras de herramientas** del menú **Ver**.

2) En el submenú que aparece, elegir la barra de herramientas **Formularios**. Word mostrará en pantalla la barra de herramientas **Formularios** (Figura 11.2). Si la barra de herramientas aparece sobre el documento podrá arrastrarla a la parte superior.

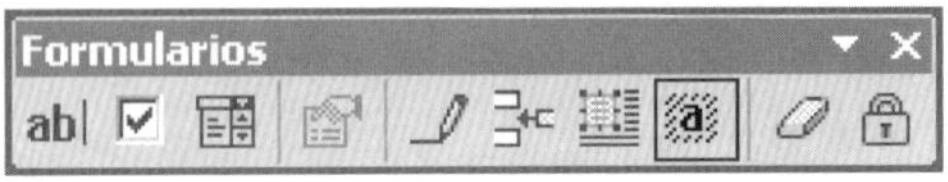

Figura 11.2. Barra de herramientas **Formularios.**

11.1. Creación de formularios

A continuación se especifican los pasos que se deben seguir para crear un formulario partiendo de una tabla. Para mejorar el resultado final, será conveniente incluir un título en cada una de las celdas de la tabla (Figura 11.1).

La introducción de campos deberá realizarse utilizando la barra de herramientas **Formularios**.

1) Elegir el comando **Nuevo** del menú **Archivo** (se utilizará el menú **Archivo** y no la barra de herramientas); aparecerá el cuadro de diálogo **Nuevo**.

2) Hacer clic en la pestaña de la ficha general y seleccionar el icono **Documento en blanco**. En el recuadro **Crear nuevo** seleccionar la opción **Plantilla**. Hacer clic en el botón **Aceptar**.

3) Crear una tabla con la estructura adecuada al formato del formulario deseado.

4) Incluir en cada celda el título correspondiente a la información que contendrá ese área del formulario.

5) Situar el punto de inserción en el área que deberá rellenar el usuario (preferiblemente bajo el título incluido en el punto anterior).

6) Incluir los campos de formulario; para ello, se deberá hacer clic en la barra de herramientas **Formularios** (Figura 11.2), sobre el botón correspondiente al tipo de campo deseado.

   Tipos de campos:

   - **Texto**. En este tipo de campo, el usuario podrá introducir una cantidad de texto variable.

     Si se desean variar las opciones asignadas por Word para este tipo de campo, después de insertar el campo de texto, se hará clic en el botón **Opciones de campos de formulario** de la barra de herramientas **Formulario**; aparecerá el cuadro de diálogo **Opciones de campo de formulario con texto** (Figura 11.3) en el que se podrán variar las siguientes opciones:

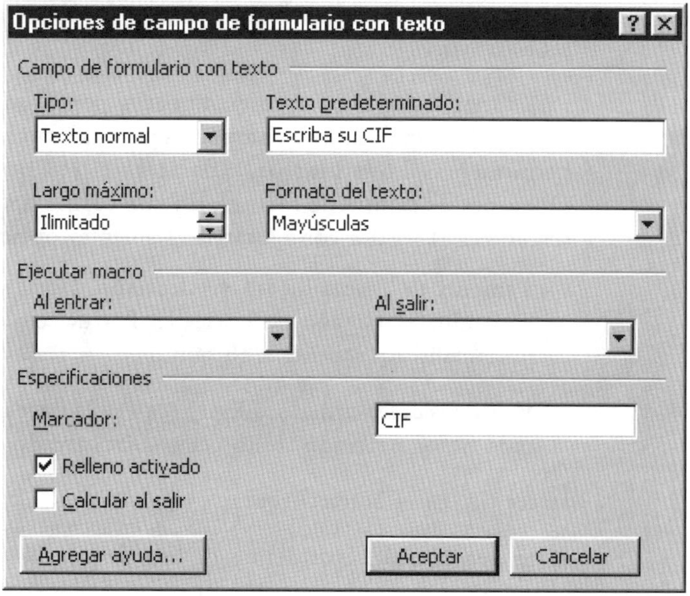

Figura 11.3. Opciones de campo de formulario con texto.

– **Tipo**. Permite limitar la entrada de texto a cualquier tipo de caracteres alfanuméricos, dígitos, fechas, horas y cálculos. Por defecto Word asignará tipo alfanumérico.

– **Largo máximo**. Limitará la cantidad de texto que se podrá introducir. Para especificar la cantidad de texto bastará con escribir el nuevo valor, o hacer clic en los botones de incremento. El valor por defecto es ilimitado.

– **Texto predeterminado**. Valor por defecto que mostrará el campo y que se mantendrá si el usuario no lo cambia. Por defecto Word no incluye texto predeterminado.

– **Formato de texto**. Al seleccionar en el cuadro de lista **Tipo** el valor **Texto normal** se podrá asignar formato de texto: **Mayúsculas**, **Minúsculas**, **Primera mayúsculas** o **Formato de título**.

Una vez establecidas las opciones deseadas, hacer clic en el botón **Aceptar**.

- **Casilla de verificación**. Es un campo que sólo admite los valores **Sí** o **No**.

Para variar las opciones predeterminadas por Word se hará clic en el botón **Opciones de campos de formulario** en la barra de herramientas **Formularios**. Aparecerá el cuadro de diálogo **Opciones de campo de formulario con casilla de verificación** (Figura 11.4). Podrá configurar las siguientes opciones:

– **Tamaño de la casilla de verificación**. Con esta opción se determina el tamaño de la casilla. Por defecto Word asigna un tamaño equivalente a 10 puntos.

– **Valor predeterminado**. Elegir si la casilla debe aparecer marcada (valor **Activado**) o no (valor **Desactivado**) por defecto.

Hacer clic en el botón **Aceptar**.

- **Lista desplegable**. Los campos de lista desplegable muestran un conjunto de opciones mediante una lista, de las cuales el usuario podrá elegir una.

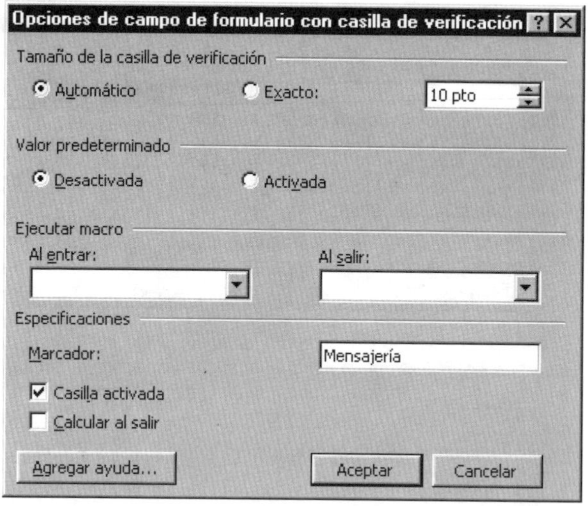

Figura 11.4. Opciones de campo de formulario con casilla de verificación.

Para incluir los elementos que aparecen al desplegar la lista se hará clic en el botón **Opciones de campos de formularios** en la barra de herramientas **Formularios**; aparecerá el cuadro de diálogo **Opciones de campos de formulario con lista desplegable** (Figura 11.5), debiendo el usuario realizar los siguientes pasos para añadir las opciones que mostrará la lista:

- Escribir el elemento deseado para la lista en el cuadro de texto **Elemento de la lista**.
- Hacer clic en el botón **Agregar**; dicho elemento pasará a la lista **Elementos en la lista**.
- Se repetirá este proceso para cada elemento de la lista.
- El botón **Quitar** borra el elemento de la lista seleccionado.
- Los botones dc flecha **Mover** desplazará el elemento de la lista seleccionado en la dirección de la flecha.

7) Repetir los pasos 5 y 6 para cada campo que se desee incluir en el formulario.

8) Una vez diseñado el formulario, éste se deberá proteger para impedir que cuando el usuario deba rellenarlo pueda cambiar los títulos o la

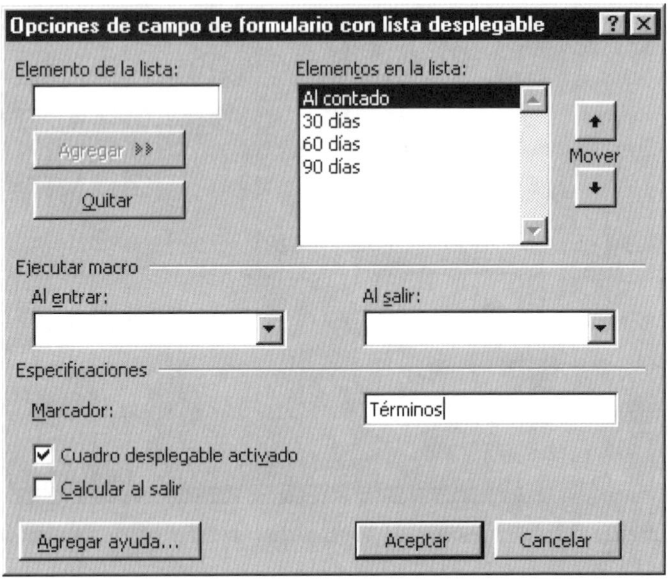

Figura 11.5 Opciones de campo de formulario con lista desplegable.

estructura de la tabla. Para proteger el formulario, hacer clic en el botón **Proteger** de la barra de herramientas **Formularios**.

9) Elegir el comando **Guardar como** del menú **Archivo**. En la opción **Guardar como tipo** aparecerá **Plantilla de documento**. Posteriormente escribir el nombre del formulario en el recuadro **Nombre de archivo**.

10) Hacer clic en el botón **Guardar**.

11.2. Rellenar formularios

Microsoft Word permite rellenar formularios en pantalla; para ello se deberán seguir los siguientes pasos:

1) Elegir el comando **Nuevo** del menú **Archivo**. Aparecerá el cuadro de diálogo **Nuevo**. Seleccionar la ficha **General** y hacer doble clic sobre la plantilla del formulario creada (consulte el apartado 11.1 para recordar cómo crear una plantilla de formulario).

2) Aparecerá el formulario en pantalla con el primer campo de formulario seleccionado. Rellenar con la información correspondiente:

   - **Tipo texto**. Bastará con escribir el texto solicitado.
   - **Casilla de verificación**. Hacer clic cuando el puntero del ratón se encuentre sobre la casilla de verificación, o bien pulsar la barra espaciadora para cambiar su valor actual.
   - **Lista desplegable**. Hacer clic sobre el botón de flecha y elegir el elemento de la lista deseado, para ello hacer clic sobre su nombre.

Para modificar cualquiera de los datos del formulario se deberá situar el punto de inserción en dicho campo y realizar la modificación.

Una vez cumplimentado el formulario se podrá imprimir o archivar como un documento normal.

11.3. Modificación de un formulario

Word permite realizar modificaciones sobre los formularios pudiendo añadir nuevos campos, eliminar campos existentes y variar tamaños y textos.

1) Elegir el comando **Abrir** del menú **Archivo**; aparecerá en pantalla el cuadro de diálogo **Abrir**.

2) En el recuadro **Tipo de archivo** seleccionar la opción **Plantillas de documento**.

   En el cuadro de lista **Buscar en** seleccionar la carpeta donde se encuentre el formulario que se desea abrir (habitualmente los formularios serán guardados en la carpeta **Plantillas** que se encuentra dentro de la carpeta **Office**).

   Seleccionar el formulario que se desea modificar y hacer clic en el botón **Abrir**.

3) Si el formulario fue protegido, se deberá desproteger; para ello hacer clic en el botón **Proteger formulario** de la barra de herramientas **Formularios**.

4) Si se desea *modificar* un *título*, basta con situar el punto de inserción y efectuar la modificación escribiendo el nuevo título.

Para *modificar* el tipo de campo se debe hacer clic sobre dicho campo (con objeto de seleccionar el campo), y posteriormente elegir el nuevo tipo en la barra de herramientas **Formularios**, que sustituirá al campo seleccionado.

Si se desean *modificar* las propiedades del campo y no el tipo, hacer doble clic sobre la zona sombreada del mismo. Aparecerá el cuadro de diálogo de opciones del campo del formulario correspondiente, pudiendo el usuario realizar los cambios oportunos.

Para *añadir* campos se deben añadir nuevas celdas a la tabla y realizar los pasos descritos en el apartado 11.1, *Creación de formularios*.

Si se desean eliminar campos, bastará con eliminar las celdas que contengan el campo a eliminar.

5) Hacer clic en el botón **Proteger formulario** de la barra de herramientas **Formularios**.

6) Elegir el comando **Guardar** del menú **Archivo**, o hacer clic en el botón **Guardar**.

Práctica 11

Diseñar el formulario mostrado a continuación. El campo *Vía* será un campo de tipo **Casilla de verificación** con las opciones: *Correo ordinario* y *Mensajería*. El campo *Términos* será una **Lista desplegable** con las siguientes opciones: Al contado, 30 días, 60 días y 90 días.

Fecha pedido:	Fecha factura:	Nº factura:

Vendido a:

Entregado a:

Términos	Vía:	
Al contado	☐ Correo ordinario	☐ Mensajería

12

Imágenes y Dibujo

Imágenes y Dibujo

Word dispone de un conjunto de herramientas que permite que los documentos resulten más vistosos para el lector. Estas herramientas de fácil manejo permiten incorporar imágenes a los documentos, realizar efectos especiales con palabras o frases, e incluso diseñar ecuaciones. Todas estas operaciones se realizan utilizando el menú **Insertar**.

Una vez incorporada al documento una imagen, un efecto especial de texto o una ecuación, pasarán a ser parte del documento. Se le podrá ajustar el tamaño, modificar su posición dentro del documento y realizar modificaciones de su contenido.

12.1. Insertar imágenes

Word permite incorporar imágenes (clips) a los documentos con el objetivo de mejorar la comprensión del texto. Las imágenes quedarán situadas en la posición donde se encuentre el punto de inserción.

Para incorporar imágenes a los documentos se podrán insertar:

- *Imágenes gráficas*: prediseñadas que proporciona Word, diseñadas con otras aplicaciones (Lotus 1-2-3, Corel Draw, etc.) e imágenes digitalizadas.

- *Objetos de dibujo*. Los objetos de dibujo incluyen **Autoformas**, diagramas, curvas, líneas y objetos de dibujo de **WordArt**. La barra de herramientas **Dibujo** permite dibujar, cambiar y mejorar estos objetos con colores, tramas, bordes y otros efectos.

Microsoft Word XP presenta un *lienzo de dibujo* que ayuda a organizar los distintos elementos que forman el dibujo y proporciona un limite entre el dibujo o imagen y el resto del documento.

Insertar imágenes prediseñadas

Para insertar una imagen prediseñada se deben seguir los siguientes pasos:

1) Situar el punto de inserción en el lugar donde se desee incorporar la imagen.

2) Elegir el submenú **Imagen** del menú **Insertar**. En el submenú que aparece elegir el comando **Imágenes prediseñadas**.

3) Aparece el panel de tareas **Insertar imagen prediseñada** (Figura 12.1). Las opciones del panel son:

   - **Buscar** imágenes prediseñadas.

     1. Para localizar el archivo de imagen (que incluye imágenes, sonido, animación o películas) que se desea insertar en el documento: En el cuadro de texto **Buscar texto**, escribir una palabra o una expresión que describa el archivo, el nombre del archivo o parte de él.

        Si no conoce el nombre exacto del archivo, puede usar caracteres comodín para reemplazar uno o varios caracteres reales. El carácter comodín asterisco (*) sustituye de cero a varios caracteres en el nombre de un archivo. El comodín signo de interrogación (?)sustituye sólo un carácter en el nombre de un archivo.

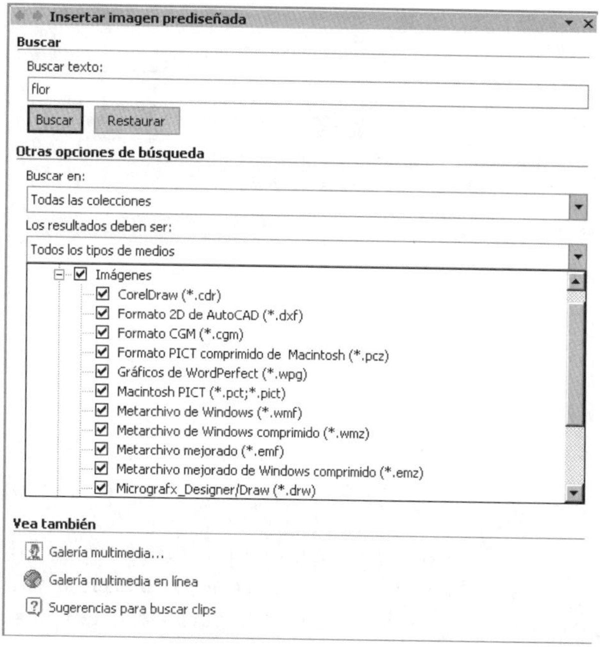

Figura 12.1. Panel de tareas **Insertar imagen prediseñada**.

2. Si desea limitar la búsqueda, puede elegir uno o ambos procedimientos:

   – Para buscar en una colección específica de clips, en el cuadro de lista desplegable **Buscar en**, hacer clic en la flecha y seleccionar las colecciones en las que desea buscar. Activar la casilla de verificación situada a la derecha de la colección en la que se desea buscar.

   – Para limitar los resultados de la búsqueda a un tipo específico de archivos multimedia, en el cuadro de lista desplegable **Los resultados deben ser**, hacer clic en la flecha y activar las casillas de verificación situadas junto a los tipos de clips que se desea buscar.

3. Haga clic en el botón **Buscar** para comenzar la búsqueda.

4. En el panel de tareas **Insertar imagen prediseñada** aparecerán los resultados de la búsqueda (Figura 12.2).

Figura 12.2 Resultados de la búsqueda (panel de tareas **Insertar imagen prediseñada**).

– Para insertar un clip, hacer clic en el botón de flecha que aparece a la derecha de la imagen al señalarla con el puntero del ratón y, después elegir el comando **Insertar**.

– Para borrar los campos de criterios de búsqueda e iniciar una nueva búsqueda, debajo del cuadro **Resultados**, hacer clic en el botón **Modificar**.

- **Galería multimedia en línea.**

Para insertar en sus documentos imágenes disponibles en el sitio Web de Microsoft, debe disponer de una conexión a Internet y de un módem o cualquier otro tipo de conexión a Web. También necesita un explorador Web que pueda utilizar marcos y JavaScript (como Microsoft Internet Explorer 4.0 o superior) para utilizar esta función.

Para conectarse a un sitio especial Web para usuarios de la **Galería**:

1. En el panel de tareas, hacer clic en el hiperenlace **Galería multimedia en línea**. Aparece el cuadro de diálogo **Conexión de acceso telefónico** si no está conectado a Internet. Hacer clic en el botón **Conectar**.

2. Se mostrará la ventana del navegador configurado como predeterminado con el sitio Web de Microsoft Office - Desing Gallery

Live (Figura 12.3). Hacer clic en el botón **Aceptar** para admitir el contrato de licencia y así buscar clips adicionales en el sitio Web de Microsoft.

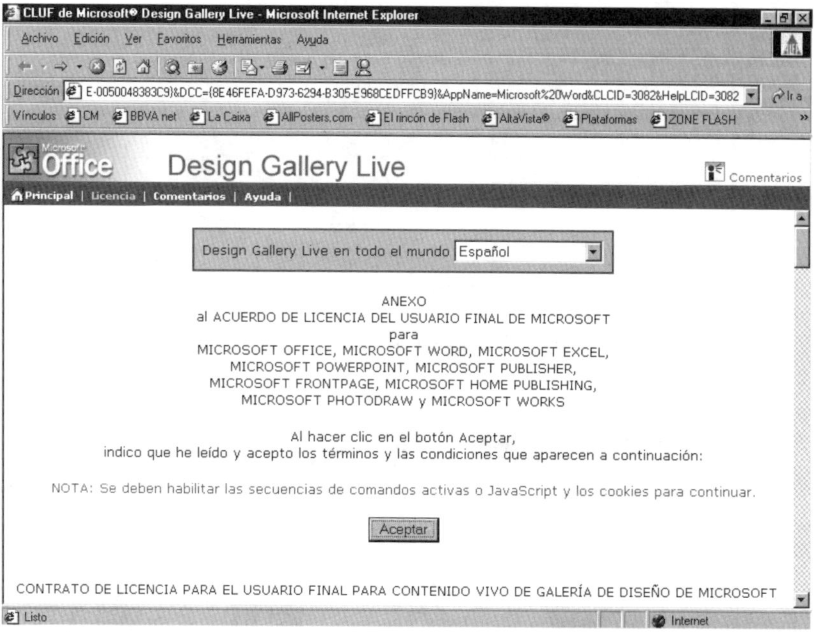

Figura 12.3. Sitio Web de Microsoft Office - Desing Gallery Live.

3. En la siguiente página Web cargada (Figura 12.4) elegir la categoría de clips que se desea añadir en la Galería de su Microsoft Word. Para ello:

   Elegir una o varias de las siguientes opciones: escribir una palabra que identifique el fichero de imagen que desea obtener en el cuadro de texto **Buscar,** una categoría en el cuadro de lista **Buscar en,** tipo de imágenes en el cuadro de lista **Los resultados deben ser**, y hacer clic en el botón **Go**. También puede hacer clic en uno de los hipervínculos que aparecen a la derecha de la página Web: **Clips especiales, Colecciones** o **Seleccionar estilos.**

4. El navegador cargará una nueva página web (Figura 12.5) que mostrará las imágenes de la categoría seleccionada. Hacer clic en la casilla o casillas, para marcarla, de las imágenes que se deseen descargar en su equipo.

Figura 12.4. Microsoft Office - Desing Gallery Live. Categorías.

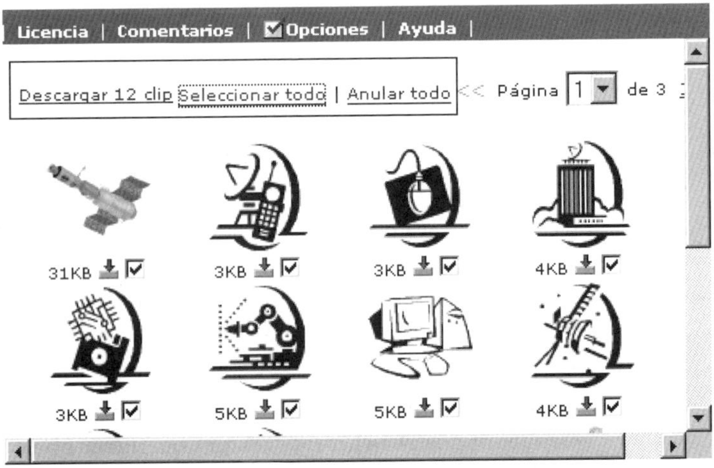

Figura 12.5. Página Desing Gallery Live. Galería de imágenes.

5. Hacer clic en el hipervínculo **Descargar** *número_imágenes_seleccionadas* **Clips** (donde *número_imágenes_seleccionadas* representa el número de casillas de imágenes seleccionadas).

   Todos los clips descargados desde el sitio Web serán incluidos en la categoría **Clips descargados**, así como en todas las categorías preasignadas a los clips.

- **Agregar imágenes a la galería multimedia desde un archivo**

1. Hacer clic en el hiperenlace **Galería multimedia**, situado al final del panel de tareas **Insertar imágenes prediseñadas.**
2. En el cuadro de diálogo **Galería multimedia** (Figura 12.6), elegir el comando **Agregar clips a la galería** del menú **Archivo** y, a continuación hacer clic en la opción **Por mi cuenta.**

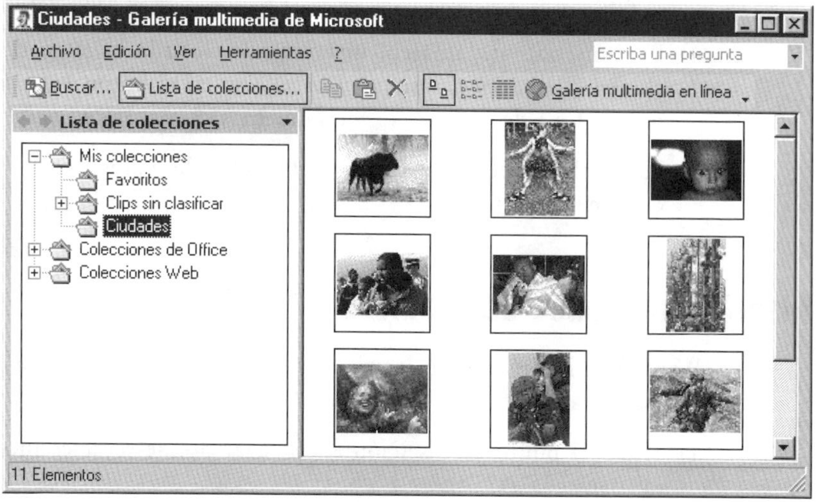

Figura 12.6. Cuadro de diálogo **Galería multimedia.**

3. Localizar la carpeta que contiene el clip o los clips que desea agregar y, a continuación, seleccionarlos.
4. Hacer clic en el botón **Agregar a** para seleccionar la colección a la que quiere agregar el clip (o clips), o hacer clic en el botón **Nuevo** para crear una nueva carpeta.
5. Hacer clic en **Agregar.**

   Al agregar archivos multimedia, la Galería multimedia crea automáticamente subcolecciones nuevas en **Mis colecciones.** Estas colecciones reciben el nombre de las carpetas correspondientes del disco duro. La Galería multimedia también crea palabras clave de búsqueda basadas en la extensión del archivo y el nombre de la carpeta, de modo que pueda encontrar los archivos posteriormente con facilidad.

Si desea catalogar, crear colecciones y agregar palabras clave para su búsqueda basadas en la extensión y el nombre de los archivos multimedia guardados en su sistema, elegir la opción **Automáticamente** del submenú **Agregar clips a la galería** del menú **Archivo**. Los nuevos clips se agregan a la carpeta **Mis colecciones** de la Galería multimedia, organizados en carpetas cuyo nombre refleje la carpeta del disco en la que se ha encontrado el clip.

4) Para insertar una imagen, una vez seleccionada la categoría, hacer clic en la imagen a insertar y hacer clic en el botón **Insertar** (primer botón) de la barra de herramientas que aparece.

5) Hacer clic en el botón **Cerrar** del cuadro de diálogo para volver al documento.

Insertar imágenes de archivos

Word permite insertar imágenes existentes en las unidades de almacenamiento, para ello:

1) Situar el punto de inserción en el lugar donde se desee incorporar la imagen.

2) Elegir el comando **Imagen** del menú **Insertar**; posteriormente seleccionar el comando **Desde archivo**. Aparece el cuadro de diálogo **Insertar imagen** (Figura 12.7).

3) En el cuadro de lista desplegable **Buscar en**, seleccionar la unidad y la carpeta donde se encuentre la imagen que se desea insertar.

4) Seleccionar el archivo a insertar. En el cuadro **Vista preliminar** aparecerá la imagen seleccionada, si no aparece, hacer clic en el botón **Vista** y elegir la opción **Vista preliminar** o **Miniatura**.

5) Hacer clic en el botón **Insertar**.

Word mostrará la imagen seleccionada (si no estuviera seleccionada, hacer clic en ella para seleccionarla) en el documento en la posición donde se encontraba el punto de inserción. Puede observar que Word ha cambiado al modo de visión **Diseño de impresión**; si se trabaja en el modo de visión **Normal** no se verá la imagen en el documento.

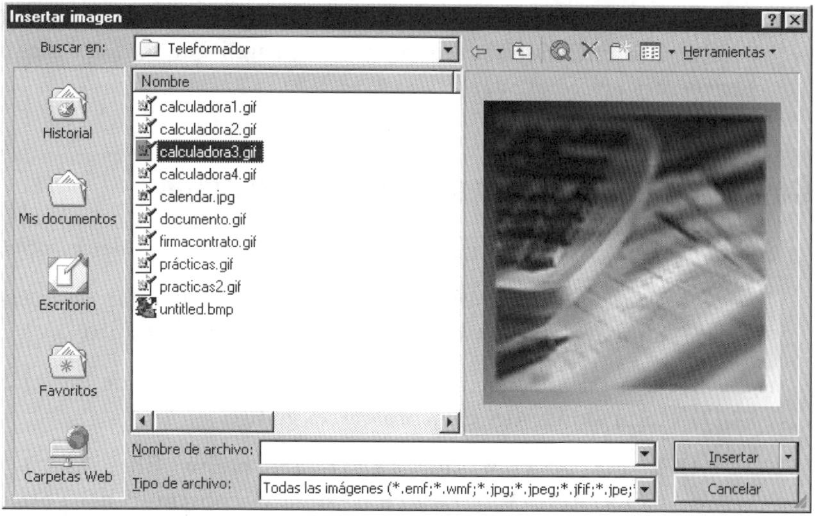

Figura 12.7. Cuadro de diálogo **Insertar imagen**.

También aparecerá en pantalla la barra de herramientas **Imagen** (Figura 12.8); si no apareciera se podrá mostrar, elegir el comando **Barras de herramientas** del menú **Ver** y posteriormente elegir el comando **Imagen**. Esta barra de herramientas desaparece cuando la imagen deja de estar seleccionada y vuelve a aparecer al seleccionar la imagen (hacer clic en ella).

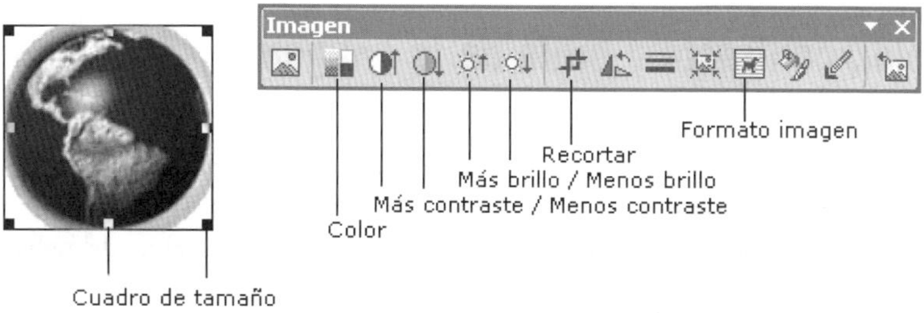

Figura 12.8. Barra de herramientas **Imagen**.

Una vez incluida una imagen en el documento, será posible realizar un conjunto de operaciones que permitirán adaptar la imagen a las necesidades del usuario. Estas operaciones pueden realizarse utilizando la barra de herramientas **Imagen** cuando la imagen que se desea modificar se encuentre seleccionada.

Copiar y pegar gráficos de otra aplicación

1) Abrir el archivo que contenga el gráfico que se desee copiar.
2) Seleccionar el gráfico. Elegir el comando **Copiar** del menú **Edición** (esta acción copia en el Portapapeles el gráfico).
3) Pasar al documento de Word y situar el punto de inserción en el lugar donde desee incorporar el gráfico.
4) Elegir el comando **Pegar** del menú **Edición** o pulsar CONTROL+V (esta acción copia el contenido del Portapapeles en el documento de Word, en la posición del punto de inserción).

También podrá utilizar el **Portapapeles de Office** para pegar el contenido del Portapapeles.

12.2. Formato de imagen

Las operaciones que pueden realizarse sobre una imagen insertada en un documento de Word se describen a continuación:

Color, contraste y brillo de la imagen

Word permite cambiar el color de la imagen y convertirla en una imagen en blanco y negro o en una imagen en tonos grises. Hacer clic en el botón **Color** de la barra de herramientas **Imagen** (Figura 12.8) y seleccionar la opción de color deseada (la opción **Automático** devuelve a la imagen el color original).

Los botones **Más contraste** y **Menos contraste** de la barra de herramientas **Imagen** (Figura 12.8) permiten variar el porcentaje de contraste en la imagen.

Los botones **Más brillo** o **Menos brillo** de la barra de herramientas **Imagen** (Figura 12.8) determinan el brillo que presentará la imagen.

Mover una imagen

Word incluye la imagen en la posición donde se encontraba el punto de inserción; no obstante, es posible cambiar su posición. Para mover la imagen:

1) Seleccionar la imagen.
2) Situar el punto de inserción en el área de la imagen, el punto de inserción adoptará forma de flecha con cuatro puntas; arrastrar la imagen hasta alcanzar la posición deseada.

Al desplazar la imagen, el texto que hubiera junto a ella se desplazará según las opciones de ajuste que se hubieran establecido.

Ajustar el tamaño de una imagen

El tamaño de la imagen puede variar una vez incorporada en el documento. Se podrá variar el tamaño manteniendo o no las proporciones del gráfico original.

1) Seleccionar la imagen haciendo clic en su área.
2) Aparecerán junto a la imagen los cuadros de tamaño (en sus vértices) y los controladores centrales (en la zona central de los lados).
3) Señalar con el puntero del ratón uno de estos cuadros (el puntero del ratón adopta forma de flecha de doble punta) y arrastrar hasta conseguir el tamaño deseado.

   Si se arrastra sobre un cuadro de tamaño (situado en sus vértices) se mantendrán las proporciones de la imagen original.

   Si se arrastra sobre un cuadro central (situado en la zona central de los lados) no se mantendrán las proporciones de la imagen original.

   Si se desea que la imagen adopte un tamaño concreto será posible especificarlo como sigue:

1) Seleccionar la imagen.
2) Hacer clic en el botón **Formato de imagen** de la barra de herramientas **Imagen** (Figura 12.8) o hacer clic con el botón derecho del ratón sobre la imagen y elegir el comando **Formato de imagen** del menú **Contextual**.

3) Aparecerá en pantalla el cuadro de diálogo **Formato de imagen**. Seleccionar la ficha **Tamaño** (Figura 12.9).

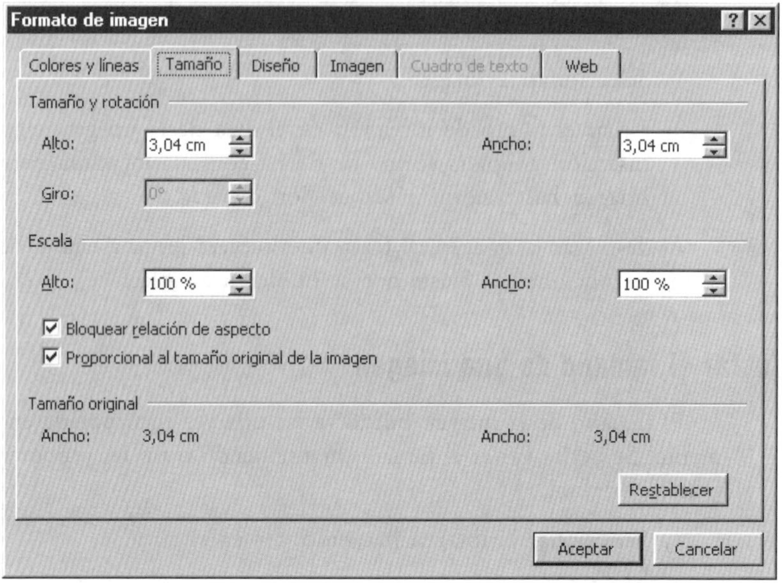

Figura 12.9. Cuadro de diálogo **Formato de imagen**. Ficha **Tamaño**.

La ficha **Tamaño** presenta las siguientes opciones:

- **Tamaño y rotación**. En este recuadro se puede establecer el tamaño (expresado en centímetros) modificando los valores de los cuadros **Alto** y **Ancho**.
- **Escala**. Se puede establecer el tamaño como un porcentaje del tamaño original de la imagen, modificar los valores de los cuadros **Alto** y **Ancho**.
- **Bloquear relación de aspecto**. Si está activada la casilla impide que al cambiar el tamaño varíen las proporciones originales de la imagen.
- **Restablecer**. El botón **Restablecer** devuelve a los cuadros **Alto** y **Ancho** los valores originales de la imagen.

4) Hacer clic en el botón **Aceptar**.

Recortar una imagen

Word permite recortar las imágenes incorporadas a los documentos. Se deben seguir los siguientes pasos:

1) Hacer clic en el área de la imagen para seleccionarla.
2) Hacer clic en el botón **Recortar** de la barra de herramientas **Imagen**.
3) Situar el puntero del ratón sobre alguno de los cuadros de tamaño o controladores centrales y arrastrar hasta que la imagen adopte el aspecto deseado.
4) Hacer clic de nuevo en el botón **Recortar** para finalizar con esta operación.

Aplicar bordes y rellenos a una imagen

Si se desea aplicar bordes y rellenos a una imagen se deben seguir los siguientes pasos:

1) Seleccionar la imagen.
2) Hacer clic con el botón derecho del ratón sobre la imagen y elegir el comando **Formato de imagen** del menú contextual.
3) Aparece el cuadro de diálogo **Formato de imagen**, seleccionar la ficha **Colores y líneas** (Figura 12.10).
4) Las opciones de la ficha **Colores y líneas**, son:
   - **Relleno**. Se establecerá el relleno o color de fondo para la imagen. Hacer clic en el botón con flecha que aparece a la derecha de la lista Color, y elegir el color de fondo deseado. Es posible elegir tramas y texturas mediante la opción **Efectos de relleno**.
   - **Línea**. En este recuadro se pueden determinar el **Color**, **Tipo**, **Estilo** y **Grosor** para el borde de la imagen (las imágenes prediseñadas presentan estas opciones desactivadas indicando que no admiten líneas de bordes). En primer lugar se deberá elegir el color y posteriormente el resto de las opciones.
5) Hacer clic en el botón **Aceptar**.

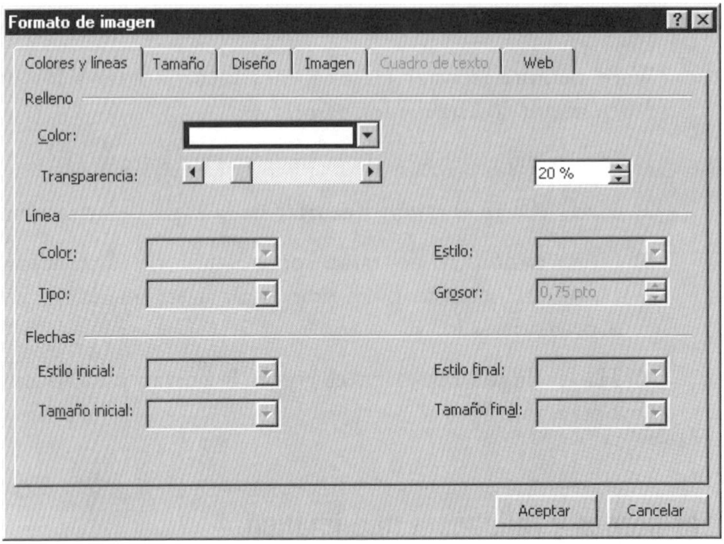

Figura 12.10. Cuadro de diálogo **Formato de imagen**. Ficha **Colores y líneas**.

Otra forma de establecer bordes es hacer clic en el botón **Estilo de línea** de la barra de herramientas **Imagen** y en la galería de líneas que aparece seleccionar el estilo deseado. Esta opción no permite establecer el color de la línea ni el relleno.

Establecer ajustes del texto

Los ajustes determinan cómo debe distribuirse el texto respeto de la imagen. Inicialmente el texto podrá escribirse en la parte superior y en la parte inferior de la imagen, pero no junto a ella. Para variar el estilo de ajuste:

1) Seleccionar la imagen.
2) Hacer doble clic sobre la imagen. Aparece el cuadro de diálogo **Formato de imagen**, seleccionar la ficha **Diseño** (Figura 12.11).
3) En el cuadro **Estilo de ajuste** se debe seleccionar un estilo que identifique la forma en que se debe distribuir el texto respecto de la imagen:

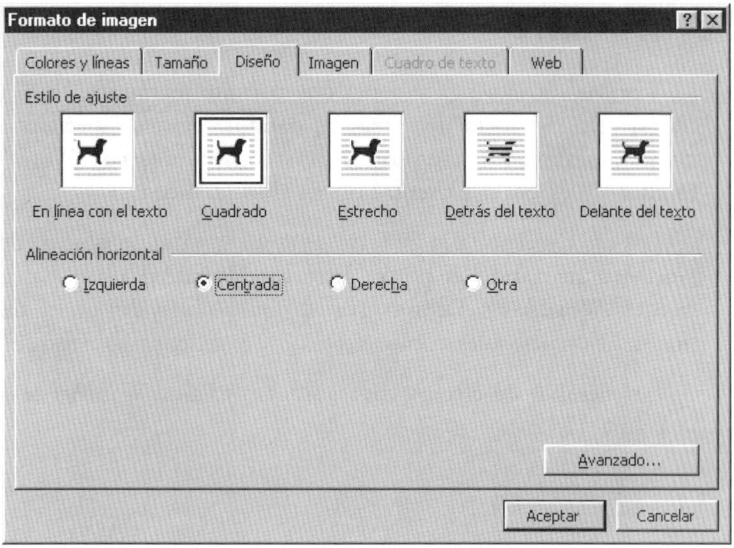

Figura 12.11. Cuadro de diálogo **Formato de imagen**. Ficha **Diseño**.

- **En línea con el texto**. Sitúa la imagen en el punto de inserción de una línea de texto del documento.
- **Cuadrado**. Se considera la imagen incluida dentro de un marco y se distribuye el texto alrededor de dicho marco.
- **Estrecho**. El texto se distribuye alrededor de los bordes reales de la imagen.
- **Detrás del texto**. Coloca la imagen detrás del texto del documento.
- **Delante del texto**. La imagen la coloca delante del texto del documento.

4) En el recuadro **Alineación horizontal**. Elegir la alineación horizontal (posición respecto a los márgenes izquierdo y derecho) que desee para la imagen: **Izquierda, Centrada, Derecha** u **Otra**.

5) Hacer clic en el botón **Aceptar**.

12.3. WordArt

WordArt es una herramienta que permite manipular texto (palabras o frases) como si fuera una imagen, dándole efectos especiales como rotaciones, sombreados, etc. Los efectos conseguidos con WordArt pueden resultar útiles en la presentación de documentos.

Los efectos especiales de texto se crean insertando objetos de dibujo de WordArt utilizando el botón **Insertar WordArt** de la barra de herramientas **WordArt** o **Dibujo**, con el que también dispondrá de características adicionales, tales como efectos 3D y rellenos con textura.

Un ejemplo de efectos conseguidos mediante WordArt se muestra en la Figura 12.12.

Figura 12.12. Efectos de texto con WordArt y Botón **Insertar WordArt**.

Insertar un objeto de dibujo de WordArt

1) Elegir el submenú **Imagen** del menú **Insertar** y después el comando **WordArt** o hacer clic en el botón **Insertar WordArt** (Figura 12.12) en la barra de herramientas **Dibujo** o **WordArt**.

2) Aparecerá el cuadro de diálogo **Galería de WordArt** (Figura 12.13). Hacer clic en uno de los estilos de objeto de dibujo de WordArt y, a continuación, hacer clic en el botón **Aceptar**.

3) En el cuadro de diálogo **Modificar texto de WordArt** (Figura 12.14) que aparece, escribir el texto al que desee dar formato, seleccionar el tipo de letra (fuente), tamaño y atributos (negrita y cursiva) que desee y hacer clic en el botón **Aceptar** para regresar al documento.

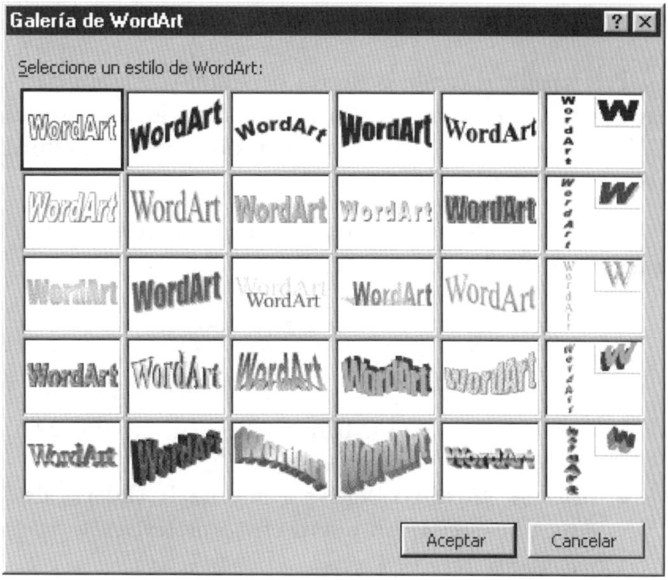

Figura 12.13. Cuadro de diálogo **Galería de WordArt**.

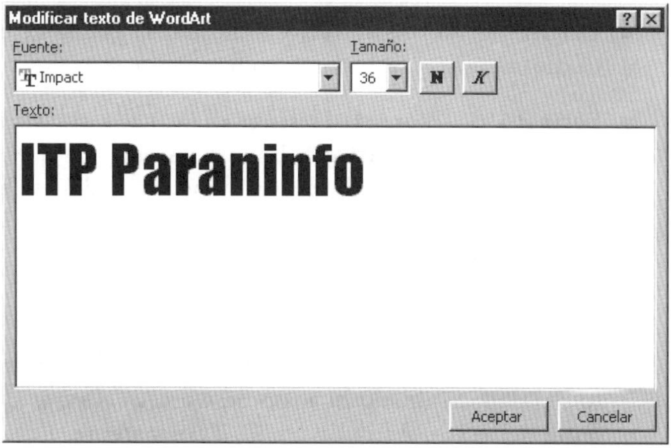

Figura 12.14. Cuadro de diálogo **Modificar texto de WordArt**.

En pantalla aparecerá el efecto de texto y la barra de herramientas WordArt (Figura 12.15). Esta barra se mantendrá en pantalla mientras el efecto de texto se encuentre seleccionado.

Modificar efectos de texto

Para añadir o cambiar efectos de texto, puede utilizar los botones de las barras de herramientas **WordArt** y **Dibujo**. La barra de herramientas WordArt aparecerá al hacer clic en texto especial de **WordArt** insertado en el documento.

Descripción de los comandos de barra de herramientas **WordArt** (Figura 12.15) de derecha a izquierda:

Figura 12.15. Barra de herramientas **WordArt**.

- **Insertar WordArt**. Vuelve a mostrar la **Galería de WordArt** permitiendo insertar un nuevo efecto de texto.
- **Modificar texto**. Muestra el cuadro de diálogo **Modificar texto de WordArt**, permitiendo cambiar el texto escrito en el efecto seleccionado.
- **Galería de WordArt**. Vuelve a mostrar la galería de efectos, permitiendo modificar la forma y colores del texto.
- **Formato de WorArt**. Presenta en pantalla el cuadro de diálogo **Formato de WordArt** con las mismas opciones que muestra la Figura 12.11, *Formato de imagen*, donde se podrá establecer el color de relleno, tipo y color del borde del efecto, etc.
- **Forma de WordArt**. Al hacer clic en este botón aparecerá una paleta con formas geométricas a las que se adaptará el texto.
- **Ajuste de texto**. Permite determinar cómo debe distribuirse el texto respecto del dibujo de texto de WordArt: **Detrás del texto, Delante del texto, Arriba y abajo, Transparente**, etc.
- **Mismo alto de letra de WordArt**. Iguala la altura de los caracteres, estén escritos en mayúsculas o en minúsculas.
- **Texto vertical de WordArt**. Al hacer clic en este botón cambia la orientación del texto.

- **Alineación de WordArt**. Permite establecer la alineación del texto dentro del efecto.
- **Espacio entre caracteres de WordArt**. Determina la separación entre caracteres.

Para insertar un borde a un efecto de texto se deben realizar los mismos pasos que se describieron en el apartado 12.1, *Insertar imágenes,* anteriormente en este mismo capítulo. También es posible establecer un color de fondo o relleno para el efecto de texto.

A un efecto creado con WordArt se le podrá ajustar el tamaño como se explicó en el apartado 12.1, *Insertar imágenes* en este capítulo, si en la opción tamaño se dejó el valor predeterminado **Justo**. También será posible cambiar su posición dentro del documento arrastrándola.

12.4. Dibujar formas

Si desea resaltar un elemento, puede señalarlo con una flecha insertando un objeto gráfico. Los objetos se pueden mover, cambiar de tamaño y asignarlos un formato determinado.

Los elementos de diseño que se describen podrá insertarlos en cualquier posición de un documento dentro del *lienzo de dibujo* que le permitirá organizar los distintos elementos que forman el dibujo y proporciona un límite entre el dibujo y el resto del documento.

Para dibujar de forma sencilla siga las siguientes indicaciones:

1) Mostrar la barra de herramientas **Dibujo**, elegir el comando **Dibujo** del submenú **Barras de herramientas** del menú **Ver**. Aparecerá la barra de herramientas **Dibujo** (Figura 12.16).

Figura 12.16. Barra de herramientas **Dibujo.**

2) Seguir uno de los siguientes procedimientos:

   - Para dibujar una autoforma, hacer clic en el botón **Autoforma** (Figura 12.16) de la barra de herramientas **Dibujo** o el comando **Autoforma** del submenú **Imágenes** del menú **Insertar**.

- Se desplegará una paleta con las formas disponibles (Figura 12.17), elegir la que necesite haciendo clic en ella y arrastrar el puntero del ratón desde una esquina del área donde desea que aparezca la autoforma (**Conectores**, **Diagramas de flujo**, **Cintas**, **Estrellas**, etc.) hasta la diagonal opuesta.

Figura 12.17. Botón **Autoformas**.

- Para dibujar una flecha, rectángulo o elipse, hacer clic -o doble clic si desea dibujar más de una forma consecutivamente-, en el botón **Flecha** o en cualquier otro botón **Línea**, **Rectángulo**, **Elipse**, etc., y arrastrar el puntero del ratón desde una esquina del área donde desea que aparezca la flecha, hasta la diagonal opuesta para dibujarla en el *lienzo de dibujo* que aparece.

3) Aplicar un estilo personalizado a la forma dibujada:

- Para elegir un estilo de línea o flecha, antes de dibujarla, hacer clic en el botón **Estilo de línea, Tipo de línea** o **Estilo de flecha** en la barra de herramientas **Dibujo**. Se desplegará una paleta con las opciones disponibles; elegir la que se desee haciendo clic en ella.

- Hacer clic en el botón **3D** para aplicar efecto de tres dimensiones al objeto dibujado (rectángulo, elipse o autoforma).

12.5. Editor de ecuaciones

Esta herramienta que incorpora Word permite escribir desde las ecuaciones más sencillas a las más complejas de forma rápida y sencilla. Se podrán escribir ecuaciones que incluyan radicales, integrales, exponentes, etc. (Figura 12.19).

Para escribir una ecuación se seguirán los pasos siguientes:

1) Situar el punto de inserción donde se desea escribir la ecuación.

2) Seleccionar el comando **Objeto** del menú **Insertar**. Aparecerá el cuadro de diálogo **Objeto** (Figura 12.18).

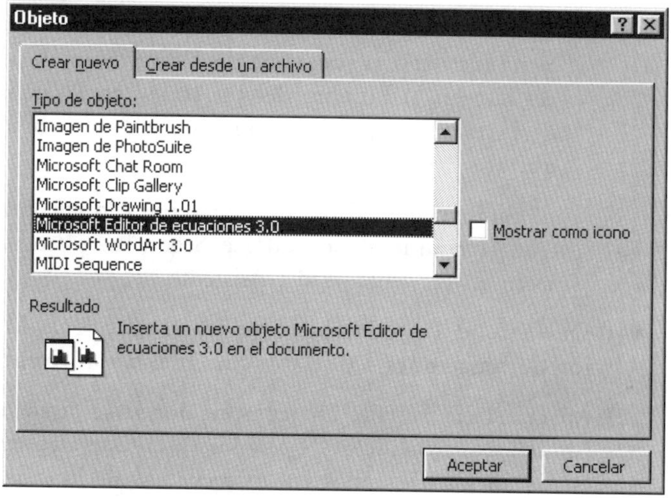

Figura 12.18. Cuadro de diálogo **Objeto**.

3) Si no estuviera seleccionada la ficha **Crear nuevo** se deberá seleccionar haciendo clic sobre su pestaña.

   Si el editor de ecuaciones no se encuentra en la lista de objetos:

   1. En el Panel de control de Windows, hacer doble clic en el icono **Agregar o quitar programas**.

   2. Seguir uno de estos procedimientos:

      En Windows 2000 y Windows Millennium Edition:

Si ha instalado el programa de Office como parte de Microsoft Office, hacer clic en **Microsoft Office**, en el cuadro **Programas actualmente instalados** y, a continuación, hacer clic en el botón **Cambiar**.

Si ha instalado el programa de Office individualmente, hacer clic en el nombre del programa en el cuadro **Programas actualmente instalados** y, a continuación, hacer clic en el botón *Cambiar.*

En Windows 98 y Windows NT 4.0:

Si ha instalado el programa de Office como parte de Microsoft Office, hacer clic en **Microsoft Office** en la ficha **Instalar o desinstalar** y, a continuación, hacer clic en el botón **Agregar o quitar**.

Si ha instalado el programa de Office de modo individual, hacer clic en el nombre del programa en la ficha **Instalar o desinstalar** y, a continuación, hacer clic en el botón **Agregar o quitar**.

3. El componente **Editor de ecuaciones** lo encontrará en la opción **Herramientas de Office**. Seguir las instrucciones que aparecen en las ventanas del Asistente.

4) En el cuadro **Tipo de objeto**, se deberá seleccionar **Microsoft Editor de ecuaciones 3.0**. Hacer clic en el botón **Aceptar**.

5) Aparecerá en pantalla un recuadro donde se diseñará la ecuación (símbolos matemáticos y operadores); en este recuadro también se escribirán los operandos en los recuadros de línea discontinua.

6) También aparecerá la barra de herramientas **Ecuación** (Figura 12.19) y la barra de menús **Ecuaciones**. En la barra de herramientas **Ecuación** se encuentran agrupados los símbolos en la fila superior y las plantillas de operadores en la fila inferior.

7) Para diseñar una ecuación bastará con hacer clic en el botón que incluya el símbolo o la plantilla que se desea utilizar. Se desplegará, ofreciendo diferentes elementos o formatos del operador, o símbolo seleccionado.

8) Hacer clic en el elemento deseado. Posteriormente se debe escribir el operando (texto o número).

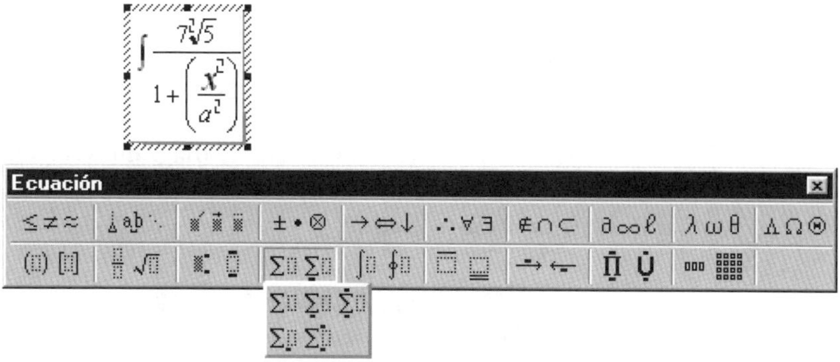

Figura 12.19. Ejemplo de ecuación y Barra de herramientas **Ecuaciones**.

9) Una vez finalizada la ecuación, hacer clic en zona de texto del documento.

Si se desea modificar el diseño de la ecuación, se puede hacer doble clic con el puntero del ratón situado en el área de la ecuación a modificar, aparecerá de nuevo la pantalla del **Editor de ecuaciones**.

La modificación del tamaño se podrá realizar de idéntica manera a la descrita en el apartado 12.1, *Insertar imágenes*.

Para incluir un borde o relleno en la ecuación se deben realizar los mismos pasos que se describieron en el apartado **Insertar imágenes**. También es posible, una vez seleccionada la ecuación, elegir el comando **Objeto ecuación** del menú **Edición** y posteriormente elegir el comando **Editar**.

12.6. Dibujar diagramas

Word incluye la herramienta **Diagramas** que incluye una serie de diagramas predefinidos que podrá insertar en sus documentos y que le permitirán ilustrar materiales conceptuales.

1) En la barra de herramientas **Dibujo**, hacer clic en el botón **Diagrama** (Figura 12.20).

Figura 12.20. Botón **Diagrama**.

2) Aparecerá el cuadro de diálogo **Galería de diagramas** (Figura 12.21). Hacer clic en uno de los tipos de diagrama siguientes: **Venn**, **Ciclo**, **Piramidal**, **Destino** o **Radial**.

Figura 12.21. Cuadro de diálogo **Galería de diagramas**.

3) Hacer clic en el botón **Aceptar**.

4) Seguir uno o varios de estos procedimientos:

- Para agregar texto a un elemento del diagrama, escribir el texto. En los diagramas de ciclo y destino sólo podrá agregar texto a los marcadores de posición de texto que aparecen al insertar el diagrama o el elemento del diagrama.
- Si desea agregar un nuevo elemento, hacer clic en el botón **Insertar forma** de la barra de herramientas **Diagrama**.
- Si desea agregar una combinación de diseños preestablecidos, hacer clic en el botón **Autoformato** de la barra de herramientas **Diagrama** y seleccionar el estilo que desee de la **Galería de estilos de diagrama** (Figura 12.22). Hacer clic en el botón **Aceptar** para cerrar el cuadro de diálogo.

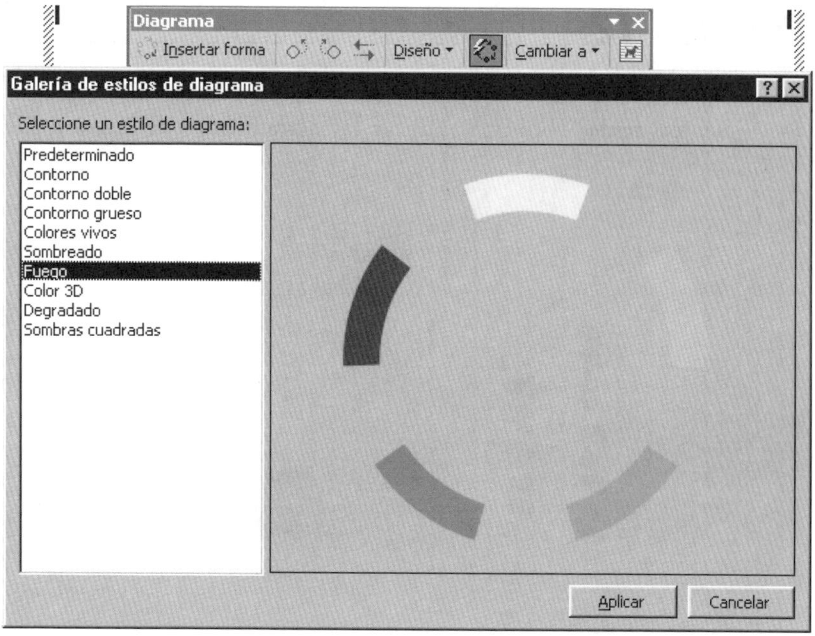

Figura 12.22. Cuadro de diálogo **Galería de estilos de diagrama**.

5) Hacer clic fuera del lienzo de dibujo cuando haya finalizado.

Podrá personalizar el formato a todo el diagrama con estilos preestablecidos; o dar formato a algunas partes del mismo de la misma manera que a las autoformas, modificar el color y la fuente del texto, cambiar el grosor de línea y estilo, y agregar rellenos, texturas y fondos. Hacer doble clic sobre el elemento del diagrama para visualizar el cuadro de diálogo **Formato de la autoforma**.

Práctica 12

Diseñar el cartel propuesto en la figura Figura P12.1. Incluir los elementos desde WordArt y utilizar las herramientas de la barra **Dibujo**.

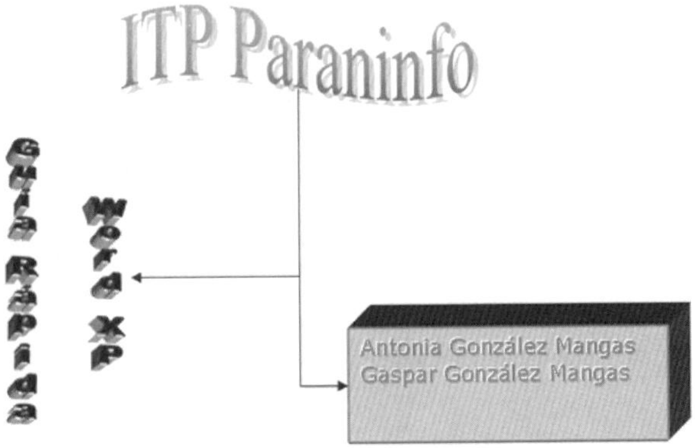

Figura P12.1.

13

13.1. Crear y combinar cartas modelo

A. Elegir el tipo de documento.
B. Elegir el documento principal.
C. Seleccionar o crear un origen de datos.
D. Seleccionar los destinatarios.
E. Añadir campos de combinación.
F. Vista previa de las cartas.
G. Personalizar cartas individuales.
H. Imprimir las cartas.
I. Guardar las cartas combinadas.

Práctica 13

Combinar Correspondencia

Combinar Correspondencia

La combinación de correspondencia permite crear cartas personalizadas en las cuales existe información estándar (texto común que se repite en todas las cartas), junto a la información particular de cada persona a la que está dirigida la carta (nombre, apellido, localidad, etc.), evitando así tener que escribir una carta para cada persona.

Para combinar correspondencia se utilizan dos documentos:

- **Documento principal**: Estará formado por el texto repetitivo que aparece en todas las cartas y por los **campos de combinación** que indicarán el lugar del documento principal donde deben incluirse los datos particulares (Figura 13.1).

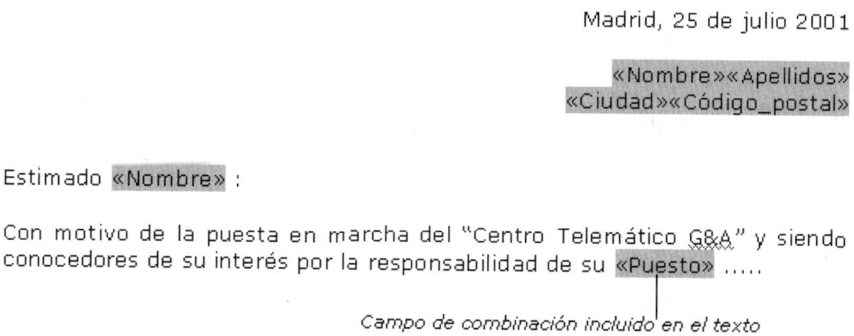
Madrid, 25 de julio 2001

«Nombre»«Apellidos»
«Ciudad»«Código_postal»

Estimado «Nombre» :

Con motivo de la puesta en marcha del "Centro Telemático G&A" y siendo conocedores de su interés por la responsabilidad de su «Puesto» .....

Figura 13.1. Documento principal.

- **Origen de datos**: Contiene la información particular que variará en cada una de las cartas personalizadas. En el documento origen de datos existirán distintas categorías de información (nombre, apellido, edad, localidad, etc.) que reciben el nombre de **campos de datos**. El conjunto de todos los campos de datos de una persona recibe el nombre de **registro** (toda la información de una misma persona: su nombre, su apellido, su edad, su localidad, etc.).

Al realizar la combinación, Word incluirá en el lugar donde se encuentren los campos de combinación en el documento principal los datos personales de cada registro existente en el documento origen de datos. El resultado de la combinación será tantas cartas como registros del origen de datos se combinen.

13.1. Crear y combinar cartas modelo

Durante el proceso de combinación se crearán tanto el documento principal como el documento origen de datos que deberán ser grabados en disco. Una vez creado el documento origen de datos, podrá ser utilizado para cualquier futura combinación, es decir, no será necesario crear un nuevo documento origen de datos para cada combinación.

Los pasos necesarios para combinar documentos se pueden dividir en las siguientes secciones:

A. Elegir el tipo de documento.

B. Elegir el documento principal.

C. Seleccionar o crear un origen de datos.

D. Seleccionar destinatarios.

E. Añadir campos de combinación.

F. Vista previa de las cartas.

G. Personalizar cartas individuales.

H. Imprimir las cartas.

I. Guardar el documento resultado de la combinación para usarlo posteriormente.

1) Elegir el comando **Asistente para combinar correspondencia** del submenú **Cartas y correspondencia** del menú **Herramientas**.

2) Aparecerá el panel de tareas **Combinar correspondencia** (Figura 13.2).

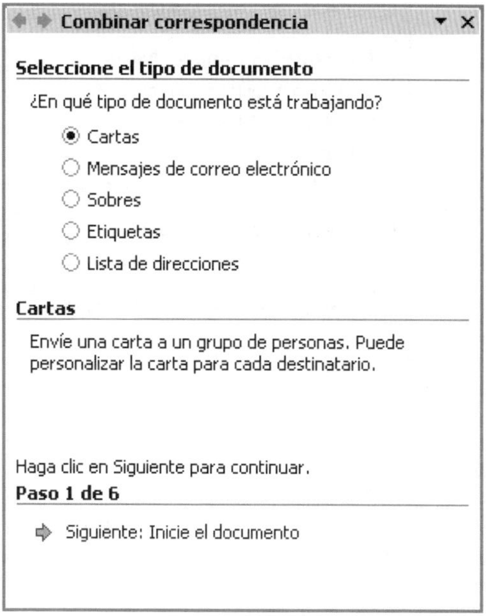

Figura 13.2. Panel de tareas **Combinar correspondencia**. Paso 1 de 6.

A. Elegir el tipo de documento

3) Seleccionar el botón de opción **Cartas** en el área **Seleccionar tipo de** documento.

4) Hacer clic en el hiperenlace **Siguiente: Inicie el documento** en el área **Paso 1 de 6** situada en el extremo inferior del Asistente.

B. Elegir el documento Principal

En este momento se le indicará a Word qué documento se desea utilizar para crear el documento principal.

5) El panel mostrará las opciones del **Paso 2 de 6** del **Asistente para Combinar correspondencia** (Figura 13.3). Determinar cuál será el *Documento Principal.* Podrá elegir una de las siguientes opciones:

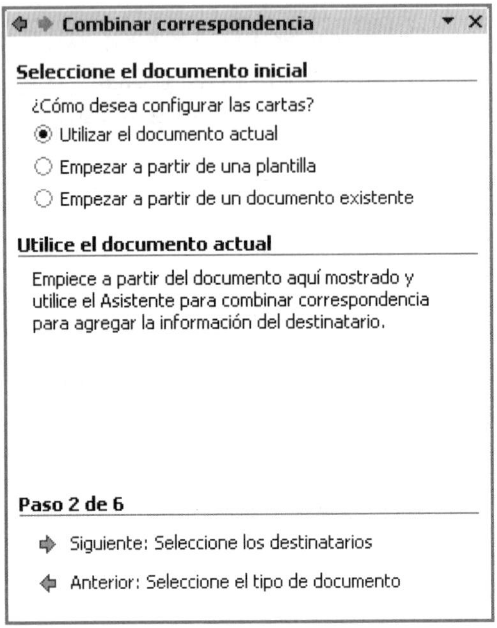

Figura 13.3. Panel de tareas **Combinar correspondencia**. Paso 2 de 6.

- El documento abierto, en la ventana activa, se convierte en el Documento Principal.

  1. Hacer clic en el botón de opción **Utilizar documento actual**.

- El Documento principal se basará en una plantilla prediseñada por Word que el usuario podrá personalizar:

  1. Hacer clic en el botón de opción **Empezar a partir de una plantilla**.
  2. Hacer clic en el enlace **Seleccionar plantilla**.
  3. En la ficha **Combinar correspondencia** del cuadro de diálogo **Seleccionar plantilla** (Figura 13.4), hacer doble clic en la plantilla que desee utilizar y, a continuación, hacer clic en el botón **Aceptar**.

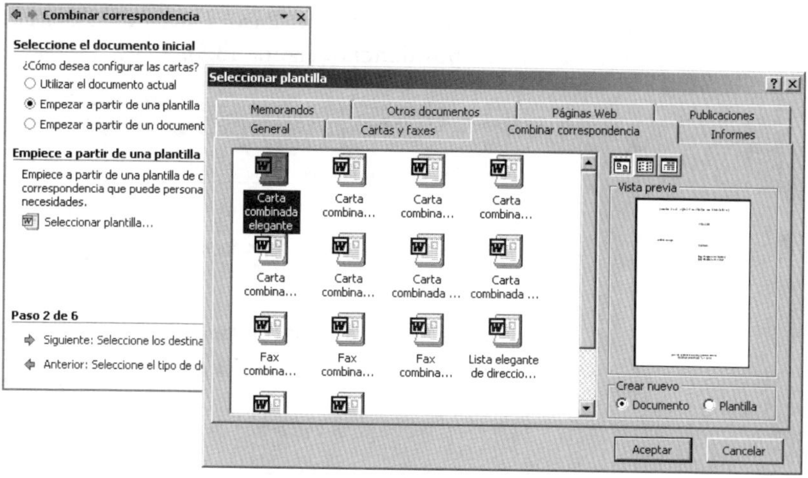

Figura 13.4. Cuadro de diálogo **Seleccionar plantilla**.

- El documento principal se basará en un documento existente.

  1. Hacer clic en el botón de opción **Empezar a partir de un documento**.
  2. En el cuadro de lista **Empiece a partir de un documento existente**, seleccionar el documento que se desee y, a continuación, hacer clic en el botón **Abrir**.

     Si en el cuadro de lista **Empiece a partir de un documento existente** no aparece el documento que se desea usar como *Documento principal*, hacer clic en la opción **(Más archivos...)** y, después, hacer clic en el botón **Abrir**.
  3. En el cuadro de diálogo **Abrir**, localizar el documento que desee y, a continuación, hacer clic en el botón **Abrir**.

6) Hacer clic en el enlace **Siguiente: Seleccione destinatarios**.

C. Seleccionar o crear un origen de datos

En el proceso de combinación se le podrá indicar a Word si se desea crear un nuevo documento origen de datos o utilizar uno ya existente.

7) El panel mostrará las opciones del **Paso 3 de 6** del **Asistente para Combinar correspondencia** (Figura 13.5).

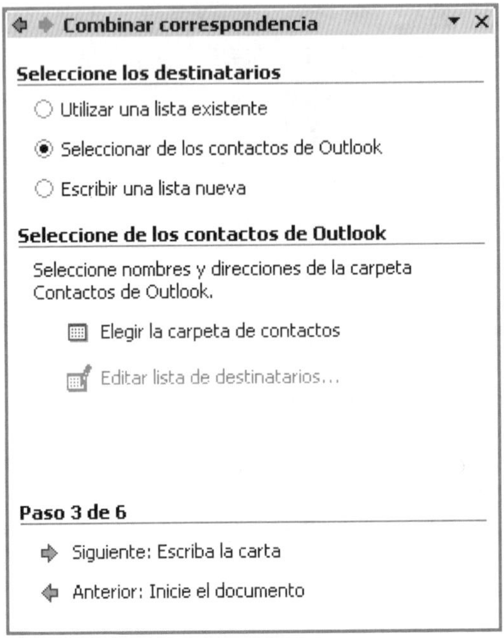

Figura 13.5. Panel de tareas **Combinar correspondencia**. Paso 3 de 6.

8) Para elegir el *Origen de datos*, seguir uno de estos procedimientos:

- Combinar con la lista de contactos de Microsoft Outlook.

  1. En el área **Seleccione los destinatarios** del panel de tareas, seleccionar el botón de opción **Seleccionar de los contactos de Outlook**.
  2. Hacer clic en el enlace **Elegir la carpeta de contactos.**

     Si tiene varios perfiles en Outlook, el asistente le permitirá elegir aquel que tenga configurada la carpeta de contactos que desea usar como origen de datos en el cuadro de diálogo que aparece. Hacer clic en el botón **Aceptar**.
  3. En el cuadro de diálogo **Seleccionar la carpeta Lista de contactos** que aparece (Figura 13.6), hacer clic en la lista de con-

tactos que desee usar como origen de datos y, para cerrar el cuadro de diálogo, hacer clic en el botón **Aceptar**.

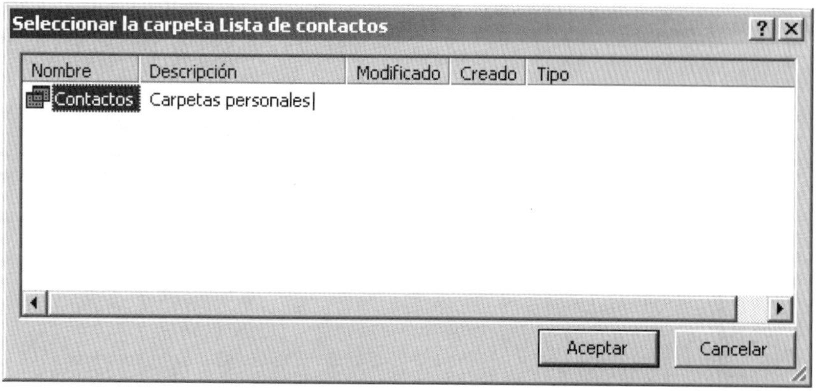

Figura 13.6. Cuadro de diálogo **Seleccionar la carpeta Lista de contactos.**

Aparecerá el cuadro de diálogo **Destinatarios de la combinación de correspondencia** (Figura 13.10), donde puede modificar la lista de destinatarios que desee incluir en la combinación.

- Combinar con base de datos o una lista de direcciones de Office

1. En el área **Seleccione los destinatarios** del panel de tareas, seleccionar el botón de opción **Usar una lista existente**.
2. Hacer clic en el enlace **Examinar**.
3. En el cuadro de diálogo **Seleccionar archivos de origen de datos**, elegir la unidad de disco y la carpeta que guarda el archivo que contiene el *origen de datos* (archivo que contiene la información que se va a combinar en un documento, como por ejemplo, la lista de nombres y direcciones que desee utilizar en una combinación de correspondencia).

   Por omisión, Microsoft Word muestra la carpeta **Mis archivos de origen de datos**.
4. Hacer clic en el botón **Abrir**.

   Según el tipo de origen de datos seleccionado, Word mostrará otros cuadros de diálogo solicitando información específica.

Por ejemplo, si el origen de datos es una hoja de cálculo de Microsoft Excel con información sobre varias hojas, deberá seleccionar la hoja que guarda la información necesaria (Figura 13.7) y, a continuación, hacer clic en el botón **Aceptar**.

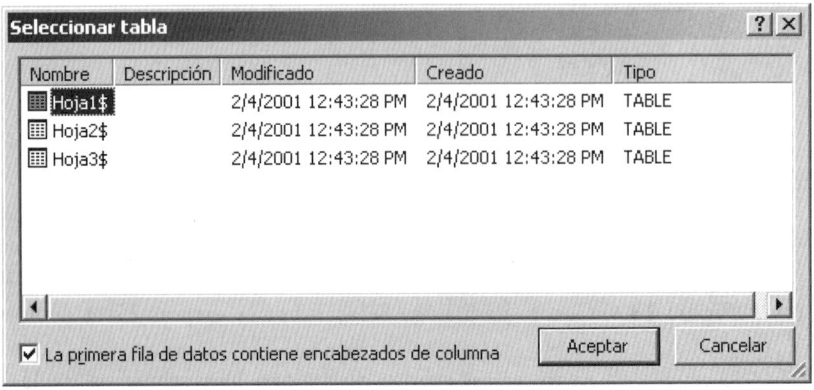

Figura 13.7. Origen de datos hoja de cálculo de Microsoft Excel.

Aparecerá el cuadro de diálogo **Destinatarios de la combinación de correspondencia** (Figura 13.10), donde podrá modificar la lista de destinatarios que desee incluir en la combinación.

- Crear una nueva lista de direcciones

  1. En el área **Seleccione los destinatarios** del panel de tareas, seleccionar el botón de opción **Escribir una lista nueva**.
  2. Haga clic en el enlace **Crear**.
  3. En el cuadro de diálogo **Nueva lista de direcciones que aparece** (Figura 13.8), aparecerá una lista con los nombres de los campos más frecuentes.

     Para dejar en la lista aquellos nombres de campos que se deseen utilizar en el documento origen de datos que se está creando, hacer clic en el botón **Personalizar**. Aparecerá el cuadro de diálogo **Personalizar lista de direcciones** (Figura 13.9).

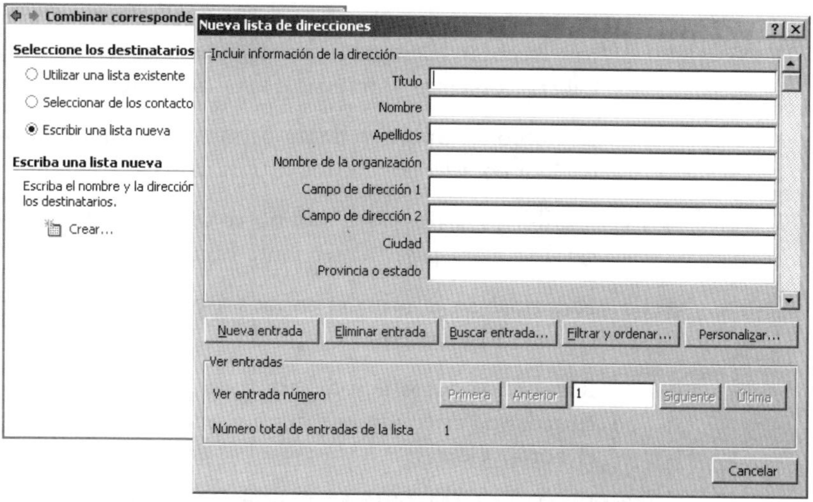

Figura 13.8. Cuadro de diálogo **Crear origen de datos.**

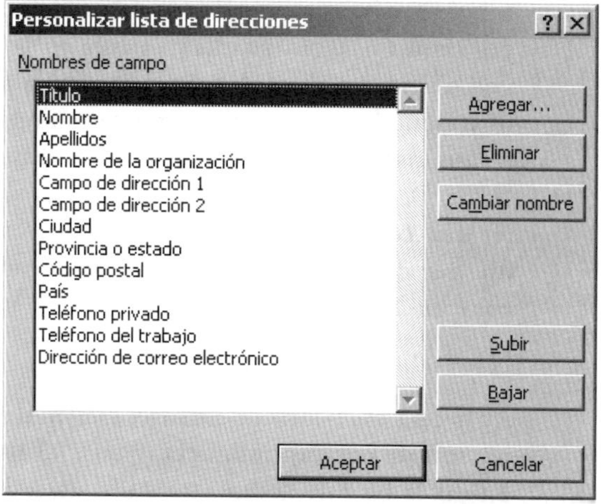

Figura 13.9. Cuadro de diálogo **Personalizar lista de direcciones.**

Para eliminar los campos que no se desean utilizar, se deberán seleccionar y hacer clic en el botón **Eliminar.**

Si se desea utilizar un campo no existente en la lista, hacer clic en el botón **Agregar** y escribir el nombre de dicho campo en el recuadro **Nombre de campo** y hacer clic en el botón **Aceptar** (el nombre no debe exceder de 40 caracteres y deberá comenzar por un carácter alfabético).

Los botones **Subir** y **Bajar** permitirán cambiar la posición del campo seleccionado dentro de la lista.

4. Escribir los datos en el campo correspondiente (pulsar la tecla TAB para pasar al siguiente campo).
5. Para finalizar la primera entrada y pasar a la siguiente, hacer clic en el botón **Nueva entrada**.
6. Repetir los pasos 4 y 5 hasta que haya agregado todas las entradas de dirección que desee y, para finalizar, hacer clic en el botón **Cerrar**.
7. En el cuadro de diálogo **Guardar lista de direcciones** que aparece, escribir un nombre para la nueva lista de direcciones en el cuadro **Nombre de archivo** y seleccionar la unidad y la carpeta en la que desee guardar la lista.

   Por omisión, Word guardará la lista en la carpeta **Mis archivos de origen de datos**. Se recomienda mantener la lista de direcciones en esta carpeta ya que también es la carpeta predeterminada en la que Microsoft Word busca los *orígenes de datos*. De modo que si desea utilizar esta lista de direcciones en una combinación de correspondencia posterior, no tendrá que desplazarse por los archivos y carpetas de su sistema para buscarla.

8. Hacer clic en el botón **Guardar**.

   Aparecerá el cuadro de diálogo **Destinatarios de la combinación de correspondencia** (Figura 13.10), donde podrá modificar la lista de destinatarios que desee incluir en la combinación.

D. Seleccionar los destinatarios

Una vez creado el documento origen de datos, en la pantalla aparecerá el documento elegido en la sección A (probablemente un documento vacío), en este momento se deberá completar el *documento principal*.

9) En el cuadro de diálogo **Destinatarios de la combinación de correspondencia** (Figura 13.10), seleccione los destinatarios que desee incluir. Seguir uno de los siguientes procedimientos:

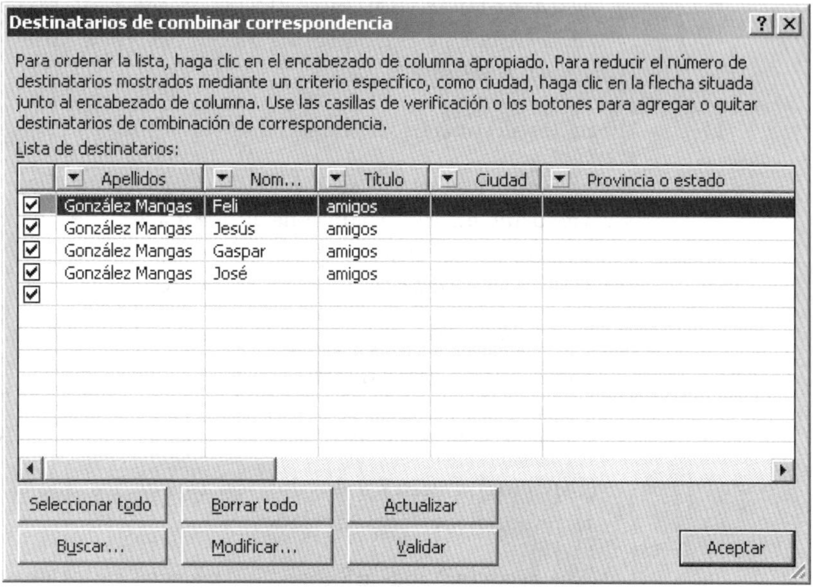

Figura 13.10. Cuadro de diálogo **Destinatarios de la combinación de correspondencia**.

- Usar las casillas de verificación para seleccionar los destinatarios (método a utilizar si la lista es breve).

  – Activar las casillas de verificación situadas a la derecha de los destinatarios que desee incluir y desactivar los destinatarios que desee excluir.

  Si desea incluir la mayor parte de la lista en la combinación, hacer clic en el botón **Seleccionar todo** y, después desactivar la casilla de aquellos que se desea excluir.

  Si desea incluir sólo algunos registros de la lista, hacer clic en el botón **Borrar todo** y, después, activar la casilla de verificación de los registros que desee incluir.

- Ordenar los elementos de la lista.

Esta función resulta útil si desea ver los elementos en orden alfabético o numérico.

– Hacer clic en el título de columna del elemento por el que desee ordenar. Por ejemplo, si desea mostrar la lista alfabéticamente por apellido, hacer clic en el título de columna **Apellido**.

- Elegir los destinatarios estableciendo un filtro.

Este método resulta útil si la lista contiene registros que no desee ver o incluir en la combinación. Una vez filtrada la lista, puede utilizar las casillas de verificación para incluir o excluir los registros tal como se describe en la sección anterior.

1. Hacer clic en la flecha junto al título de columna del campo por el que se desee filtrar.

2. Elegir una de las opciones:

– **(Espacios)** muestra todos los registros en los que el campo correspondiente esté en blanco.

– **(Sin espacios)** muestra todos los registros en los que el campo correspondiente contenga información.

– **(Todos)** para mostrar de nuevo todos los registros.

– **(Avanzado)** permite realizar operaciones de filtrado y ordenación más avanzadas. Aparecerá el cuadro de diálogo **Filtrar y ordenar** (Figura 13.11).

Mediante la ficha **Filtrar registros** se establecerán las condiciones. Cada línea de esta ficha se utilizará para especificar una condición y consta de tres elementos:

Campo: Este elemento se utiliza para especificar el nombre del campo sobre el cual se establece la condición. Hacer clic en el botón con flecha y seleccionar el nombre del campo.

Comparación: Indicar en este elemento la expresión de comparación (igual a, menor que, etc.). Hacer clic en el botón con flecha y seleccionar la expresión que se desee.

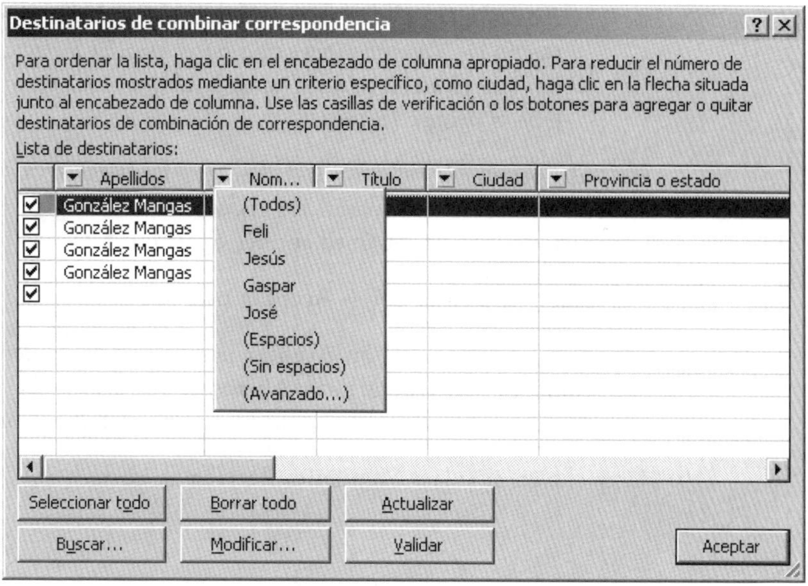

Figura 13.11. Cuadro de diálogo **Filtrar y ordenar**.

Comparado con: En este elemento se deberá incluir el valor con el que se desea realizar la prioridad. Se deberá escribir dicho valor.

Si se desea utilizar más de una condición se deberá utilizar más de una línea, debiendo conectar cada línea con la siguiente mediante los operadores lógicos **«Y»** u **«O»**.

- **Operador Y**: Si se utiliza el operador **Y**, únicamente serán seleccionados aquellos registros que cumplan las dos condiciones conectadas.

  Ejemplo: ***Localidad igual a Madrid Y edad mayor de 18*** *(según estas condiciones, únicamente serán seleccionadas aquellas personas que vivan en Madrid y además tengan más de 18 años).*

- **Operador O**: Utilizando este operador serán seleccionados todos los registros que cumplan al menos una de las condiciones conectadas.

Ejemplo: ***Localidad igual a Madrid O edad mayor de 18*** *(según estas condiciones serán seleccionadas todas las personas que vivan en Madrid, además de todas las personas que tengan más de 18 años).*

El operador **Y** tiene prioridad sobre el operador **O**, es decir primero se seleccionarán los registros que cumplan las condiciones conectadas mediante el operador **Y**.

Hacer clic en el botón **Aceptar** para volver.

3. Hacer clic en el botón **Aceptar** para volver al Asistente para combinar correspondencia. Microsoft Word utilizará los destinatarios que haya seleccionado para la combinación.

10) Hacer clic en el enlace **Siguiente: Escriba la carta**.

E. Añadir campos de combinación

11) El panel mostrará las opciones del **Paso 4 de 6** del **Asistente para Combinar correspondencia** (Figura 13.12).

12) Si aún no lo ha hecho, escribir en el documento principal el texto que desee que aparezca en todas las cartas modelo.

13) Añadir en el *documento principal* los campos de combinación:

1. En el lugar, del documento principal, donde desee que aparezca información del origen de datos se deberá incluir un campo de combinación. Para ello se hará clic donde desee insertar el campo.

2. Insertar información del *origen de datos*:

    - Hacer clic en el enlace **Más elementos**. Aparecerá el cuadro de diálogo **Insertar campo de combinación** (Figura 12.13).

        - Para seleccionar entre los campos de dirección que se asignarán automáticamente a los campos correspondientes del *origen de datos*, incluso si los campos del origen de datos no tienen el mismo nombre que sus campos, elegir el botón de opción **Campos de dirección**.

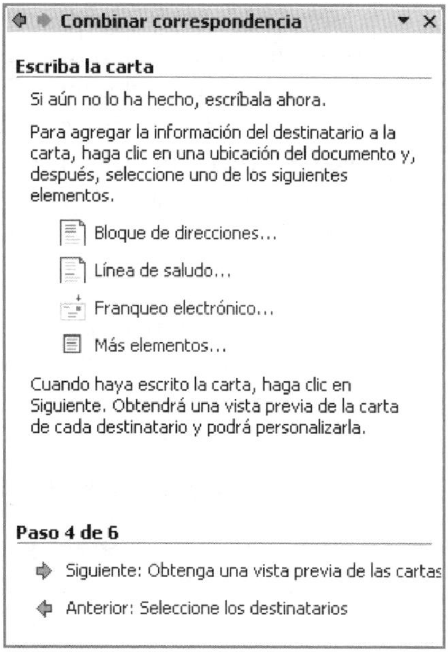

Figura 13.12. Panel de tareas **Combinar correspondencia**. Paso 4 de 6.

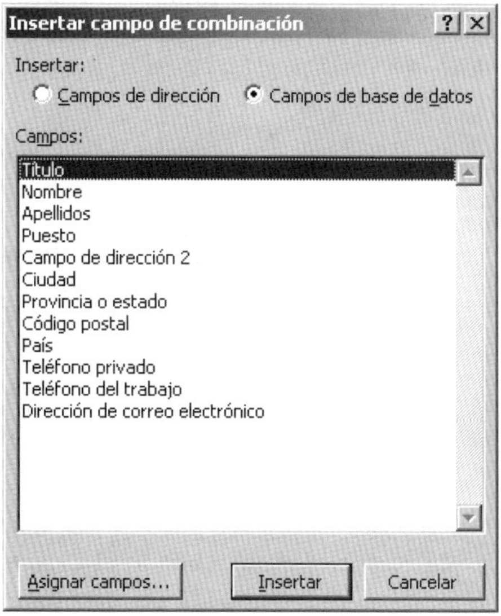

Figura 13.13. Cuadro de diálogo **Insertar campo de combinación**.

Si aparece el botón **Asignar campos**, es posible que Microsoft Word no haya encontrado la información necesaria para insertar el campo. Para asignar un campo del origen de datos a un campo de dirección: Hacer clic en el botón **Asignar campos** y, después, hacer clic en la flecha junto a **(no disponible)** y, a continuación, seleccionar el campo del origen de datos correspondiente al campo requerido para la combinación de correspondencia.

- Para seleccionar un campo que capture los datos directamente de una columna de la base de datos seleccionada como *origen de datos*, elegir el botón de opción **Campos de bases de datos**.

• En el cuadro **Campos**, hacer clic en el campo que desee.

• Hacer clic en el botón **Insertar** y, a continuación, en el botón **Cerrar**.

NOTA: Deberá tener en cuenta que si inserta un campo de la lista **Campos de bases de datos** y, posteriormente, cambia a otro origen de datos que no tiene ninguna columna con el mismo nombre, Word no podrá insertar la información de dicho campo en el documento combinado.

3. Insertar una Línea de saludo que permite elegir el formato y el texto que aparece:

   1. Hacer clic en el enlace **Línea de saludo**. Aparecerá el cuadro de diálogo **Línea de saludo** (Figura 13.14).

   2. Seleccionar el formato de línea de saludo, que incluye el texto del saludo, formato de nombre y puntuación en los cuadros de lista desplegable **Formato de línea de saludo**.

   3. Elegir el texto que desee que aparezca en los casos en los que Microsoft Word no puede interpretar el nombre del destinatario; por ejemplo, cuando el *origen de datos* no contiene el nombre o apellido de un destinatario sino sólo el nombre de una compañía en el cuadro de lista desplegable **Línea de saludo para nombres de destinatario no válido**.

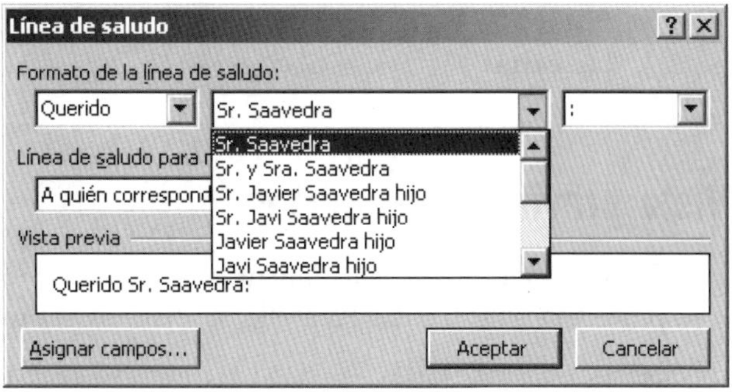

Figura 13.14. Cuadro de diálogo **Línea de saludo**.

4. Hacer clic en el botón **Aceptar**.
5. Si aparece el cuadro de diálogo **Asignar campos**, es posible que Word no haya encontrado la información necesaria para la línea de saludo. Hacer clic en la flecha junto a **(no disponible)** y, a continuación, seleccionar el campo del origen de datos correspondiente al campo requerido para la combinación de correspondencia.

NOTAS:

- Para ver u ocultar los códigos de los campos insertados en el *documento principal*, señalar el campo con el puntero del ratón y, después, hacer clic en el comando **Activar o desactivar códigos de campo** del menú contextual.
- Si lo desea, puede cambiar el formato de los datos que mostrarán los campos de combinación al obtener los resultados de la combinación. Para ello, en el *documento principal*, seleccionar el campo que contenga la información a la que desee aplicar formato, incluyendo los caracteres de campo de combinación (« »») y, a continuación, elegir el comando **Fuente** del menú **Formato** y elegir los atributos que desee.

4. Tras terminar el documento principal e insertar todos los campos de combinación, elegir el comando **Guardar como** del menú **Archivo**. Asignar un nombre al documento y hacer clic en el botón **Guardar**.

14) Hacer clic en el enlace **Siguiente: Obtenga una vista previa de las cartas.**

F. Vista previa de las cartas

Una vez creados los documentos que intervienen en la combinación se procederá a realizarla. Para ello se deberán seguir los siguientes pasos:

15) El panel de tareas mostrará las opciones del **Paso 5 de 6** del **Asistente para Combinar correspondencia** (Figura 13.15).

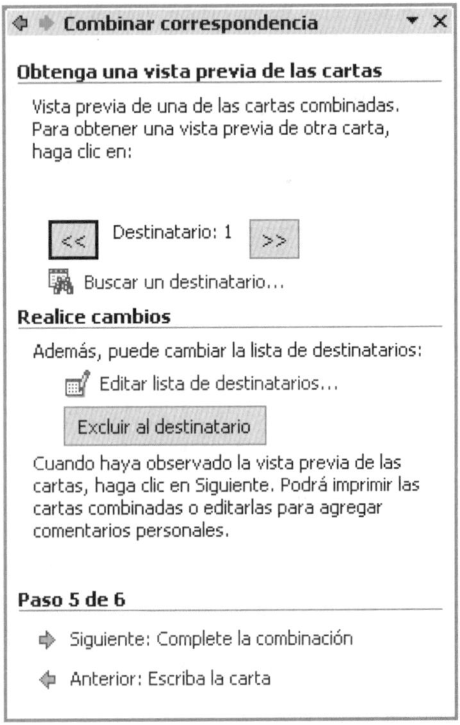

Figura 13.15. Panel de tareas **Combinar correspondencia**. Paso 5 de 6.

- Para ver los elementos en el orden en que se encuentran, hacer clic en los botones de dirección "<<" o ">>".

- Para buscar y ver un elemento específico, hacer clic en el enlace **Buscar un destinatario** y, a continuación, escribir los criterios de búsqueda en el cuadro de diálogo **Buscar entrada** (Figura 13.16).

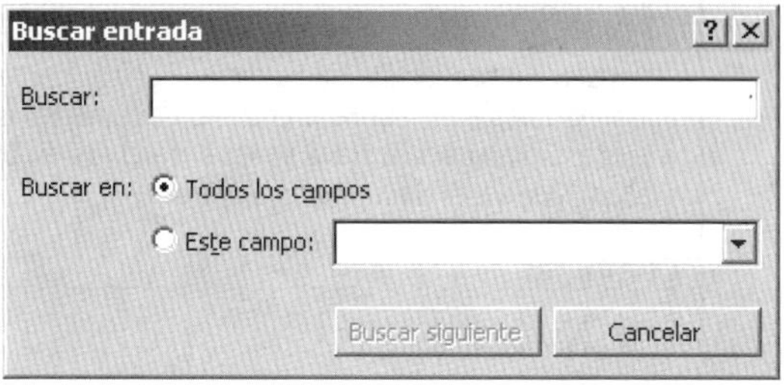

Figura 13.16. Cuadro de diálogo **Buscar entrada.**

- Para excluir un destinatario específico de la combinación, hacer clic en el botón **Excluir al destinatario.**
- Para cambiar la lista de destinatarios, hacer clic en **Editar lista de destinatarios** y, a continuación, realizar los cambios en el cuadro de diálogo **Destinatarios de la combinación de correspondencia.**

16) Hacer clic en el enlace **Siguiente: Complete la combinación.**

G. Personalizar cartas individuales

Para personalizar documentos individuales, modifique la información que desee en el documento combinado resultante. Para ello:

17) Hacer clic en el enlace **Editar cartas individuales** (Figura 13.17).

18) En el cuadro de diálogo **Combinar en un documento nuevo**, seleccionar los registros que desee combinar: **Todos, Registro actual** o **Desde... Hasta...**

19) Hacer clic en el botón **Aceptar.**

Microsoft Word creará y abrirá un nuevo documento combinado con los registros seleccionados. El documento principal original también permanece abierto y puede volver a él si desea introducir un cambio en todos los documentos.

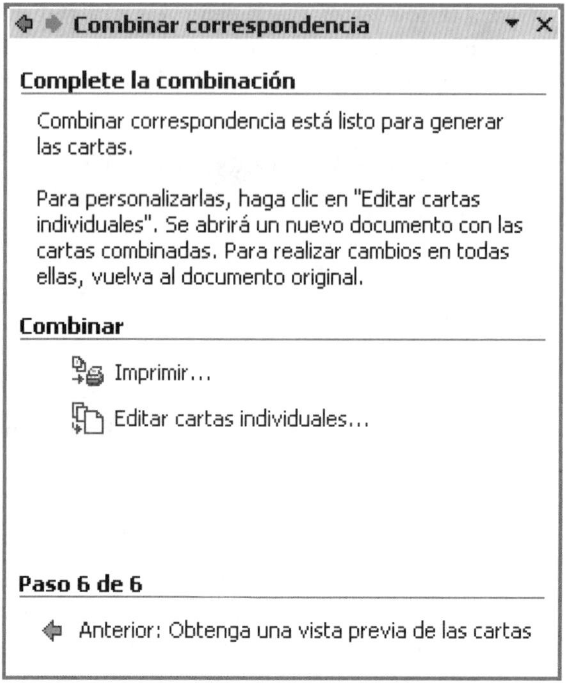

Figura 13.17. Panel de tareas **Combinar correspondencia**. Paso 6 de 6.

20) Introducir los cambios que desee.

21) Guardar o imprimir el documento resultante como imprimiría cualquier otro documento normal.

H. Imprimir las cartas

- Si ha personalizado los elementos y el documento combinado está activo:

  1. Elegir el comando **Imprimir** del menú **Archivo**.
  2. Seleccionar las opciones de impresión que desee.

- Si desea imprimir directamente desde el Asistente para combinar correspondencia:

22) En el paso 6 del panel de tareas **Asistente para combinar correspondencia**, hacer clic en el enlace **Imprimir**.

23) En el cuadro de diálogo **Combinar al imprimir** que aparece (Figura 13.18), elegir una de las siguientes opciones:

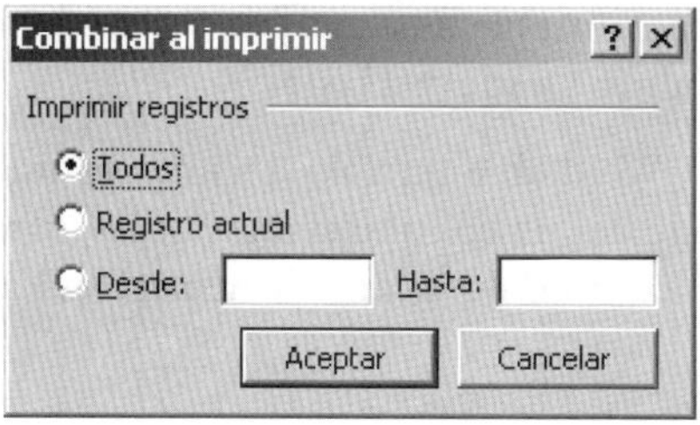

Figura 13.18. Cuadro de diálogo **Combinar al imprimir**.

- Para imprimir todos los documentos, elegir el botón de opción **Todos**.
- Para imprimir sólo el documento mostrado en la ventana del documento, hacer clic en el botón de opción **Registro actual**.
- Para imprimir un intervalo de documentos, seleccionar el botón de opción **Desde** y, a continuación, escribir el rango de los registros en los cuadros de texto **Desde** y **Hasta**.

24) Hacer clic en el botón **Aceptar**.

25) En el cuadro de diálogo **Imprimir** que aparece, seleccione las opciones que desee.

NOTA: Para conocer más sobre las opciones de impresión consultar el Capítulo 7*, Impresión*.

I. Guardar las cartas combinadas

Si desea modificar las cartas resultado de la combinación o guardarlas para su posterior utilización:

1) Haga clic en **Editar cartas individuales**.

2) En el cuadro de diálogo **Combinar en documento nuevo**, siga uno de estos procedimientos y, a continuación, haga clic en **Aceptar**.

- Para combinar todos los documentos, haga clic en **Todos**.
- Para combinar sólo el documento mostrado en la ventana del documento, haga clic en **Registro actual**.
- Para combinar un intervalo de documentos, hacer clic en **Desde** y, a continuación, escribir los números de los registros en los cuadros **Desde** y **Hasta**.

Microsoft Word abre un solo documento nuevo que contiene todas las cartas individuales. A continuación, puede guardar el documento para su posterior utilización, de la misma manera que cualquier otro documento normal.

Práctica 13

1. Combinar el siguiente **Origen de datos**:

 Empresa: AVIAN AVÍCOLA, S.A.
 Dirección: VALENCIA, KM 33
 Teléfono: 8710050 Fax: 8713221
 Actividad: AVICULTURA

 Empresa: BELTRÁN CASTILLEJO, ANTONIO
 Dirección: ESTRECHILLO, 006
 Teléfono: 8714761 Fax:
 Actividad: CONSULTORÍA

 Empresa: MADRILEÑA DE JARDINERÍA INTEGRAL, S.L.
 Dirección: CABO FINISTERRE, 050
 Teléfono: 6663625 Fax:
 Actividad: SERVICIOS AGRÍCOLAS

 Empresa: VIVEROS COMUNIDAD DE MADRID
 Dirección: VALENCIA, KM 22,000
 Teléfono: 8719513 Fax: 8719513
 Actividad: VIVEROS

 Empresa: VIVEROS PROJARSA, S.L.
 Dirección: ROSALES, S/N
 Teléfono: 8701393 Fax:
 Actividad: VIVEROS

 Empresa: A.R. BRAVO
 Dirección: CABO ORTEGAL, 027
 Teléfono: 8717721 Fax:
 Actividad: ALIMENTACIÓN

 Con el siguiente *documento principal* de combinación para enviar a las empresas anteriores:

Madrid, __ de _______ 2001

<<Empresa>>

<<Direccion>>

Estimado Sr./Sra.:

Le escribo la presente carta para presentarle las ofertas del mes:

IMPRESORAS		CD ROM	
LEXMAR	10.100	HP CD Writer	20.300
EPSON	26.000	ACER	24.000
HP DESKJET	29.800	SAMSUMG	16.800
CANON	28.600	YAMAHA	28.900
MODEM FAX		SCANNER	
56000 INTERNO	5.000	HP	44.000
56000 EXTERNO	7.900	CANON	10.500
56000 EXTERNO	10.000	EPSON	23.000

Atentamente,

14

Documentos de Microsoft Word e Internet

Documentos de Microsoft Word e Internet

Introducción

Esta nueva versión Microsoft Word 2002 está optimizada para el uso de Internet e Intranet. Antes de describir estas nuevas opciones es necesario tener unas nociones básicas de qué es y cómo funciona Internet.

Qué es Internet

Se ha descrito Internet como un conjunto de redes de ordenadores que utilizan un mismo lenguaje de comunicaciones, los protocolos TCP/IP. Un protocolo referido a la comunicación entre ordenadores, es un conjunto de normas que establecen cómo se debe llevar a cabo esa comunicación de modo que la información pueda ser recuperada y comprendida por las máquinas y, finalmente, por los usuarios. Una red es un conjunto de ordenadores entrelazados entre sí empleando diversas tecnologías (cables, ondas, satélites...).

Internet es una red de redes que permite compartir recursos y datos con usuarios ubicados en la misma ciudad o en el otro extremo del planeta. Cualquier red local podrá conectarse a Internet siempre que entienda el protocolo TCP/IP.

Los protocolos de comunicaciones de Internet no determinan qué se puede o qué no se puede transmitir, sino la forma de transmitirlo, por tanto añadir nuevos servicios no presenta ningún problema.

En Internet, una máquina denominada cliente, pide algo a otra. El resultado de lo que la otra le ofrece se denomina servicio, y a la máquina servidor.

Intranets

Se ha denominado Intranet a una red local o, en general, a cualquier red corporativa que trabaja con TCP/IP. La comunicación con Internet no es un requisito para poder hablar de Intranet, aunque dará mayor capacidad a la red.

En el caso de comunicación con Internet deberá añadir un cortafuegos o *firewall*, cuya función será filtrar el acceso a la información interna de la empresa a los usuarios que llegan desde Internet.

Para que una red pueda considerarse una Intranet será necesario:

- Que la red sea de acceso restringido.
- Que emplee los protocolos TCP/IP como soporte de comunicaciones.
- Que se acceda a la red mediante un programa llamado navegador o explorador que soporte el lenguaje de páginas Web HTML.

Direcciones en Internet

Antes de navegar por Internet deberá conocer el sistema que utiliza para identificar cada uno de sus elementos (un área de la red o a un usuario individual dentro de ella).

Direcciones IP y Dirección del Sistema de Dominio (DNS)

Los ordenadores sólo comprenden la información numérica, específicamente unos y ceros. Por ello cada ordenador conectado a la red tiene asignado un número exclusivo que se llama dirección IP (Protocolo Internet).

Este número que identifica de manera unívoca un ordenador de la red es una dirección de 32 bits (4 octetos o bytes), se escribe con cuatro números, cada uno de los cuales corresponde a un byte, por lo que tomará valores entre 0 y 255. Para mayor comodidad esos números se separan con puntos. Por ejemplo, una dirección IP sería 189.164.34.65.

Como recordar las direcciones IP numéricas puede ser difícil, podrá utilizar las direcciones DNS (Dirección del Sistema de Dominios) según las cuales cada ordenador se puede identificar por una cadena de caracteres, de forma que no existan dos ordenadores con el mismo nombre de dominio DNS.

La jerarquía superior (extremo derecho) en Estados Unidos indicará el tipo de organización a la que pertenece ese dominio (tres últimos caracteres) y si el dominio está localizado fuera de los Estados unidos, incluirá el código del país (dos caracteres). Por ejemplo: *ftp1.microsoft.com*. El nivel **com** indica que está en una organización comercial; **microsoft** indica de qué organización se trata y por último, **ftp1** identifica el ordenador que se utiliza para enlazarse con Internet. En el nombre de dominio *duero.dusaltos.es*. El nivel **es** indica que es un dominio situado en España; **dusaltos** el nombre de la organización y **duero** el nombre del ordenador.

Los domicilios de los usuarios (personas dentro de un cierto ordenador) de Internet son de la forma: [identificador_del_ usuario]@[dirección del sistema de dominios]. Por ejemplo, una dirección ficticia sería profor@chelo.es, identificaría a un usuario de nombre (login name) «profor», que trabaja en el ordenador «chelo», en España «es».

Direcciones URL

Un URL (Localizador Uniforme de Recursos) es una dirección electrónica para indicar cómo y a qué datos se desea acceder en la WWW a través de un explorador o navegador.

Un URL se compone de dos partes: el servicio de Internet o identificador de protocolo que se va a utilizar (HTTP, FTP, TELNET...) y la dirección del ordenador. También podrá especificar la ubicación dentro del ordenador y el nombre del fichero o página.

Las direcciones URL de los servidores FTP comienzan por ftp://. Los servidores FTP en Internet utilizan direcciones FTP (Protocolo de Transferencia de Archivos). Por ejemplo, un hipervínculo puede utilizar la siguiente dirección:

ftp://ftp.servidor.ubicaciónusuario/ftp.archivo

Las direcciones URL en los servidores de la red comienzan por: "//". Los servidores World Wide Web utilizan el protocolo HTTP (Protocolo de Transferencia de Hipertexto), un protocolo en segundo plano de Internet que facilita información. A continuación se muestra un ejemplo de dirección URL de la World Wide Web que es la página Web de Microsoft.

http://www.microsoft.com/

Servicios de Internet

Internet proporciona una serie de servicios independientes unos de otros. Cada servicio permite realizar una tarea. En este capítulo vamos a describir brevemente los servicios que posteriormente tendrá que utilizar con las opciones de Microsoft Word.

El correo electrónico

El correo electrónico es el sistema empleado por Internet para transmitir un mensaje a través de la red entre un remitente (usted) y uno o más destinatarios de la Red.

El protocolo SMTP (Protocolo Simple de Transferencia de Ficheros) es el estándar de transferencia de correo en Internet, y su manera de actuar es la siguiente: uno de los ordenadores es el emisor y otro el receptor del mensaje. Cada uno de los ordenadores está conectado a su servidor de correos (mail server). Es el servidor de correo el encargado de recibir los mensajes de sus usuarios y de enviarlos a sus destinatarios. De esta forma cuando el receptor se conecte a su servidor de correo la próxima vez, le avisará que tiene correo para él y se lo enviará.

Deberá saber que los ordenadores PC usan una variante de este sistema conocido como POP (Protocolo de Oficina Postal), ya que SMTP se diseñó para ordenadores UNIX, que son diferentes a los ordenadores personales o PC.

FTP

Un servicio básico que nos ofrece Internet es la transferencia electrónica de archivos; el programa FTP es un protocolo dentro de TCP/IP que permite enviar y recibir documentos entre dos ordenadores de Internet.

Para poder transferir archivos será necesario que en el servidor se esté ejecutando un programa que haga posible la transferencia de ficheros, un servidor de FTP.

En Internet hay muchos servidores FTP a los que podrá acceder para conseguir archivos. Las conexiones de FTP se pueden hacer bajo clave en cuyo caso se facilitará el acceso a los usuarios mediante un nombre de usuario (login name) y con una palabra de acceso o clave (password), que le facilitará el administrador del ordenador FTP. Otra forma de conectarse sería como FTP **anónimo** en cuyo caso permitirá conectarse a cualquier usuario cuyo nombre será «anonymous», y su clave la dirección de correo electrónico.

Se utilizan las siglas FTP tanto para nombrar este sistema cliente-servidor como el protocolo correspondiente.

En estos sistemas podrás conseguir herramientas para navegar por Internet (podrá acceder al servidor FTP de Microsoft y obtener la última versión de su navegador Internet Explorer), controladores de dispositivos, demos de próximos productos, etc.

La World Wide Web

La World Wide Web, telaraña mundial, conocida como WWW, W3 o simplemente Web es un conjunto de servidores distribuidos por la red Internet que ofrecen información.

Este servicio es un sistema europeo que permite el acceso a diferentes tipos de datos con un formato de página especial, el hipertexto. Una página en hipertexto puede contener todo tipo de elementos (texto, sonido, imagen, etc.), de enlaces a otras páginas de la red. Con Microsoft Word 97 podrá incorporar hiperenlaces a sus hojas de cálculo.

El conjunto de reglas que definen cómo se han de transferir los documentos en la WWW es el protocolo HTTP (Protocolo de Transmisión de Hipertexto).

La WWW, al ser un servicio orientado a páginas y no a ordenadores, utiliza un sistema propio de direcciones, conocido como URL (Localizador Uniforme de Recursos). Los URL están formados por el identificador de protocolo o servicio (método que el browser ha de usar para acceder al recurso -http, ftp, etc.-) que va a emplear y la dirección electrónica (es la dirección descrita anteriormente). Un ejemplo de URL sería *http://www.paraninfo.es* o *http://www.worldwidemusic.com*.

Cómo conectarse a Internet

Para poder utilizar las opciones de Internet deberás estar conectado. Existen varias formas de hacerlo que, básicamente, son:

- **Enlace directo**. Implica tener una conexión propia y pagar por tener un enlace directo y de tiempo completo con la red. Tu ordenador formará parte de Internet.

  Este tipo de enlace ofrece el máximo tráfico con Internet pero su inconveniente es el coste, pues es el tipo de enlace más caro; por ello lo utilizan generalmente las grandes empresas.

- **Proveedores de servicios**. Son empresas que permiten utilizar sus ordenadores enlazados permanentemente a Internet. El enlace se establece a través de una clave que nos proporciona el proveedor de servicios vía línea telefónica.

  Estos proveedores de Internet establecen una estructura de cuotas por la utilización de sus servicios.

La ventaja de los proveedores de servicios frente a los enlaces permanentes es el menor coste. Ésta es la opción para usuarios individuales y pequeñas empresas que deseen tener acceso a la red.

14.1. Hipervínculos

Un vínculo es una conexión directa a una página en el mismo documento (previamente deberá insertar un marcador en esa página, elegir el comando **Marcador** del menú **Insertar**) en otro documento situado en el ordenador local, o a un directorio compartido en la red o en la World Wide Web. Los hipervínculos se muestran con un color diferente al habitual (por defecto en azul y subrayados), y al señalarlos con el puntero del ratón éste adopta la forma de mano.

Si utiliza las características de formato automático de Word, podrá crear un hipervínculo escribiendo la dirección del archivo al que desee saltar. Tanto las rutas de acceso de red como las direcciones de Internet se convertirán en texto de hipervínculo o "zonas interactivas", donde el usuario podrá hacer clic para saltar al destino del vínculo. Para ello deberá: seleccionar el comando **Autoformato** del menú **Formato**. Hacer clic en el botón **Opciones** y comprobar que la casilla de verificación **Rutas de red e Internet por vínculos** se encuentra activada.

Al pulsar el botón del ratón, estando señalando el enlace, cambiará el documento actual por aquél al que apunte ese enlace. Si el documento está guardado en algún servidor de la WWW nos pedirá que iniciemos la conexión y se abrirá el navegador instalado para visualizar el documento. Para volver a la ubicación original, hacer clic en el botón **Hacia atrás** de la barra de herramientas **Web** que se abrirá automáticamente (Figura 14.1).

Figura 14.1. Barra de herramientas Web.

Crear un hipervínculo a otro documento, archivo o página web

1) Escribir el texto del hipervínculo, dibujar o insertar un gráfico mediante los comandos de las barras de herramientas **Dibujo** o **Imagen** (véase Capítulo 6).

2) Seleccionar el texto o el gráfico.

3) Hacer clic en el botón **Insertar hipervínculo** (Figura 14.2) de la barra de herramientas **Estándar** o elegir el comando **Insertar hipervínculo** del menú **Insertar**.

Figura 14.2. Botón **Insertar hipervínculo.**

4) Si aparece un cuadro de diálogo solicitándolo, guarde el documento antes de crear el hipervínculo.

5) Aparecerá el cuadro de diálogo **Insertar hipervínculo** (Figura 14.3).

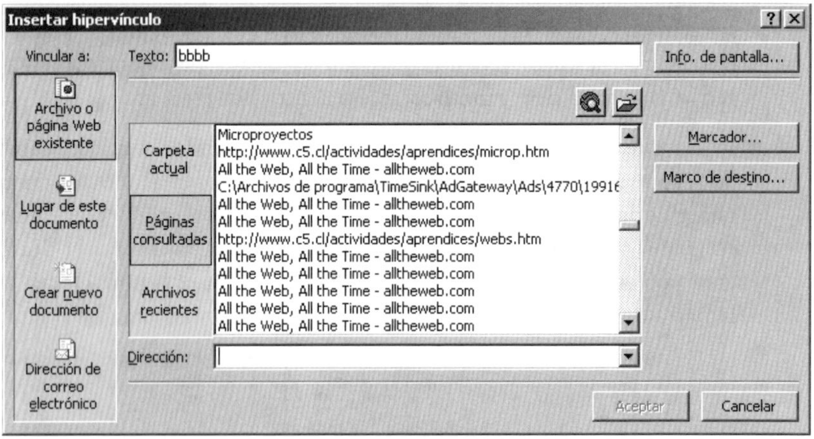

Figura 14.3. Cuadro de diálogo **Insertar hipervínculo**. Vincular al archivo o dirección URL.

6) Realizar una de las siguientes acciones:

- Crear un vínculo a un archivo o página Web existente. Hacer clic en la opción **Archivo o página Web existente** en la lista **Vincular a**.
- Crear un vínculo a un archivo que no se ha creado todavía. Hacer clic en la opción **Crear nuevo documento**, en la lista **Vincular a**.

7) Si ha seleccionado la opción **Archivo o página Web existente** en el paso 6), buscar y seleccionar el archivo al que desee crear el vínculo. Para ello podrá elegir una de las siguientes opciones en el cuadro de lista:

- **Archivos recientes.** Muestra una lista con los archivos utilizados recientemente.
- **Páginas consultadas.** Para seleccionar una de las páginas web visitadas recientemente. Esta opción mostrará una lista de los vínculos más recientes añadidos a los archivos o que ha escrito en el cuadro **Dirección** de su navegador web.
- **Carpeta actual.** En el recuadro **Buscar en** hacer clic en el botón **Buscar archivo** para localizar el archivo al que se desea crear un hipervínculo en su sistema o entorno de red.
- Para crear rápidamente un hipervínculo a una página Web sin saber la dirección. Hacer clic en el botón **Página Web** para cambiar al navegador Web, abrir la página de la World Wide Web que desee y, a continuación, volver a Word.
- Si conoce la dirección de una página Web existente, puede escribirla directamente en el documento. Por ejemplo, escriba **www.paraninfo.com** y Word creará automáticamente el vínculo.

8) Si ha seleccionado **Crear nuevo documento** en el paso 6), escribir el nombre del archivo nuevo en el cuadro de texto **Nombre del nuevo documento**. También puede especificar la ruta al archivo nuevo al hacer clic en el botón **Cambiar** y elegir si desea abrirlo ahora o más adelante para modificarlo activando los botones de opción **Modificar documento nuevo ahora** o **Modificar documento nuevo más adelante**.

9) Para asignar una sugerencia que se mucstre al situar el ratón encima del hipervínculo, hacer clic en el botón **Inf. de pantalla** y escribir el texto que desee. Si no se especifica, Word mostrará la ruta o la dirección del archivo como sugerencia. Hacer clic en el botón **Aceptar**.

10) Hacer clic en el botón **Aceptar**.

También es posible crear un hipervínculo seleccionando los datos del texto (palabras clave que identifique el documento destino) en el documento que enlaza el vínculo y haciendo clic con el botón secundario del ratón para arrastrar la información al documento origen del hipervínculo. Una vez liberado el botón secundario del ratón, seleccionar el comando **Crear vínculo aquí** del menú **Contextual** que aparece. Ambos documentos deberán estar abiertos.

Insertar un hipervínculo asociado a una dirección de correo

Al hacer clic en un hipervínculo que está asociado a una dirección de correo electrónico, el programa cliente de correo instalado (por ejemplo, Microsoft Outlook Express) crea un mensaje de correo electrónico con la dirección correcta en la línea **Para**. Consultar el apartado 12.5, *Enviar un documento por correo* para conocer más sobre el correo electrónico.

1) Seleccione el texto u objeto que desee asociar en la dirección de correo electrónico.

2) Haga clic en el botón **Insertar hipervínculo**.

3) Aparecerá el cuadro de diálogo **Insertar hipervínculo**. En el marco **Vincular a**, hacer clic en la opción **Dirección de correo electrónico** (Figura 14.4).

4) En el cuadro **Dirección de correo electrónico**, escribir la dirección de correo electrónico con la que desee establecer el vínculo.

5) En el cuadro **Asunto**, escribir el asunto del mensaje de correo electrónico. Debe tenerse en cuenta que algunos exploradores Web pueden no reconocer la línea de tema.

6) Para asignar una sugerencia que se mostrará al situar el ratón sobre el hipervínculo, hacer clic en el botón **Inf. de pantalla** y escribir el texto que desee. Si no especifica una sugerencia Word utiliza la palabra "mailto" seguida de la dirección de correo electrónico y de la línea de asunto como sugerencia.

También puede crear un hipervínculo a una dirección de correo electrónico escribiendo la dirección en el documento. Por ejemplo, escriba **alguien@microsoft.com** y Word crea el hipervínculo automáticamente.

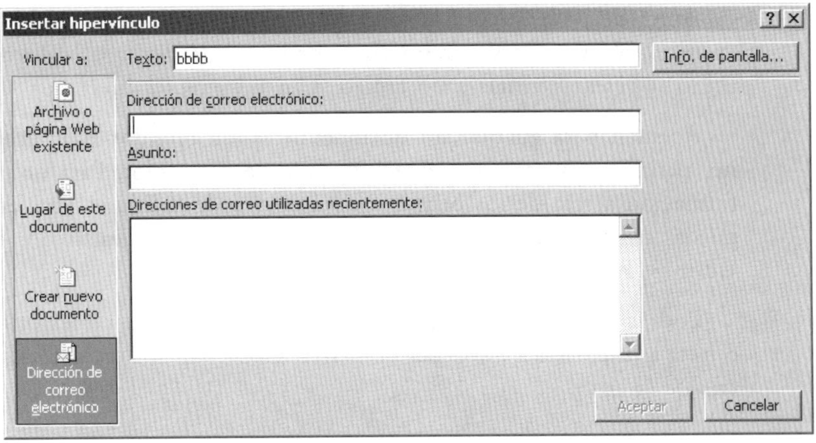

Figura 14.4. Cuadro de diálogo **Insertar hipervínculo**. Dirección de correo electrónico.

Eliminar un hipervínculo

1) Señalar con el puntero del ratón el hipervínculo que se desee eliminar. Hacer clic con el botón derecho del ratón en el hipervínculo.

2) Elegir el comando **Quitar hipervínculo** del menú **Contextual** que se despliega.

Si se desea eliminar un hipervínculo y el texto o la imagen que representa el hipervínculo, seleccione el hipervínculo y pulsar la tecla SUPR.

14.2. Transferencia de documentos de Word con FTP

Microsoft Word permite utilizar el servicio de transferencia de ficheros FTP de Internet. Con él podrá enviar (guardar de su ordenador en un ordenador remoto) o recibir (guardar en su ordenador información de un ordenador remoto) un documento desde cualquier ordenador de Internet que disponga de esta aplicación.

Antes de poder usar FTP necesitará conocer la dirección del equipo anfitrión al que se desea transferir información (si no sabe la dirección es como si desearas visitar a un amigo y no tuvieras su dirección).

Además, para guardar un documento en un servidor FTP, deberás tener permiso para almacenar archivos en ese ordenador. Para obtener información acerca de los permisos de acceso o de cualquier problema que puedas tener, deberás ponerte en contacto con el Administrador del servidor FTP.

Podrás acceder a un servidor FTP a través de una conexión de red directa a Internet o a través del *número telefónico de un proveedor de servicios de Internet*.

Agregar un sitio FTP a la lista de sitios de Internet

Si desea realizar transferencia de información a servidores FTP desde Microsoft Word primero deberá agregar las direcciones de dichos servidores.

Para añadir un sitio FTP a la lista de sitios de los cuadros de diálogo **Guardar como** y **Abrir**, deberá tener acceso al sitio.

1) Elegir el comando **Guardar como** o **Abrir** del menú **Archivo**.

2) Aparecerá el cuadro de diálogo **Guardar como** (Figura 14.5) o **Abrir**. En el cuadro de lista desplegable **Guardar en** o **Buscar en**, hacer clic en la opción **Agregar o modificar ubicaciones FTP**.

3) Aparecerá el cuadro de diálogo **Agregar o modificar ubicaciones FTP** (Figura 14.6). En el cuadro **Nombre del sitio FTP**, escriba la dirección del servidor FTP, por ejemplo, ftp://ftp.microsoft.com/.

4) Si desea iniciar una sesión de forma anónima y el administrador del servidor se lo permite, hacer clic en el botón de opción **Anónimo**.

   Si tiene una cuenta de usuario en el servidor y desea utilizarla para iniciar la sesión, hacer clic en el botón de opción **Usuario** y, a continuación, escribir el nombre en el cuadro **Usuario**.

5) Si no desea que le pida la contraseña cada vez que abra o guarde archivos en un servidor ftp, escribirla en el cuadro **Contraseña**.

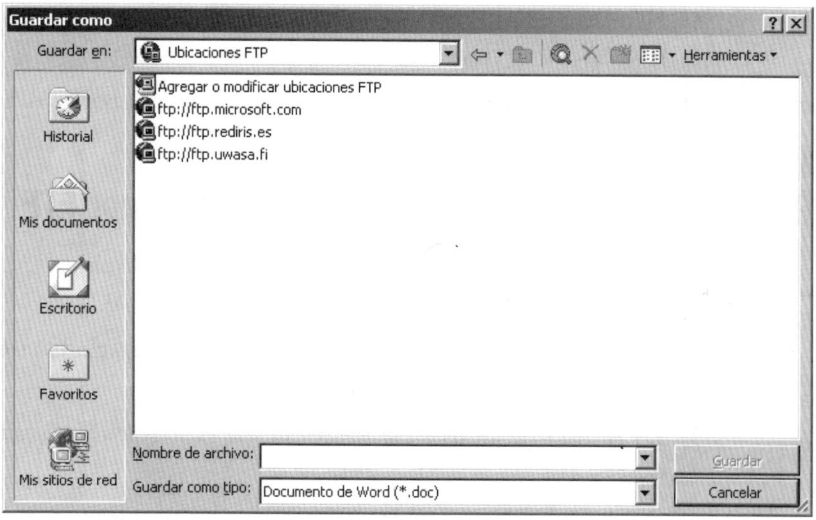

Figura 14.5. Cuadro de diálogo **Guardar como**.

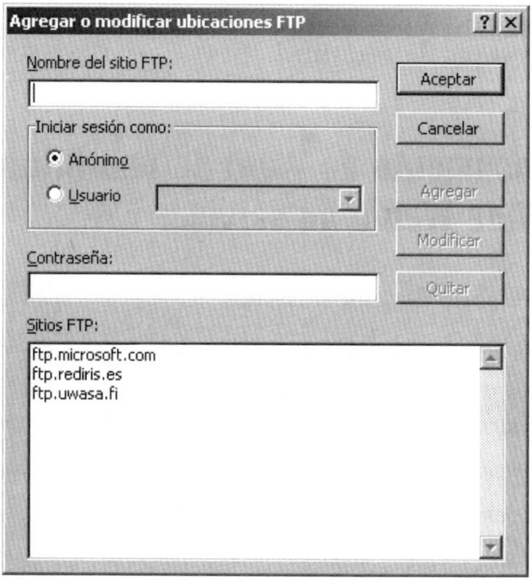

Figura 14.6. Cuadro de diálogo **Agregar o modificar ubicaciones FTP**.

6) Hacer clic en el botón **Agregar**. Repetir los pasos 3) a 6) para cada uno de los servidores que desee agregar.

7) Para cerrar el cuadro de diálogo, hacer clic en el botón **Aceptar**.

Guardar un documento de Word en un servidor FTP

1) Elegir el comando **Guardar como** del menú **Archivo**. Aparecerá el cuadro de diálogo **Guardar como** (Figura 14.5).

2) Hacer clic en el botón del cuadro de lista desplegable **Guardar en**, seleccionar la opción **Ubicaciones (FTP)**.

3) En la lista de sitios FTP, hacer clic en la ubicación del sitio que desee.

4) En el cuadro **Nombre de archivo**, escribir un nuevo nombre para el documento.

5) Haga clic en el botón **Guardar**.

Si se guarda un documento en un sitio FTP, no podrán crearse copias de seguridad del documento haciendo clic en **Opciones** en el cuadro de diálogo **Guardar como** ni activando la casilla de verificación **Crear siempre una copia de seguridad**.

Abrir un documento de Word de una Intranet, la World Wide Web o un servidor FTP

Podrá abrir documentos en:

- *Intranet,* si la organización tiene este tipo de Web interna. Una Intranet es una red interna de la organización que utiliza tecnología Internet como los protocolos TCP/IP.
- *World Wide Web,* sistema para desplazarse por Internet con hipervínculos utilizando el servicio de transferencia HTTP (Protocolo de Transmisión de Hipertexto). Es el protocolo de Internet que distribuye información a través de la World Wide Web (WWW). El protocolo permite a un usuario utilizar un programa cliente (ex-

plorador o navegador) para introducir un URL (Localizador Uniforme de Recursos) que permitirá al explorador acceder a los datos de la WWW. Las direcciones URL del servicio HTTP comienzan por http://. Deberá tener acceso a Internet a través de una conexión de red directa o a través del número telefónico de un proveedor de servicios de Internet.

- *En servidores FTP en Internet.* Protocolo de comunicaciones que permitirá al usuario la transferencia de archivos desde una dirección a otra de Internet. Las direcciones URL del servicio FTP comienzan por ftp://.

Abrir un documento en una Intranet o en el World Wide Web

1) Elegir el comando **Abrir** del menú **Archivo** o hacer clic en el botón **Abrir** de la barra de herramientas **Estándar**.

2) Aparecerá el cuadro de diálogo **Abrir** (Figura 14.7). En el cuadro **Nombre de archivo**, escribir la dirección del documento que se desee abrir y pulsar la tecla ENTRAR. Por ejemplo, para abrir un documento existente en un servidor World Wide Web escribirá: *http://www.paginaprincipal.dealguien/mipágina.html* y para tener acceso a un documento de Microsoft Word en una Intranet *http://ventas/febrero/estimación.doc.*

También podrá abrir un documento con la barra de herramientas Web (Figura 14.1). Para ello deberá escribir la dirección en el cuadro **Dirección** y pulsar la tecla ENTRAR.

Si se escribe una dirección sin especificar un nombre de archivo en el cuadro **Nombre de archivo**, el documento HTML predeterminado (en el ordenador especificado) se abrirá de forma automática en Microsoft Word.

Pueden abrirse documentos con formato HTML en Microsoft Word. Para visualizarlo mejor, utilizar un explorador de Web como Microsoft Internet Explorer.

No podrá guardar directamente un documento en un sitio HTTP, previamente deberá convertirlos a formato HTML para publicarlos en sitios HTTP de la Web.

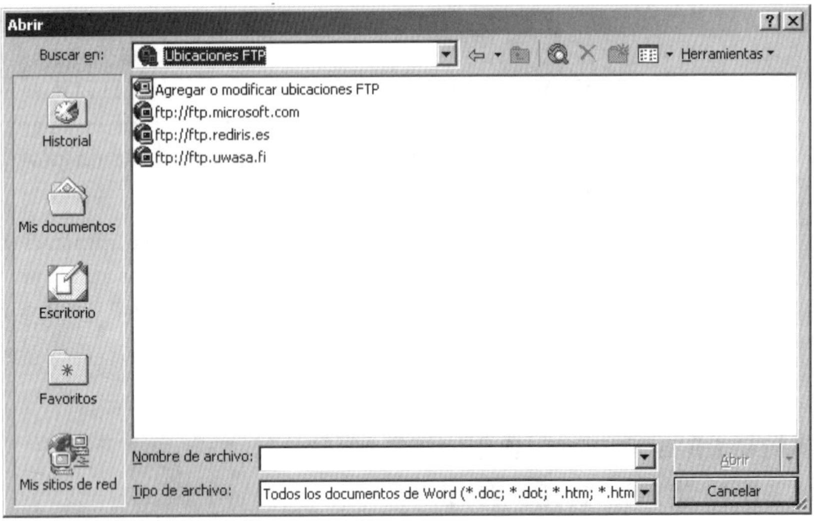

Figura 14.7. Cuadro de diálogo **Abrir**.

Abrir un documento almacenado en un servidor FTP

1) Hacer clic en el botón **Abrir** de la barra de herramientas **Estándar**.
2) Aparecerá el cuadro de diálogo **Abrir** (Figura 14.7). En el cuadro **Buscar en**, seleccionar la opción **Ubicaciones de Internet (FTP)**.
3) En la lista de servidores FTP, hacer doble clic en el servidor que tenga almacenado el documento que desee y, a continuación, hacer doble clic en la posición dentro del servidor que contenga el documento que desee abrir.
4) Hacer doble clic en el documento.

14.3. Microsoft en la Web

En este punto se describirá el comando **Office en el Web** del menú **Ayuda**.

También podrá utilizar la barra de herramientas Web (Figura 14.1) para navegar y buscar información en la red o la WWW sin salir de Word.

Si desea utilizar el comando **Office en el Web** del menú **Ayuda**, deberá tener acceso a Internet a través de la Intranet de su empresa o de un módem de su equipo o red, además de disponer de una cuenta Internet a través de un proveedor de servicios de Internet.

- **Ayuda de Microsoft en la Web.**

  1) Elegir el comando **Office en el Web** del menú **Ayuda (?)**.

  2) La página principal de productos de Microsoft es la que se muestra en la Figura 14.8.

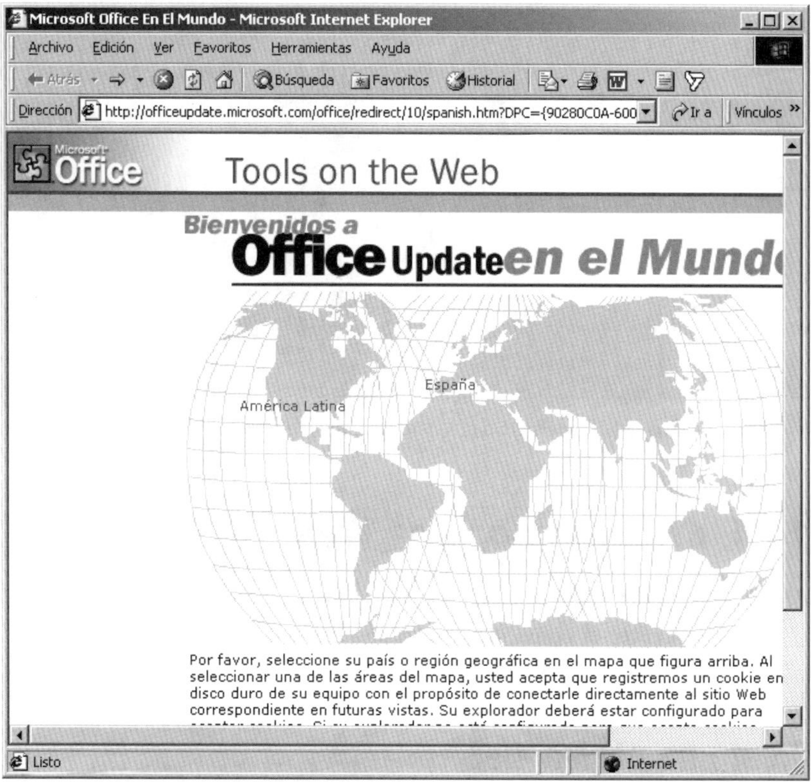

Figura 14.8. Página principal de Microsoft.

  3) Hacer clic en el enlace de su país o región.

  4) El navegador cargará la página Web del Centro de Asistencia de Microsoft Office (Figura 14.9).

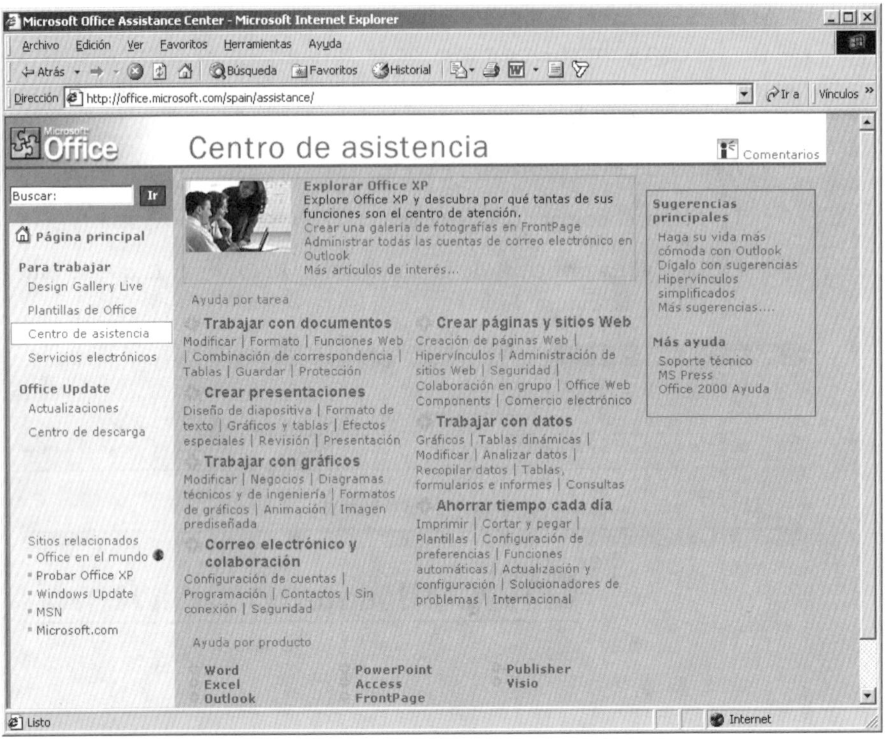

Figura 14.9. Centro de Asistencia de Microsoft Office en la Web.

14.4. Crear una página Web

Si desea crear una página Web a partir de los datos u objetos de un documento, el comando **Guardar como página web** aparece en el menú **Archivo** de Microsoft Word.

Crear una página Web

A la hora de crear una página Web existen diferentes opiniones acerca de cuál es la mejor forma para estructurarla y diseñarla. Puede encontrar muchas sugerencias, ejemplos y guías de estilo en la World Wide Web. A continuación se ofrecen algunas pautas aplicables a la mayoría de las páginas Web:

- El contenido debe estar bien organizado. Las páginas bien estructuradas permiten comunicar las ideas eficazmente y ayudan al lector a desplazarse por su sitio.
- El texto de las páginas Web debe ser fácil de leer. Si agrega un fondo a la página Web, se recomienda que contraste con el color del texto.
- Proporcione caminos para que un visitante pueda volver a la primera página o cualquier enlace ya visitado.
- Es conveniente dar a sus páginas un estilo propio para que puedan reconocerle.
- Las páginas Web pueden tener un aspecto diferente en los distintos navegadores o exploradores de Web. Por tanto, se recomienda organizarlas de forma que puedan verse en la mayoría de los navegadores. Por ejemplo, el texto de un recuadro de texto deslizable puede aparecer en navegadores que no admitan la función de texto deslizable. Compruébelas con varios navegadores.
- Las imágenes de gran tamaño incrementan el tiempo de descarga, en especial para lectores que tienen acceso a las páginas Web vía módem. Aunque los gráficos pueden hacer que las páginas Web tengan un aspecto más interesante, debe utilizarlos estratégicamente.
- Algunos usuarios desactivan la presentación de imágenes y no todos los exploradores de Web admiten todos los formatos de vídeo. Si las imágenes y los vídeos contienen información que no desea que los usuarios pasen por alto, puede utilizar texto alternativo para los gráficos y texto e imágenes alternativos para los vídeos.
- Puede utilizar las tablas como una herramienta de diseño. Por ejemplo, HTML, el formato de las páginas Web, no admite las columnas de estilo periodístico, pero puede obtener un efecto similar de dos columnas utilizando una tabla. Para obtener más información, consultar el Capítulo 9, *Tablas*.

Los pasos que debe seguir para conseguir que las páginas estén disponibles para otras personas dependen de cómo desee compartirlas. Para que otras personas de la red puedan disponer de las páginas Web, guárdelas junto con los archivos relacionados, por ejemplo imágenes, en una ubicación de red. Si la organización utiliza una Intranet basada en protocolos de Internet, es posible que deba copiar las páginas en un servidor

Web. Contacte con el administrador de Web o de red para obtener más información.

Para que las páginas Web estén disponibles en la World Wide Web, necesitará buscar un proveedor de servicios Internet que asigne espacio para las páginas Web o instalar un software servidor de Web en su sistema. Deben considerarse algunos factores al configurar el equipo como servidor de Web, como por ejemplo la velocidad y disponibilidad del sistema. Si no desea que su equipo esté conectado la mayor parte del día, es posible que no desee configurarlo como un servidor de Web.

Al insertar elementos en la página Web, como imágenes, botones gráficos y líneas e hipervínculos a otras páginas, Word le pedirá que guarde el archivo. Deberá guardarlo para que Word pueda crear correctamente los vínculos asociados a él.

Si todos los archivos como viñetas, botones de desplazamiento, texturas de fondo y páginas Web para las que cree hipervínculos, van a publicarse en el mismo servidor Web, se recomienda utilizar vínculos relativos (le permitirán mover el archivo que contiene el hipervínculo como el archivo que enlaza. Sin embargo deberá mover la ruta de acceso completa para que se mantenga el hipervínculo). Si utiliza este tipo de vínculos le resultará más fácil trasladar los elementos a otra ubicación. Si mueve los archivos o los envía a otra persona, intente mantener la misma estructura de archivos, incluidas las subcarpetas.

Por ejemplo, la página Web denominada cameb.html contiene imágenes que están guardadas en la carpeta Viñetas, de forma que las rutas de acceso relativas para los archivos de viñetas son \ Viñetas\ Viñeta1.gif y \ Viñetas\ Viñeta2.gif. Si mueve la página Web cameb.html, deberá crear una carpeta denominada Viñetas en la nueva ubicación para poder mover los archivos Viñeta1.gif y Viñeta2.gif.

Crear una página Web utilizando un asistente o una plantilla

1) Elegir el comando **Nuevo** del menú **Archivo** y, a continuación, hacer clic en el enlace (apartado 14.10) **Asistente para páginas Web** en el panel de tareas **Nuevo documento**.

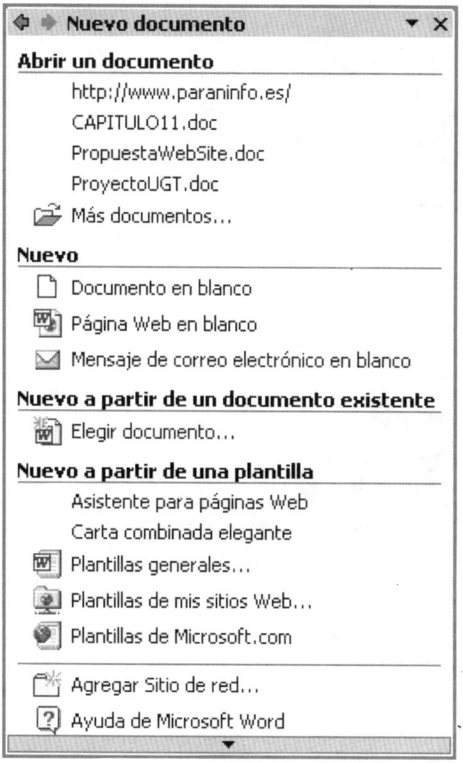

Figura 14.10. Panel de tareas **Nuevo documento.**

2) Seguir las instrucciones del asistente para crear la página Web (Figura 14.11), si se desea comenzar con un contenido de muestra como una página principal personal y un formulario de registro, y elementos gráficos elegir una de las plantillas (Preguntas más frecuentes, Diseño sencillo, etc.), que le ayudarán a crear rápidamente una página Web o doble clic en **Página Web en blanco** para diseñarla con las herramientas disponibles en Word.

3) Una vez finalizado el trabajo de diseño con la ayuda del Asistente, agregar o cambiar el texto o formatos que desee. La mayoría de los elementos se añaden siguiendo el mismo procedimiento que en los documentos de Word. Sin embargo, para que la creación de las páginas Web sea más sencilla, Word proporciona algunos comandos nuevos y personalizados con esta finalidad.

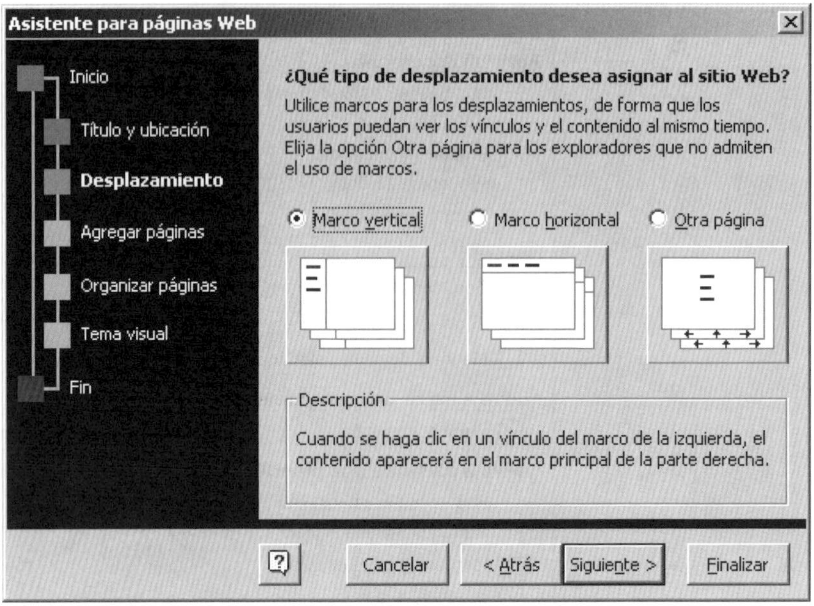

Figura 14.11. Asistente para páginas Web.

Agregar un sonido de fondo a una página Web

El sonido de fondo se reproducirá automáticamente cada vez que se abra la página o cada vez que se vuelva a ella. Esta repetición puede ser molesta en el caso de páginas que se abran con frecuencia, como las páginas principales. En estos casos otra opción será insertar un hipervínculo (véase apartado 14.1, *Hipervínculos*) en el que el usuario tenga que hacer clic en él si desea descargar un archivo de sonido.

1) Hacer clic en el botón **Sonido** en la barra de herramientas **Herramientas web** (Figura 14.12).

Figura 14.12. Barra de herramientas Web.

2) En el cuadro de diálogo **Sonido de fondo**, escriba la dirección o URL del archivo de sonido que desee en el cuadro combinado **Sonido** o hacer clic en el botón **Examinar** para localizar el archivo.

3) En el cuadro **Repetir**, indique el número de veces que desee que se repita el sonido. Si desea que el sonido se repita continuamente mientras esté abierta la página Web, hacer clic en la opción **Infinito**.

4) Hacer clic en el botón **Aceptar**.

- Para desactivar el sonido de fondo mientras trabaja con la página Web, pase al modo **Diseño** (hacer clic en el botón **Diseño** en la barra de herramientas **Herramientas Web**). Para activar el sonido de fondo, salga del modo **Diseño**.

- El sonido de fondo se reproduce automáticamente cada vez que se abre la página o cada vez que se vuelve a ella. Para evitar la repetición inserte un hipervínculo en el que el usuario tenga que hacer clic si desea descargar el archivo de sonido.

- Si selecciona **Infinito** como opción de repetición, tenga en cuenta que no hay manera alguna de detener el sonido cuando se vea la página en un explorador Web.

- Para que otros usuarios puedan oír los sonidos de fondo deben tener instalado un sistema de sonido y el explorador de Web debe admitir el formato de sonido del archivo insertado. Puede insertar archivos de sonido en los formatos WAV, MID, AU, AIF, RMI, SND y MP2 (audio de MPEG).

Agregar un vídeo a una página Web

Puede agregar un vídeo entre líneas a la página Web, lo que implica que se visualizará el vídeo cuando el usuario abra la página o cuando el usuario señale el vídeo entre líneas con el ratón. Deberá tener en cuenta que no todos los exploradores de la Web admiten vídeo entre líneas, puede que desee proporcionar texto e imágenes alternativos o evitar la presentación de información fundamental en vídeo.

1) Hacer clic en el botón **Película** de la barra de herramientas **Herramientas Web** (Figura 14.12). Aparecerá el cuadro de diálogo **Clip de película** (Figura 14.13).

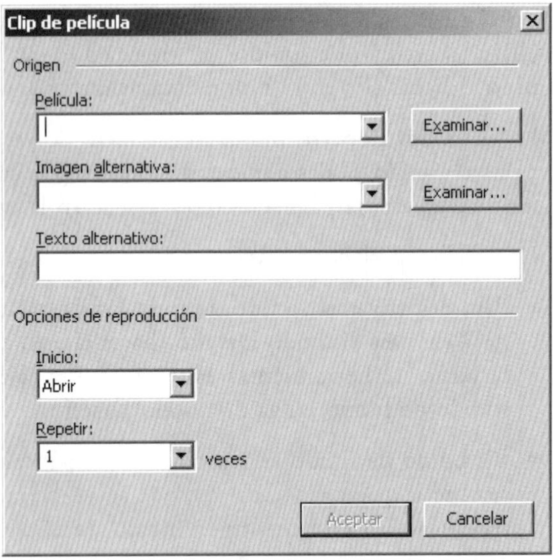

Figura 14.13. Cuadro de diálogo **Clip de película**.

2) En el cuadro combinado **Película**, escribir la dirección o URL del archivo de vídeo que desee o elegir una de la lista del cuadro combinado. También puede hacer clic en el botón **Examinar** para localizar el archivo.

3) Si desea insertar una imagen como sustituto del vídeo, para aquellos casos en los que el navegador del usuario no admita vídeos o si desactiva la presentación de imágenes y vídeo, en el cuadro **Imagen alternativa**, escribir la dirección o URL del archivo de gráficos que desee.

4) En el cuadro de texto **Texto alternativo**, escribir el texto que desee que aparezca en lugar del vídeo o de la imagen alternativa si el explorador del usuario no admite vídeos, si el servidor donde está ubicado el vídeo o la imagen no está disponible en ese momento o si el usuario tiene desactivada la presentación de imágenes y vídeos.

5) En la lista **Inicio**, elegir opción para especificar cómo desea que se reproduzca el vídeo en una página Web:

   Abrir; hace que el vídeo se reproduzca cuando el usuario descargue la página Web.

Acción del mouse; hace que se reproduzca al colocar el puntero sobre el vídeo.

Ambos; para que se reproduzca en ambos casos.

6) En el cuadro **Repetir**, indicar el número de veces que desea que se reproduzca el vídeo.

7) Hacer clic en el botón **Aceptar**.

El vídeo se reproducirá después de insertarlo. Si ha seleccionado la opción **Acción del ratón** para la reproducción del vídeo, éste también se reproducirá en el documento de la página Web cuando coloque el ratón encima. Para detenerlo o visualizar la película mientras trabaja con la página Web, haga clic con el botón secundario del ratón en la imagen que representa la película y, a continuación, haga clic en el comando **Detener** o **Reproducir**.

Los archivos de vídeo pueden ser muy grandes y puede llevar mucho tiempo descargarlos. Para descargar un vídeo que dura unos segundos pueden tardarse minutos si el sistema es lento. Para reducir el tamaño de archivo de los vídeos, suprima los marcos innecesarios, reduzca el alto o ancho del vídeo, utilice menos paneles, aplique blanco y negro en lugar de color y comprima los archivos.

También puede insertar un hipervínculo a un vídeo, es decir, el usuario puede hacer clic en el hipervínculo para descargar el vídeo y reproducirlo.

Agregar texto desplazable a una página Web

1) Hacer clic en el botón **Desplazar texto** en la barra de herramientas **Herramientas Web** (Figura 14.12). Aparecerá el cuadro de diálogo **Desplazamiento de texto** (Figura 14.14).

2) Escriba el texto que desee desplazar en el cuadro de texto **Escriba aquí el texto que debe desplazarse**.

3) Seleccionar la **Velocidad**, **Comportamiento**, **Color de fondo**, **Dirección** y **Repetición** que se desee.

4) Hacer clic en el botón **Aceptar**.

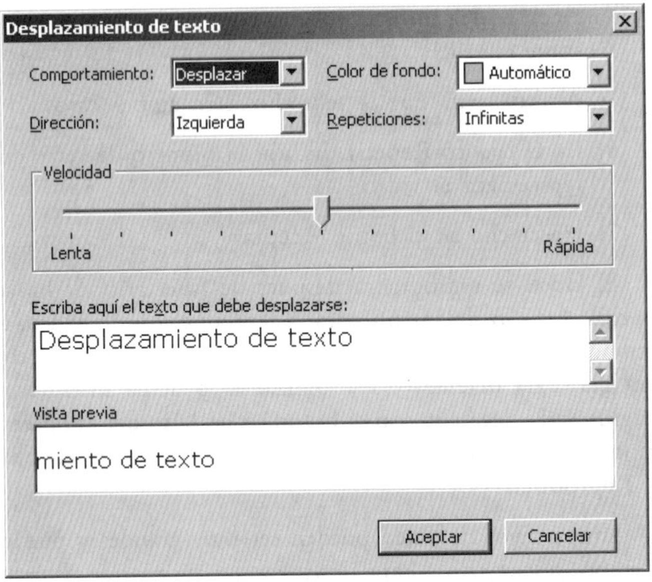

Figura 14.14. Cuadro de diálogo **Desplazamiento de texto**.

El desplazamiento de texto o marquesina es compatible con todas las versiones del Explorador de Internet de Microsoft, excepto con la versión 1.0. Sin embargo, existen otros exploradores de Web que no admiten el desplazamiento de texto. En ese caso, el texto aparecerá pero no se desplazará.

Para eliminar el desplazamiento de texto, hacer clic en el recuadro y pulsar la tecla SUPR.

Asignar un título a una página Web

El título especificado aparecerá en la barra de título del explorador de Web y, si un usuario guarda un vínculo a la página Web, el título aparecerá en la lista de historial y en la lista de favoritos de dicho usuario.

1) Elegir el comando **Propiedades** del menú **Archivo**. Aparecerá el cuadro de diálogo **Propiedades del documento** (Figura 14.15).

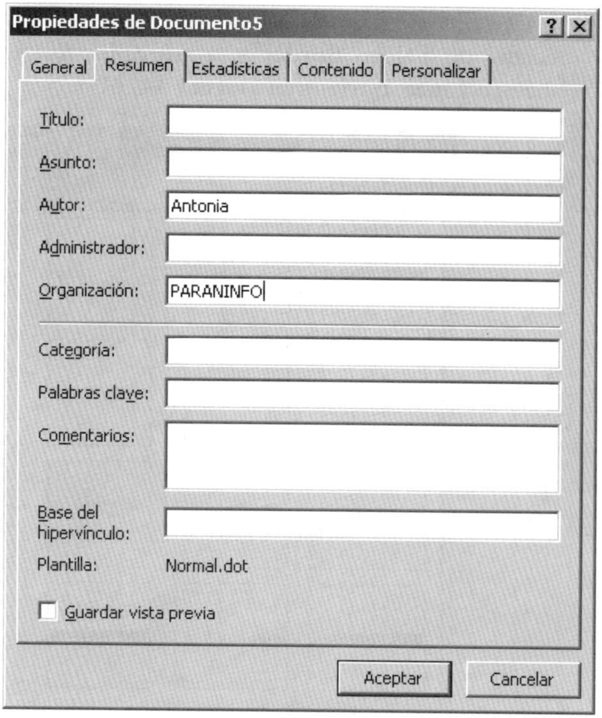

Figura 14.15. Cuadro de diálogo **Propiedades del documento**.

2) En el cuadro de texto **Título**, escribir el título que se desee.

3) Hacer clic en el botón **Aceptar**.

Si no se especifica ningún título, Word sugerirá uno basándose en los primeros caracteres que aparezcan en la página Web.

Agregar una línea horizontal a una página Web

Las líneas horizontales se utilizan en las páginas Web o documentos de Word para separar secciones de contenido lógico.

1) Haga clic en la posición en la que desee insertar la línea.

2) Seleccionar el comando **Bordes y sombreado** menú **Formato**.

3) Hacer clic en el botón **Línea horizontal** de la ficha **Bordes** del cuadro de diálogo **Bordes y sombreado**. Aparecerá el cuadro de diálogo **Línea horizontal** (Figura 14.16).

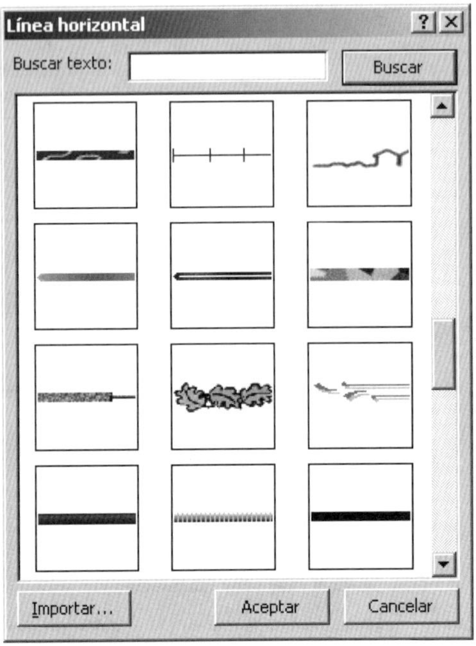

Figura 14.16. Cuadro de diálogo **Línea horizontal**.

4) Hacer clic en la línea que desee insertar y, a continuación, hacer clic en el botón **Aceptar**.

Para insertar rápidamente la última línea horizontal utilizada, hacer clic en **Línea horizontal** en la barra de herramientas **Tablas y bordes**. Si no se muestra el botón, hacer clic en la flecha situada a la derecha del botón **Bordes** y, después, hacer clic en el botón **Línea horizontal**. El botón **Bordes** cambiará para mostrar el último estilo de borde aplicado, por ejemplo, si la última vez se utilizó **Bordes externos**, el botón **Bordes** cambiará a **Bordes externos**.

La primera línea del cuadro **Estilo** será trazada por el explorador de Web cuando se abra la página. El resto de los estilos de línea son imágenes gráficas. Cuando guarde la página Web, la línea se guardará como una imagen, por ejemplo, *imagen.gif*, *imagen1.gif*, en la misma ubicación que la página Web. Si mueve la página Web, por ejemplo, al publicar la página, se recomienda mover también la imagen de la línea.

Para insertar rápidamente otra línea con el mismo estilo, hacer clic en el botón **Línea horizontal** de la barra de herramientas **Tablas y bordes**.

Seleccionar el comando **Guardar como** del menú **Archivo** para guardar la página. Elegir la ruta y nombre para la página.

14.5. Enviar un documento por correo electrónico

Para enviar por correo electrónico un documentos de Word:

1) Abrir o activar el documento que se desee enviar por correo.
2) Elegir el comando **Enviar a** del menú **Archivo** y, después elegir una de las siguientes opciones:
   - **Destinatario de correo**. Aparecerán las opciones de correo en la ventana de Microsoft Word (Figura 14.17).
   - **Destinatario de correo (como datos adjuntos)**. Si no aparece el elemento de menú **Destinatario de correo (como datos adjuntos)**, siga uno de estos procedimientos: En el menú **Herramientas**, elegir el comando **Opciones** y, a continuación, hacer clic en la ficha **General**. Activar la casilla de verificación **Enviar como datos adjuntos** y, a continuación, hacer clic en el botón **Aceptar**. A continuación, repita el paso 2). Aparecerá la ventana del cliente de correo (Figura 14.18) configurado en su equipo como predeterminado.
3) En los cuadros **Para** y **CC** escriba los nombres de los destinatarios separados por puntos y comas. Para seleccionar nombres de destinatarios de una lista, hacer clic en el botón **Para** o **CC**.
4) De manera predeterminada, el nombre del documento aparece en el cuadro **Asunto**. Si lo desea, puede escribir un nombre de asunto distinto.

   También puede incluir un archivo adicional y establecer opciones de correo electrónico.

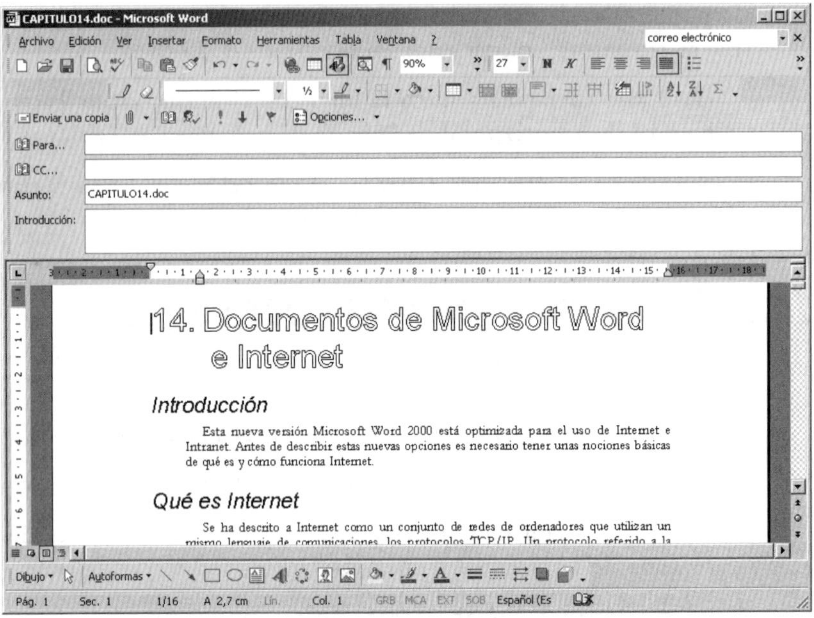

Figura 14.17. Opciones de correo en Microsoft Word.

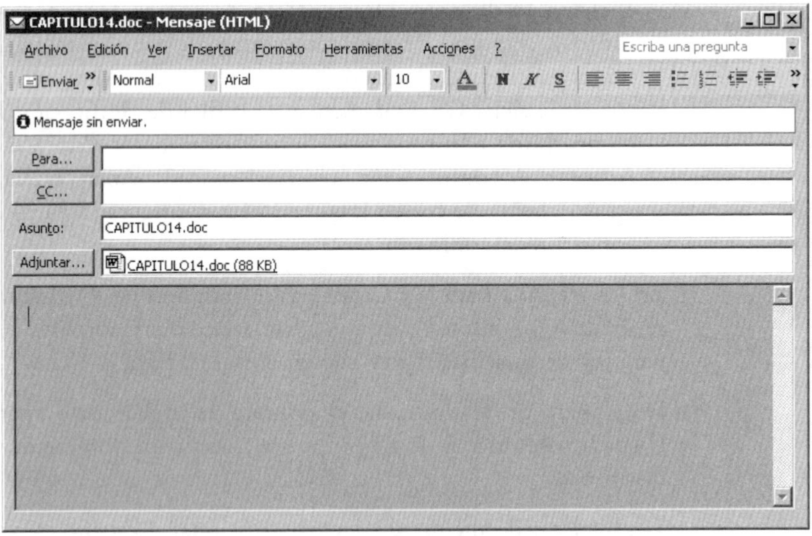

Figura 14.18. Ventana de correo.

5) Hacer clic en el botón **Enviar una copia** (si ha seleccionado el comando **Destinatario de correo** en el paso 2) o **Enviar** (si ha seleccionado el comando **Destinatario de correo (como datos adjuntos)** en el paso 2).

También podrá seguir el siguiente procedimiento para crear un mensaje de correo electrónico nuevo:

1) Elegir el comando **Nuevo** del menú **Archivo**.

2) En el panel de tareas **Nuevo documento**, en el área con el título **Nuevo**, hacer clic en el enlace **Mensaje de correo electrónico en blanco**.

3) Escribir los nombres de los destinatarios en los cuadros **Para** y **CC**.

4) En el cuadro de texto **Asunto**, indicar de que trata el mensaje.

5) Escribir el mensaje.

6) Hacer clic en el botón **Enviar**.

Práctica 14

1. Guardar el documento creado en la práctica 9 (*realizarla en este momento si no existe*) como página Web.
2. Crear una página Web utilizando una plantilla Web.

Soluciones a las Prácticas Propuestas

Soluciones a las Prácticas Propuestas

Práctica 1

1) Elegir el comando **Barra de herramientas** del menú **Ver**. Hacer clic en la opción **Personalizar**.

2) Hacer clic en el botón **Nueva** de la ficha **Barras de herramientas.**

3) En el cuadro **Nombre de la Barra de herramientas** escribir **MisFavoritos.**

4) Hacer clic en el botón **Aceptar.**

5) Seleccionar la ficha **Comandos** si no estuviese seleccionada.

6) En el recuadro **Categorías** seleccionar **Archivo.**

7) Arrastrar los botones **Abrir** y **Guardar** a la nueva barra de herramientas.

8) Repetir los pasos 6) y 7) seleccionando las categorías:

   - **Formato** (arrastrar los botones **Negrita** y **Cursiva**).
   - **Dibujo** (arrastrar el botón **Galería de WordArt**).

- **Autoforma** (arrastrar los botones **Línea** y **Elipse**).
- **Herramientas Web** (arrastrar el botón **Buscar en el Web**).

9) Hacer clic en el botón **Aceptar**.

Práctica 2

1) Escribir el texto bajo el rótulo ***Mi primer documento.***
2) En la última fila (del primer párrafo), seleccionar la frase *«los dos personajes»* y escriba *Allnutt y Rose.*
3) Situar el punto de inserción después de la frase «...las tropas alemanas.» (cuarta línea).

   Comprobar que esté desactivado el indicador SOB; si estuviera activado pulsar la tecla INSERT.

   Escribir la frase «A consecuencia de ello, es».
4) Seleccionar la líneas que contienen los títulos: *«Presupuesto:»* y *«Recaudación media en EEUU:»* y

   Hacer clic en el botón **Cortar** de la barra de herramientas **Estándar**.

   Sitúe el punto de inserción sobre la línea que contiene el título *«Estreno en Madrid:».*

   Hacer clic en el botón **Pegar**.
5) Situar el punto de inserción al final de la línea *«Recaudación media en...»* y pulsar la tecla ENTRAR.
6) Seleccionar la línea *«Estrenos en Estados Unidos:...»* y arrastrarla hasta la nueva línea en blanco.

Práctica 3

- *Corrección ortográfica*

  1) Hacer clic en el botón **Ortografía y gramática** de la barra de herramientas **Estándar**.

2) Para cada palabra que se muestre en el cuadro **No se encontró** se deberá hacer clic en el botón correspondiente.

3) Una vez finalizada la corrección hacer clic en el botón **Aceptar**.

- *Obtener sinónimos*

1) Situar el punto de inserción en la palabra *«experimentó»*.

2) Elegir el submenú **Idioma** del menú **Herramientas**. Hacer clic en el comando **Sinónimos**.

3) Seleccionar el sinónimo deseado en el cuadro de lista **Reemplazar con el sinónimo**.

4) Hacer clic en el botón **Reemplazar**.

5) Repetir los pasos 1 a 4 para las palabra *«obra», «presente» y «piezas»*.

- *Buscar las siguientes palabras*

1) Situar el punto de inserción al comienzo del documento.

2) Elegir el comando **Buscar** del menú **Edición**.

3) En el cuadro **Buscar** escribir la palabra *«Ediciones»*.

4) Hacer clic en el botón **Buscar siguiente**.

5) Repetir los pasos 3 y 4 para localizar el resto de las palabras.

6) Hacer clic en botón **Cancelar**.

- *Reemplazar las siguientes palabras*

1) Situar el punto de inserción al comienzo del documento (no será necesario).

2) Elegir el comando **Reemplazar** del menú **Edición**.

3) En el cuadro **Buscar** escribir la palabra *«filmes»*.

4) En el cuadro **Reemplazar** con escribir la palabra *«películas»*.

5) Hacer clic en el botón **Buscar siguiente**.

6) Hacer clic en el botón **Reemplazar todos**.

7) Repetir los pasos 3 a 6 para las palabras *«sinfín», «entusiasta»*.

8) Hacer clic en el botón **Cancelar**.

- Incluir guiones

1) Situar el cursor al comienzo del documento.

2) Elegir el submenú **Idioma** del menú **Herramientas**. Hacer clic en la opción **Guiones**.

3) Seleccionar la casilla **División automática del documento**.

4) Hacer clic en el botón **Aceptar**.

Práctica 4

1) Situar el punto de inserción en la posición adecuada.

2) Dar el formato que se muestra en el enunciado de la práctica seleccionando el tipo de letra y tamaño que desee. Hacer clic en el botón **Fuente, Tamaño de fuente, Negrita** o **Cursiva** de la barra de herramientas **Formato** para aplicar el formato de **Tipo de letra, Tamaño,** y **Estilo de fuente** y para el espacio entre caracteres seleccionar la ficha **Espacio entre caracteres** del comando **Fuentes** del menú **Formato**.

Práctica 5

1) Escribir el texto propuesto en el modelo.

2) Seleccionar el texto "*Características de la teleformación*" y elegir el comando **Bordes y sombreado** del menú **Formato**.

3) Hacer clic en la ficha **Bordes** si fuera necesario. En el cuadro **Estilo** y **Ancho** elegir la opción que le guste. Hacer clic en el borde inferior del recuadro **Vista previa** y, después hacer clic en el botón **Aceptar**.

4) Arrastrar el marcador **Sangría izquierda,** situado en la regla, hasta la posición en la que se ajuste el borde del párrafo al contenido.

5) Utilizar el comando **Numeración** y **viñetas** del menú **Formato**. Elegir la ficha **Esquema numerado**.

6) Hacer clic en el botón **Personalizar** y hacer clic en el nivel **1** en el cuadro de lista **Nivel** y, a continuación, en el cuadro de lista desplegable **Estilo de número** elegir la opción **Nueva imagen** para seleccionar una imagen nueva o elegir una de las opciones imagen que muestre el cuadro de lista.

7) Hacer clic en el botón **Aceptar** hasta cerrar todos los cuadro de diálogo par aplicar el estilo creado.

8) Escribir el texto propuesto por el modelo aplicando el estilo de numeración creado.

Práctica 6

1) Elegir el comando **Configurar Pagina** del menú **Archivo**.

2) Seleccionar la ficha **Diseño de página**.

3) Hacer clic en el recuadro **Alineación vertical** y seleccionar la opción **Centrada**.

4) Escribir «LUIS BUÑUEL». Pulsar la tecla ENTRAR.

5) Escribir «Mi último suspiro». Pulsar la tecla ENTRAR:

6) Pulsar CTRL+ENTRAR para pasar a la siguiente página.

7) Seleccionar el comando **Encabezado y pie de página** del menú **Ver**.

8) Hacer clic en el botón **Alinear a la derecha** de la barra de herramientas **Estándar**.

9) Escribir «Mi último suspiro».

10) Hacer clic en el botón **Cambiar entre encabezado y pie** de la barra de herramientas **Encabezado y pie de página**.

11) Hacer clic en el botón **Alinear a la derecha** de la barra de herramientas **Estándar**. Escribir el texto *Pág.*

12) Hacer clic en el botón **Insertar números de página** de la barra de herramientas **Encabezado y pie de página**.

13) Hacer clic en el botón **Configurar página** de la barra de herramientas **Encabezado y pie de página**.

14) Seleccionar la ficha **Diseño de página**. Activar la casilla de verificación **Primera página diferente**.

15) Hacer clic en el botón **Aceptar**.

16) Escribir el texto especificado para cada página. Aplicar la sangría mostrada en el modelo utilizando la regla.

Práctica 7

1) Hacer clic en el botón **Abrir** de la barra de herramientas **Estándar**.

2) Seleccionar el nombre asignado a la **práctica 6**.

3) Elegir el comando **Imprimir** del menú **Archivo**.

4) En el cuadro de diálogo que aparece se seleccionarán las siguientes opciones:

   Apartado a: Todo el documento.

   Hacer clic en el botón **Aceptar**.

   Apartado b: Páginas 2 y 3, realizando 3 copias.

   Hacer clic en el botón **Páginas** y escribir ***2,3***

   En el cuadro **Copias** elegir el valor ***3***.

5) Hacer clic en el botón **Aceptar**.

Práctica 8

1) Escribir el texto del enunciado.

2) Seleccionar los párrafos a los que se ha de aplicar el formato de dos columnas.

3) Elegir el comando **Columnas** del menú **Formato**.

4) En el recuadro **Preestablecidas** seleccionar el cuadro **Dos**.

5) Hacer clic en el botón **Aceptar**.

6) Seleccionar los párrafos a los que ha de aplicar formato de una columna.

7) Hacer clic en el botón **Columnas** de la barra de herramientas **Estándar**.

8) Arrastrar la selección hasta definir una columna.

Práctica 9

Para crear la estructura general de la Tabla:

1) Situar el punto de inserción en la posición del documento donde se desea insertar la tabla.

2) Hacer clic en el botón **Insertar tabla** de la barra de herramientas **Estándar** y, manteniendo pulsado el botón del ratón, arrastrar el puntero hasta conseguir una cuadrícula que muestre 6 filas y 4 columnas. Al soltar el botón del ratón, Word insertará la tabla vacía.

3) **En la primer fila**: Seleccionar las celdas 2,3 y 4, hacer clic sobre el botón **Combinar** de la barra **Tablas y bordes**.

4) **En la fila 6**: Seleccionar las celdas 3 y 4, a continuación aplicar la opción **Celdas** del submenú **Eliminar** del menú **Tabla**. En el cuadro de diálogo **Eliminar celdas** marcar el botón de selección **Desplazar las celdas hacia la izquierda** y pulsar sobre el botón **Aceptar**.

Dar formato general a la Tabla:

1) Hacer doble clic sobre el botón selector de la tabla y seleccionar el botón **Opciones...** de la ficha **Tabla** del cuadro de diálogo **Propiedades de Tabla**.

2) En el cuadro de diálogo **Opciones de tabla**, establecer los valores de **0,15 cm** para los márgenes **Superior** e **Inferior** de las

celdas. Marcar la casilla de verificación **Permitir espaciado entre celdas** y escribir el valor **0,1 m**.

3) Con el botón **Color de sombreado** de la barra de herramientas **Tablas y bordes** aplicar los siguientes colores:

Celda A1:	Granate
Celda B2 (combinada):	Azul marino oscuro.
B2:D2:	Azul cielo.
A3:A6:	Verde Claro

4) Con los botones de **alineación** de la barra de herramientas **Tablas y bordes** aplicar los siguientes valores:

B2:	Alinear verticalmente.
A2:D2:	Alinear verticalmente
A3:A6:	Alinear en el centro a la izquierda
B3:D6:	Alinear en el centro a la derecha

5) Con las listas de **Fuentes** y **Tamaño** de la barra de herramientas de **Formato**, aplicar libremente el que se considere más apropiado.

Escribir los rótulos y los valores

1) Escribir todos los textos y números excepto los de la fila 5 (**Saldo**) y 6(**Total**) que los obtendremos automáticamente.

Aplicar las fórmulas

Como para aplicar fórmulas es aconsejable hacerlo en tablas con el mismo número de columnas en cada fila, es aconsejable separar la fila 1 (2 columnas) del resto de filas (4 columnas).

1) Posicionarse sobre la celda B2 (2001) y aplicar el comando **Dividir tabla** del menú **Tabla**. A partir de este momento tenemos dos Tablas, una con el título y otra con los rótulos y los valores. Las referencias que damos en las fórmulas son referidas a la tabla de los rótulos y los valores.

2) Aplicar las siguientes fórmulas:

Celda B4: =B2-B3
Celda C4: =C2-C3
Celda D4: =D2-D3
Celda B5: =B4+C4+D4

Práctica 10

Definir esquemas sobre el texto escrito

1) En el menú **Ver** , elegir el submenú **Barras de herramientas** y hacer clic en la opción **Esquema**.
2) Seleccionar el primero de los párrafos que se muestran en el modelo de esquema propuesto.
3) En la barra de herramientas **Esquema**, seleccionar el nivel de esquema que se desea asociar al párrafo seleccionado.
4) Repetir los pasos 2 y 3 para cada párrafo que se especifica en el modelo.
5) En el cuadro de lista **Mostrar nivel** de la barra de herramientas **Esquema**, seleccionar el elemento Mostrar nivel 3.

Crear la Tabla de contenidos a partir del Esquema:

1) Hacer clic en la posición en la que se desea insertar la tabla de contenido.
2) En el menú **Insertar**, elegir **Referencia** y hacer clic en **Índices y tablas**.
3) Hacer clic en la ficha **Tabla de contenido**.
4) Seleccionar el formato que se desea aplicar a la Tabla de contenido de los que se muestran en el cuadro de lista **Formatos**.
5) Activar la casilla de verificación **Alinear números a la derecha** e indicar los puntos como el carácter de relleno para los espacios en blanco entre las distintas entradas del índice y el número de página.

6) Indicar el valor 3 en el cuadro de texto **Mostrar niveles** como el número de niveles de título que se desean mostrar en la tabla de contenido.

7) Hacer clic sobre el botón **Aceptar**.

Práctica 11

1) Elegir el comando **Nuevo** del menú **Archivo** y seleccionar la opción **Plantilla**. Hacer clic en el botón Aceptar.

2) Diseñar la tabla que servirá como base al formulario con el formato especificado.

3) Escribir la información fija o títulos en cada celda (*Vía, Fecha de entrega, Términos, Fecha de pedido,* etc.). Pulsar la tecla ENTRAR.

4) Situar el punto de inserción en la celda de título *«Fecha pedido:»*.

5) Hacer clic en el botón **Campo con texto**.

6) Repetir los pasos 4 a 6 para los títulos: *«Fecha factura:»* y *«Nª de factura»*.

7) Situar el punto de inserción en la celda de título *«Términos:»*.

8) Hacer clic en el botón **Campo de formulario con lista** en la barra de herramientas **Formularios**. Hacer doble clic en el campo insertado.

9) Aparecerá el cuadro de diálogo **Opciones de campo de formulario con lista desplegable**. En el cuadro **Elemento de la lista**, escribir *«Al contado»*. Hacer clic en el botón **Agregar**.

10) Repetir el paso 9 para el resto de los elementos de la lista.

11) Hacer clic en el botón **Aceptar**.

12) Situar el punto de inserción en la celda *«Vía»*.

13) Hacer clic en el botón **Campo de formulario con casilla de verificación** para las opciones "*Correo ordinario*" y "*Mensajería*".

14) Hacer clic en el botón **Proteger formularios** de la barra de herramientas **Formularios**.

15) Guardar el formulario.

Práctica 12

1) Hacer clic en el botón **Dibujo** de la barra de herramientas **Estándar**, y a continuación en el botón **Insertar WordArt** de la barra de herramientas **Dibujo**.
2) Elegir el estilo situada en la fila 3 y columna 5 del cuadro de diálogo que aparece. Hacer clic en el botón **Aceptar**.
3) En el cuadro de diálogo Modificar texto de WordArt escribir *ITP Paraninfo*.
4) Elegir el tipo y el tamaño de letra que desee.
5) Hacer clic en el botón **Aceptar**.
6) Repetir los pasos 2 a 3 para insertar el texto con formato "*Guía Rápida*" pulsar la tecla ENTRAR y, después, escribir "*Word XP*". Elegir el estilo situado en la fila 5 y columna 6.
7) Situar el punto de inserción alineado a la derecha.
8) Hacer clic en el botón **Cuadro de texto** de la barra de herramientas **Dibujo**. Escribir "*Antonia González*" y "*Gaspar González*". Teniendo seleccionado el cuadro de texto hacer clic en el botón **Estilo 3D** de la barra de herramientas **Dibujo** y, a continuación hacer clic en la primera forma con estilo 3D.
9) Seleccionar el texto con formato "*ITP Paraninfo*". Hacer clic en el botón **Autoformas** y, después elegir la categoría **Conectores**.
10) Señalar con el puntero del ratón el objeto seleccionado, hacer clic y, a continuación en la segunda forma a conectar.
11) Repetir los pasos 9 y 10 para conectar las otras dos formas del modelo propuesto.

Práctica 13

1) Elegir el comando **Asistente para combinar correspondencia** del submenú **Cartas y correspondencia** del menú **Herramientas**.
2) Seleccionar la opción **Cartas**. Hacer clic en el enlace **Siguiente**.

3) Hacer clic en el botón **Utilizar el documento actual**. Hacer clic en el enlace **Siguiente**.

4) Hacer clic en el botón **Seleccionar destinatarios**. Seleccionar el elemento **Escribir una nueva lista**, y a continuación, hacer clic en el enlace **Crear**.

5) Hacer clic en el botón **Personalizar**. Se deberán eliminar todos los nombres de campos existentes excepto: *Nombre*, *Dirección*, *Teléfono*, *Fax*, *Nombre de la organización* y *Actividad*. Para eliminar cada uno de ellos se deberá seleccionar y hacer clic en el botón **Quitar campos**. Hacer clic en el botón **Agregar** para añadir el campo *Actividad*.

6) Hacer clic en el botón **Aceptar**.

7) Escribir el contenido de cada campo pulsando la tecla TAB para desplazarse al campo siguiente.

8) Para introducir los datos del siguiente registro, hacer clic en el botón **Nueva entrada**.

9) Después de introducir todos los datos, hacer clic en el botón **Cerrar**.

10) Escribir como nombre del archivo de datos: EMPRESAS y, hacer clic en el botón **Aceptar**.

11) Hacer clic en el botón **Aceptar** para enviar el *archivo principal* (la carta) a todas las empresas del *archivo de datos*.

12) Hacer clic en el enlace **Siguiente: Escriba la carta** en el panel del Asistente.

13) Escribir el texto de la carta y en la posición donde aparece un campo de combinación hacer clic en el enlace **Más elementos**, y a continuación, hacer doble clic sobre el campo correspondiente.

14) Hacer clic en el botón **Cerrar**.

15) Hacer clic en el enlace Siguiente: **Obtener una vista previa**.

16) Hacer clic en el enlace **Imprimir** del panel de tareas y si lo desea guárdelo para su posterior uso.

Práctica 14

1.

1) Abrir el archivo creado en la práctica 9.
2) Elegir el comando **Guardar como página Web** del menú **Archivo**.
3) Elegir la carpeta y especificar un nombre para el archivo.
4) Hacer clic en el botón **Guardar**.

2.

1) Elegir el comando **Nuevo** del menú **Archivo**.
2) Seleccionar la ficha **Páginas Web**.
3) Hacer doble clic en el icono de una de las plantillas o del Asistente.
4) Seguir las instrucciones que presentará en pantalla la plantilla o los distintos pasos del asistente.

Otras obras de la colección

publicadas por PARANINFO THOMSON LEARNING

Guía Rápida Access 2002. Office XP

En pocas horas podrá conocer lo suficiente de Microsoft Access 2002 para: Crear Bases de datos. Diseñar y editar tablas. Relacionar tablas. Crear todo tipo de consultas. Trabajar con Formularios y Subformularios. Generar Informes y Etiquetas. Imprimir objetos (tablas, consultas, formularios e informes). Microsoft Access e Internet. Crear Páginas de datos.

Cada capítulo propone ejercicios prácticos que le permitirán desarrollar las funciones descritas y cuya solución encontrará al final del libro.

GUÍA RÁPIDA
Office 2000
WORD
A. González Mangas
F. González Mangas
GUÍA RÁPIDA
Office 2000
ACCESS
GUÍA RÁPIDA
Office 2000
POWER
POINT
A. González Mangas
G. González Mangas
¡Con ejercicios
resueltos!